Mit Filmen wie *Ich denke oft an Piroschka, Kohlhiesels Töchter* und Billy Wilders *Eins, zwei, drei* schrieb Liselotte Pulver in den fünfziger und sechziger Jahren Filmgeschichte. Kaum ein Gesicht hat das deutsche Nachkriegskino so geprägt wie das der Schweizerin. Oft drehte sie vier Filme pro Jahr, arbeitete auch international an der Seite von Jean Gabin, Philippe Noiret oder Bob Hope. Dafür erhielt sie unter anderem das Filmband in Gold, die Goldene Kamera und viele Bambis. Doch der Erfolg kam nicht von selbst: Texte mussten gelernt, Rollen erspürt werden, und die Pulver bereitete sich akribisch und liebevoll auf jeden ihrer Filme vor. Für uns öffnet Lilo Pulver nun ihr umfangreiches Archiv und erzählt anhand von Fotos, Zeichnungen und Briefen aus dem Drehbuch, das ihr Leben war.

Liselotte Pulver wurde 1929 in Bern geboren. Ihr Kinodebüt in Deutschland hatte sie 1950 in dem Film *Föhn*, für den sie zusammen mit Hans Albers vor der Kamera stand. Der internationale Durchbruch gelang ihr 1958 in der Erich-Maria-Remarque-Verfilmung *Zeit zu leben und Zeit zu sterben*. In den siebziger und achtziger Jahren war sie vor allem im Fernsehen präsent, unter anderem in der *Sesamstraße*.

Die Journalisten Olaf Köhne und Peter Käfferlein haben zahlreiche *Spiegel*-Bestseller veröffentlicht, unter anderem mit Hardy Krüger (*Was das Leben sich erlaubt*), Liselotte Pulver (*Dem Leben ins Gesicht gelacht*) und Dirk Roßmann (*»... dann bin ich auf den Baum geklettert!«*).

LISELOTTE PULVER

Mit Peter Käfferlein und Olaf Köhne

Was vergeht, ist nicht verloren

Drehbuch meines Lebens

Lilo Pulver öffnet ihr Privatarchiv

Hoffmann und Campe

2. Auflage 2020

www.hoffmann-und-campe.de
Umschlaggestaltung: Vivian Bencs
© Hoffmann und Campe
Umschlagfoto: © Privatarchiv Liselotte Pulver
Typografie und Satz: fuxbux, Berlin
Gesetzt aus der ITC Giovanni,
der Brandon Text und der Satisfy
Druck und Bindung: C. H. Beck, Nördlingen
Printed in Germany
ISBN 978-3-455-00962-0

HOFFMANN
UND CAMPE

Ein Unternehmen der
GANSKE VERLAGSGRUPPE

Für meine Schwester

Corinne

INHALT

VORWORT
Von Vergangenem und Gegenwärtigem

Gerade war man doch noch jung, stand an der Schwelle zum Leben, war voller Tatendrang und träumte seine Träume, den Blick in die Zukunft gerichtet, die sich heute Vergangenheit nennt. Wo sind sie bloß geblieben, die Jahre, frage ich mich manchmal. Dabei war es nie meine Art, zurückzublicken. Nicht weil ich haderte oder weil es mir schwerfiel. Mein Leben lang bin ich eine Optimistin gewesen und habe immer versucht, nicht in der Vergangenheit zu leben, nicht in der Zukunft, sondern in der Gegenwart. Und das tue ich auch heute noch.

Ob ich auch privat so gern und lauthals lache, wie man es aus vielen meiner Filme von früher kennt, diese Frage wurde mir zeitlebens gestellt. Das Lachen, ja, es war schon mein Markenzeichen. In einem Interview habe ich einmal geantwortet, dass ich jeden Morgen mit einem Lachen aufwache. Das muss man jetzt nicht wörtlich nehmen, aber dieser Satz sagt vieles darüber aus, wie ich das Leben nehme und auch annehme, mit allen seinen Höhen und Tiefen, das ist mein Naturell.

Und wie geht es Ihnen, Frau Pulver? Auch danach wird man umso häufiger gefragt, je weiter das Alter voranschreitet. Mir geht es gut. Das mit 90 Jahren sagen zu können, ist schon ein schöner Erfolg. Und mein größter Wunsch ist schlicht und einfach: gesund bleiben. Was mir dabei hilft, ist die Bewegung, ich gehe jeden Tag nach draußen, in die Natur, in den Wald, übers Feld, drehe dort meine Runden. Ich bin immer ein Naturkind gewesen und bin es geblieben. Wenn wir früher als Kinder nach der Schule in die Aare sprangen und uns im Sommer auf den Wiesen sonnten, was konnte es denn Schöneres geben? Oder später, als ich mit meiner Familie in dem Haus am Genfer See lebte, wenn wir schwammen, segelten oder mit den Kindern Wasserski fuhren … Und nun mache ich das, was ich nur selten tue: in Erinnerungen schwelgen. Aber zum 90. Geburtstag möge man es mir verzeihen.

Bei der Vorbereitung dieses Buches bin ich noch einmal ganz an den Anfang meiner Karriere gegangen und habe mein – wirklich sehr umfangreiches – Privatarchiv durchforstet. Ich gebe zu, ich war selbst ein wenig neugierig, auf was ich da alles stoßen würde. Vieles ist verblasst im Laufe der Jahrzehnte, umso bewegender war es für mich, die alten Fotos, die mich in ganz jungen Jahren zeigen, noch einmal in den Händen zu halten und Briefe von Freunden und Weggefährten zu lesen. Mit diesem Buch möchte ich die Vergangenheit ein Stück weit ins Heute holen, an Menschen erinnern, die mir lieb und teuer waren, an die Filme, die mir besonders am Herzen lagen. Denn was vergeht, ist nicht verloren.

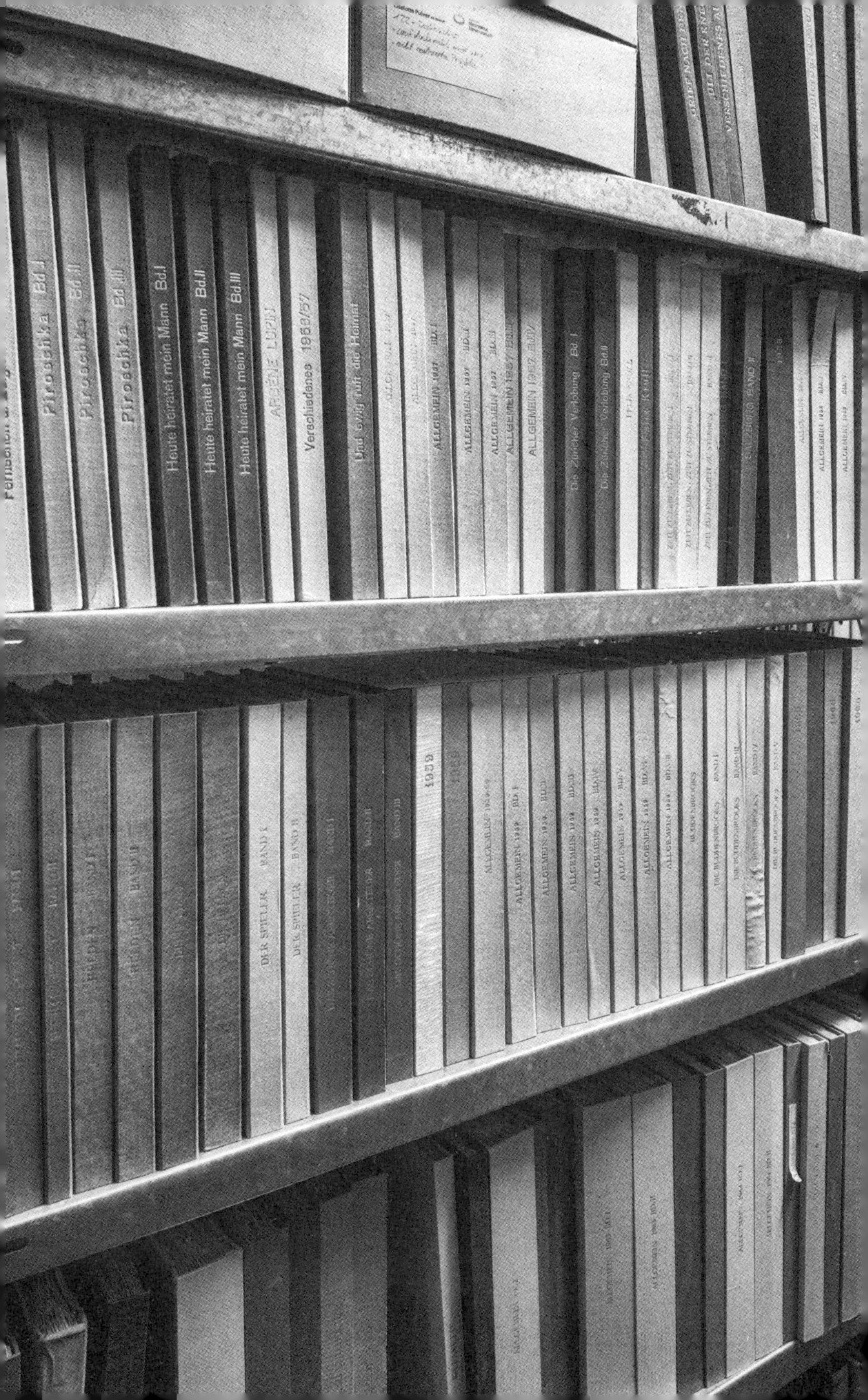
Piroschka Bd.I
Piroschka Bd.II
Piroschka Bd.III
Heute heiratet mein Mann Bd.I
Heute heiratet mein Mann Bd.II
Heute heiratet mein Mann Bd.III
Verschiedenes
Und ewig ruft die Heimat
Die Züricher Verlobung Bd. I
Die Züricher Verlobung Bd.II
DER SPIELER BAND I
DER SPIELER BAND II

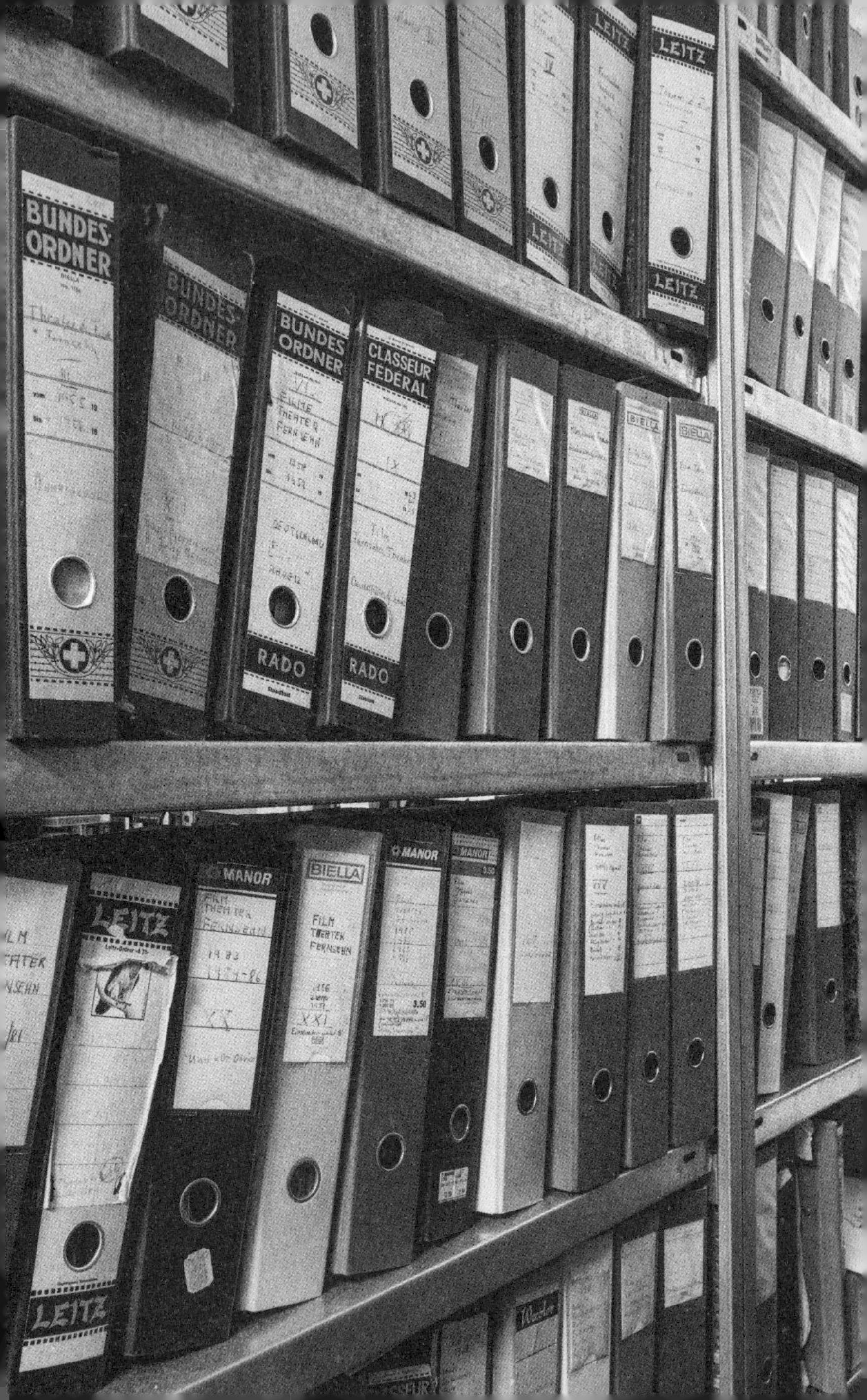
BUNDES-ORDNER
BUNDES-ORDNER
BUNDES ORDNER
CLASSEUR FÉDÉRAL
RADO
RADO
LEITZ
LEITZ
LEITZ
LEITZ
BIELLA
BIELLA
BIELLA
MANOR
MANOR
MANOR
FILM THEATER FERNSEHN
FILM THEATER FERNSEHN
19 83
XX
XXI
3.50

1.
Das Archiv meines Lebens

Auf diesen Fotos sieht man mein Privatarchiv, das seit nunmehr zehn Jahren im Archiv des Frankfurter Filmmuseums eingelagert ist. Das ist mein ganzes Leben, und es ist schön, dass nichts davon verloren gegangen ist. Ja, ich bin stolz auf mein Lebenswerk, oder sagen wir mal, ich bin zufrieden, und denke, ich habe ja ganz schön was geschafft.

Viele Meter Regalfläche, Hunderte Aktenordner, Alben und Kartons bis unter die Decke gestapelt. Tausende Fotos und noch mehr Zeitungsartikel, die meine Karriere dokumentieren, angefangen Ende der vierziger Jahre, als ich erste Bühnenerfahrungen sammelte, bis in die Gegenwart. Alle meine Drehbücher finden sich im Archiv, die Filmverträge, die Original-Filmplakate, meine gesamte Privat- sowie Geschäftskorrespondenz, Fanpost, unzählige Briefe, die meisten, wie früher üblich, auf hauchdünnem Pergamentpapier verfasst. Telegramme und Notizen von Filmgrößen wie Curd Jürgens, Blacky Fuchsberger oder Heinz Rühmann. Mein erstes Flugticket, mit dem ich nach Amerika reiste. Die meisten Ordner wurden seit Jahrzehnten nicht mehr geöffnet, sind verstaubt, teilweise verrostet und bergen viele kleine Schätze, die ich jetzt noch einmal hervorgeholt habe. Auch meine Bambis sowie andere Filmpreise lagern im Archiv, nur das letzte goldene Rehlein, das ich 2018 in Berlin für mein Lebenswerk erhielt, steht bei mir zu Hause in Bern und blickt vom Schrank auf mich herunter.

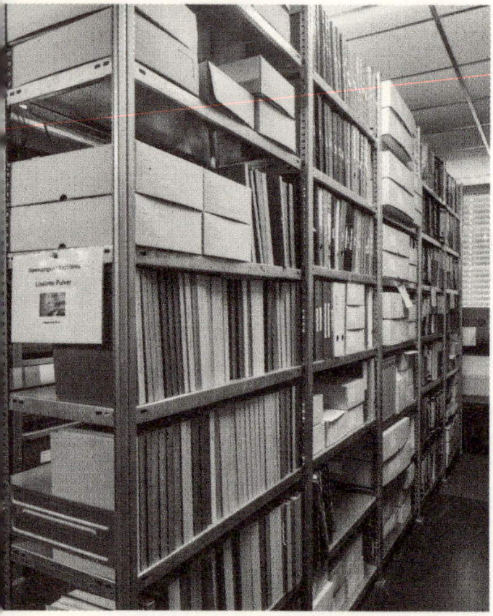

Wegen meines Umzugs aus meinem Haus am Genfer See – dort lebt heute mein Sohn Tell mit seiner Familie – in meine Wohnung in einer Berner Seniorenresidenz übergab ich meinen Vorlass damals dem Filmmuseum. Es fehlte mir in Bern schlichtweg an Platz, und meinem Sohn wollte ich die Verantwortung für das Archiv nicht zumuten. Hans-Peter Reichmann, der Leiter des Frankfurter Filmarchivs, nahm sich der Sache an. Kennengelernt hatten wir uns bereits Mitte der achtziger Jahre über den Regisseur Kurt Hoffmann und meinen Anwalt Gunter Fette, der schon lange eng mit dem Filmmuseum verbunden war. Bei einer Kinoveranstaltung in Bad Wörishofen zu Ehren von Kurt Hoffmann kamen wir ins Gespräch. Daraufhin besuchte mich Hans-Peter Reichmann in meinem Haus in Perroy. Und er konnte seinen Augen kaum trauen, was ich da alles im Laufe der Jahre gesammelt hatte. Niemals zuvor und niemals danach sei ihm ein solch großes Privatarchiv untergekommen, sagt er heute noch lachend. »Ich war ja auch auf einer höheren Handelsschule und habe meine Unterlagen gut sortiert«, antwortete ich ihm schmunzelnd.

Nach mehr als 15 Jahren, diversen Treffen und Telefonaten kam es 2010 zur Übergabe meines Vorlasses. In die Vermittlung involviert war auch Elisabeth Urbancic, die Mutter von Oscar-Preisträger Christoph Waltz, eine wunderbare Kostümbildnerin, eine Grande Dame ihrer Zunft, die viele Filme mit Kurt Hoffmann bestritt und die ich seit den Spessart-Filmen kenne und schätze.

Ich bin Hans-Peter Reichmann und seinem Team sehr dankbar für ihre Unterstützung und dafür, mein gesammeltes Material archiviert zu haben. Andere Leute haben ihr gesamtes Leben im Computer abgespeichert, bei mir ist es eine Regalwand voller Aktenordner. Und anstatt eine Taste zu drücken, ziehe ich eine Kladde hervor. Zu Beginn meiner Karriere habe ich die Artikel und Fotos noch selbst ausgeschnitten, eingeklebt und sortiert, aber schon bald war das nicht mehr zu bewältigen, und ich gab diese doch ein wenig undankbare Aufgabe gern ab. Ob ich eine Sammlerin bin? Ich würde es anders nennen: Ich habe nie etwas weggeworfen. Man weiß doch nie, was man noch einmal brauchen könnte. Und ob es nun typisch Lilo oder typisch Schweizerin ist, nicht nur alles zu bewahren, sondern auch akribisch abzuheften? Ja, es ist schon ein gewisser Charakterzug von mir. Ich habe mich stets bemüht, Ordnung zu schaffen, aber nicht immer ist mir das gelungen. Noch heute erhalte ich viel Post von Fans, die um Autogramme bitten oder wissen wollen, wie es mir geht und wie ich lebe.

Ich schätze eine gewisse Ordnung in meinem Alltag, ich mag Routinen, habe meinen Rhythmus des Tages, den ich gern einhalte. Heute mehr denn je. Das ist vielleicht auch eine Begleiterscheinung des Alters.

Früher war das völlig anders. Da war ich nur unterwegs, reiste viel, bin manchmal regelrecht durchs Leben gehetzt. Tagtäglich musste man sich auf neue Situationen einstellen, ich habe so irrsinnig viel erlebt und gesehen. Mein Archiv führt mir all das deutlich vor Augen. Aber es war auch eine sehr schöne Zeit. Ich bin überrascht, dass und wie ich dieses Pensum damals geschafft habe. Schon ein einziger Film war ein Riesenprogramm. Und nach nur ein paar Wochen Drehzeit stand schon wieder der nächste an. Dabei habe ich mich nie als etwas so Besonderes gesehen, eher als Durchschnittstyp, weder besonders hübsch noch besonders gescheit oder begabt. Aber ich war immer ehrgeizig, fleißig und pünktlich. Und bin stolz auf das, was mir gelungen ist, und dankbar, dass ich Menschen um mich hatte, die mir mit Rat zur Seite standen, wenn ich unentschlossen war und mich zu keiner Entscheidung durchringen konnte. Auch das ist einer meiner Charakterzüge, auf den ich später noch einmal zurückkommen werde. Die Menschen, von denen ich hier spreche, waren und sind vor allem mein Mann Helmut, mein Bruder Eugen Emanuel, genannt Buebi, meine langjährige Agentin Ilse Alexander, mein Förderer und Lieblingsregisseur Kurt Hoffmann, meine Schwester Corinne sowie mein Sohn Tell und seine Frau Kerstin.

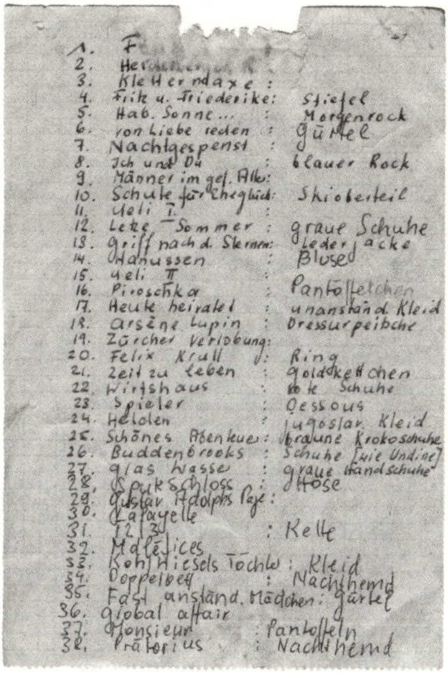

1. F[illegible]
2. He[illegible]
3. Kletter-Maxe :
4. Fritz u. Friederike: Stiefel
5. Hab. Sonne ... : Morgenrock
6. Von Liebe reden : Gürtel
7. Nachtgespenst :
8. Ich und Du : blauer Rock
9. Männer im gef. Alt.:
10. Schule für Eheglück: Skioberteil
11. Ueli I. :
12. Letzte Sommer : graue Schuhe
13. Griff nach d. Sternen: Lederjacke
14. Hanussen : Bluse
15. Ueli II :
16. Piroschka : Pantöffelchen
17. Heute heiratet : unanständ. Kleid
18. Arsène Lupin : Dressurpeitsche
19. Zürcher Verlobung:
20. Felix Krull : Ring
21. Zeit zu leben : Goldkettchen
22. Wirtshaus : rote Schuhe
23. Spieler : Dessous
24. Helden : jugoslav. Kleid
25. Schönes Abenteuer: braune Krokoschuhe
26. Buddenbrooks : Schuhe (wie Undine)
27. Glas Wasser : graue Handschuhe
28. Spukschloss : Hose
29. Gustav Adolphs Page:
30. Lafayette
31. 1 2 3 : Kelle
32. Maléfices
33. Kohlhiesels Tochter: Kleid
34. Doppelbett : Nachthemd
35. Fast anständ. Mädchen: Gürtel
36. Global affair
37. Monsieur : Pantoffeln
38. Prätorius : Nachthemd

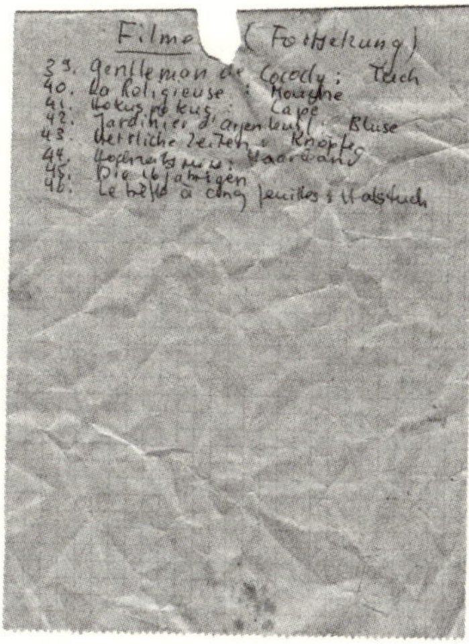

Filme (Fortsetzung)
39. Gentleman de Cocody : Tuch
40. La Religieuse : Mouche
41. Hokuspokus : Cape
42. Jardinier d'Argenteuil : Bluse
43. Herrliche Zeiten : Knöpfe
44. Hochzeitsnacht : Haarband
45. Die 16jährigen
46. Le bâtard à cinq feuilles : Halstuch

Liste der Filmrequisiten in meinem Archiv

In grauen Kartons lagert eine Vielzahl von Requisiten aus meinen Filmen, die ich beim Stöbern im Archiv wiedergefunden habe. Nachzulesen auf einer Liste, die ich irgendwann vor vielen Jahren erstellt habe – per Hand und mit Füller, teilweise ist die Schrift verwischt. Ich habe schon immer gern Listen geführt, sie sind zur Organisation des Alltags hilfreich, führen einen gut durchs Leben. Doch zurück zu meinen Requisiten. Da gibt es zum Beispiel eine ganze Kiste voller Schuhe: Pantöffelchen, die ich als Piroschka in jenem Film trug, dem ich 1955 meinen ganz großen Durchbruch zu verdanken hatte. Ein Paar Stiefel aus einem meiner ersten Kinofilme, *Fritz und Friederike,* drei Jahre vor *Piroschka* war das. In diesem Film spielte ich nicht nur die

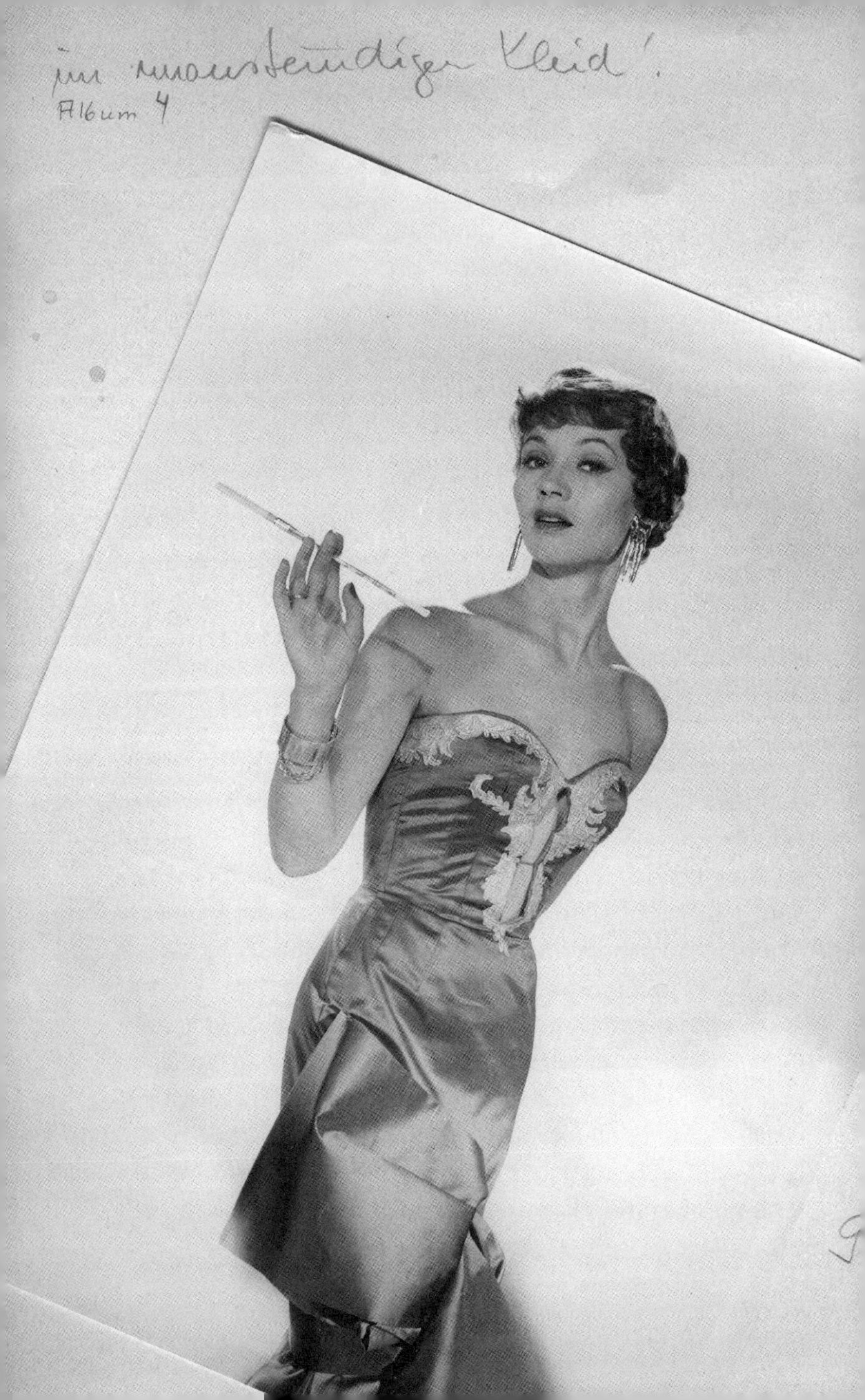
im unanständigen Kleid!
Album 4

Friederike, sondern, als Junge verkleidet, auch den Fritz. Die Rolle mochte ich sehr, weil ich, gut bestiefelt, reiten und fechten durfte. Hosenrollen habe ich später noch häufiger übernommen, weil ich ja immer so dünn war. Und dünn war ich, weil mich die Schauspielerei, ob beim Film oder beim Theater, so angestrengt hat. Also habe ich immer abgenommen und sah aus wie ein Bub.

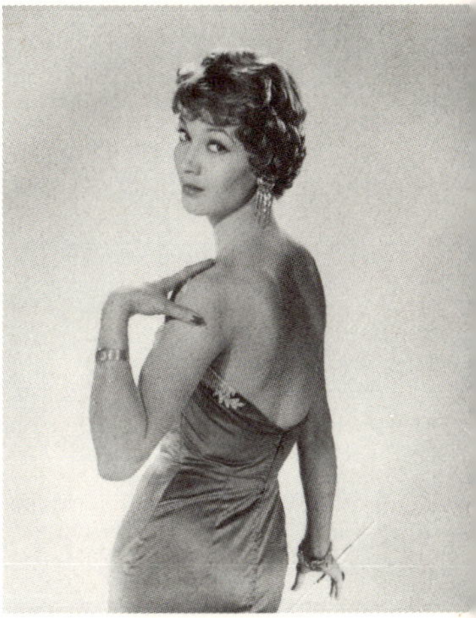

»Ich kann auch so«, schrieb ich zu diesem Foto aus *Heute heiratet mein Mann*, 1956

Ein Paar rote Ballerinas mit großer Lederschleife finden sich auch in der Requisitenkiste, getragen von mir als Franziska Comtesse von und zu Sandau im *Wirtshaus im Spessart*. Die Schuhe sind noch recht gut in Schuss – obwohl sie fast 60 Jahre auf dem Buckel haben und bei den Dreharbeiten damals stark strapaziert wurden. Auch eine Dressurpeitsche aus meinem französischen Film *Arsène Lupin* ist erhalten geblieben. 1956 habe ich zum ersten Mal in Frankreich gedreht und spielte an der Seite von O. E. Hasse eine deutsche Adelige, Mina von Kraft. Und dann gibt es unter Punkt 17 den Vermerk »unanständiges Kleid«. Was es damit auf sich hat, zeigen zwei Fotos. Es handelt sich um eines meiner Kostüme aus der Komödie *Heute heiratet mein Mann* von 1956. Ich spielte die junge Schweizer Modedesignerin Thesi Petersen, die es nach Hamburg verschlagen hatte. Nach der Trennung von ihrem Mann Robert, dargestellt von Johannes Heesters, kommt es zu allerlei Verwicklungen mit

Verführerisch in *Heute heiratet mein Mann*, 1956

anderen Männern. Auf der Verlobungsfeier ihres Exmannes erscheint Thesi in einem Kleid, das sehr viel Haut zeigt, und sie raucht lasziv eine Zigarette, um den Verflossenen eifersüchtig zu machen. Am Ende kommen Thesi und Robert natürlich wieder zusammen.

Mein Auftritt in diesem Kleid war nicht das, was man von mir aus meinen bisherigen Filmen kannte. »Ich kann auch so«, habe ich deswegen eines der Fotos damals augenzwinkernd kommentiert. Und heute, mit mildem Blick auf das Vergangene, muss ich sagen, dass mir das unanständige Kleid doch gar nicht schlecht stand. Das mit dem Rauchen ist eine andere Sache. Früher mussten wir als Schauspieler in unseren Rollen oft qualmen, was mir gar nicht gefiel. Ich hatte das Rauchen schon früh drangegeben. Als ich bei meiner ersten Führerscheinprüfung durchgefallen war und einen zweiten Anlauf nahm, schwor ich, nie wieder zu rauchen, wenn ich es diesmal schaffen sollte. Ich bestand die Prüfung und rührte nie wieder eine Zigarette an. In meine Verträge ließ ich später deswegen den Passus aufnehmen: *»Frau Pulver wird zugesichert, dass sie in keiner ihrer Szenen zu rauchen braucht.«*

2.
Die Kurve

So sah ich meine Rollen, und wie sähe wohl die Kurve meines Lebens aus?

Einen guten Schauspieler zeichnet aus, dass er alles spielen kann. Und jeder Schauspieler hat seine eigenen Techniken, um sich auf eine neue Rolle vorzubereiten. Die meisten von uns haben auch ihre kleinen Rituale, um sich auf einen Charakter einzulassen. Am Anfang jeder Rolle stand für mich die Kurve. So nenne ich die Skizzen, die sich in jedem meiner Drehbücher – oft ganz am Ende in einer Papiertasche verborgen – befinden. Diese Zeichnungen sind kein Geheimnis, aber öffentlich gezeigt habe ich sie bislang noch nicht. Von den frühen Jahren an, wie am Beispiel von *Kohlhiesels Töchter* zu sehen, bis zu meinem letzten Film, *Das Superweib* im Jahr 1996, habe ich diese Kurven für meine Rollen erstellt. Immer mit unterschiedlichen Farben, Grün, Blau, Rot, mit Blitzen und Herzen, Ausschlägen nach oben und nach unten oder geraden Linien – die Kurve zeigte auf, wie sich meine Rolle im Laufe des Film entwickelte. Wann kam ein Höhepunkt, und wann plätscherte die Handlung? Ein Blitz bedeutete: An dieser Stelle im Film verliebte ich mich. Bei gekringelten Linien kam es zu Szenen mit Verwicklungen und Krisen. Am Ende stand dann – natürlich – meistens ein rotes Herz. Happy End! Die Visualisierung half mir dabei, meine Rollen zu erarbeiten, sie in meiner Vorstellung nahbar zu machen. Nach dem Zeichnen der Kurve begann für mich die nächste Phase: das intensive Textlernen. Die Kurven waren mein Ritual, man könnte auch sagen, mein System. Zwischen den Kurven dieser beiden Filme liegen immerhin 34 Jahre. Vieles hatte sich inzwischen verändert, nur meine Arbeitsweise war dieselbe geblieben. Immerhin hatte sie sich bewährt. Wobei meine Rolle in *Das Superweib* von Aufwand, Lernen, Maske und so weiter längst nicht mit meiner sehr anstrengenden Doppelrolle in *Kohlhiesels Töchter* zu vergleichen war. Doppelte Rolle gleich doppelt viel Text und ständiges Umschminken von der einen in die andere Figur.

Mein letzter Kinofilm, den ich an der Seite der einmaligen Veronica Ferres spielte, ist nun auch schon 23 Jahre her. Und nein, es wird keinen weiteren Film mit mir geben. Auch danach werde ich häufig gefragt. Ob es noch eine Traumrolle gebe? Die Sehnsucht, noch ein einziges Mal vor der Kamera zu stehen? Die Arbeit hat mir immer Freude gemacht, und wenn der Film beim Publikum einschlug, dann umso mehr. Wer aber darauf hofft, dass es ein Comeback geben wird, den muss ich an dieser Stelle enttäuschen. Ich habe alles gehabt und ich habe alles erlebt. Alles hat seine Zeit. Das Filmen fehlt mir auch nicht. Und wenn ich doch mal das Blitzlichtgewitter vermisse, dann erfreue ich mich an meinen seltenen öffentlichen Auftritten wie beim Bambi oder anderen Preisverleihungen. Die meisten Einladungen lehne ich allerdings dankend ab.

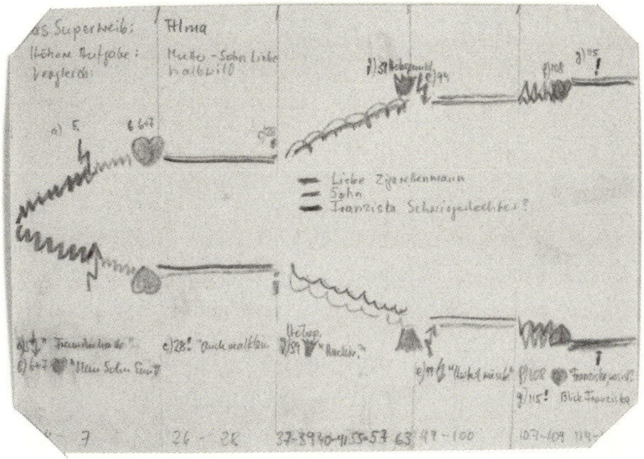

Und so sah die Kurve meiner Rolle im *Superweib* aus, 1996

Was die meisten unterschätzen: Einen Film zu drehen bedeutet eine enorme körperliche Anstrengung, vom Textlernen einmal ganz abgesehen. Man sitzt frühmorgens in der Maske, steht den ganzen Tag im Studio oder in der Kälte bei Außenaufnahmen. Und muss dabei immer perfekt aussehen. Die Kamera ist unbarmherzig. Sie zeigt jedes noch so kleine Fältchen, und die heutige Kameratechnik arbeitet – man könnte sagen – porentief. Selbst wenn man im Alter noch anständig aussieht, heißt das nicht, dass dies auch vor der Kamera der Fall ist.

Dass meine Kurven auf den ersten Blick die Anmutung einer Doppelhelix haben mögen, ist schnell erklärt, da ohne tiefere Bewandtnis. Hatte ich die Kurve fertiggestellt, zeichnete ich sie spiegelverkehrt ein weiteres Mal aufs Blatt. Die Wiederholung half mir dabei, mir die Rollenentwicklung einzuprägen. Und mir gefiel die Optik besser, wenn die Hälfte des Papiers nicht einfach nur weiß blieb.

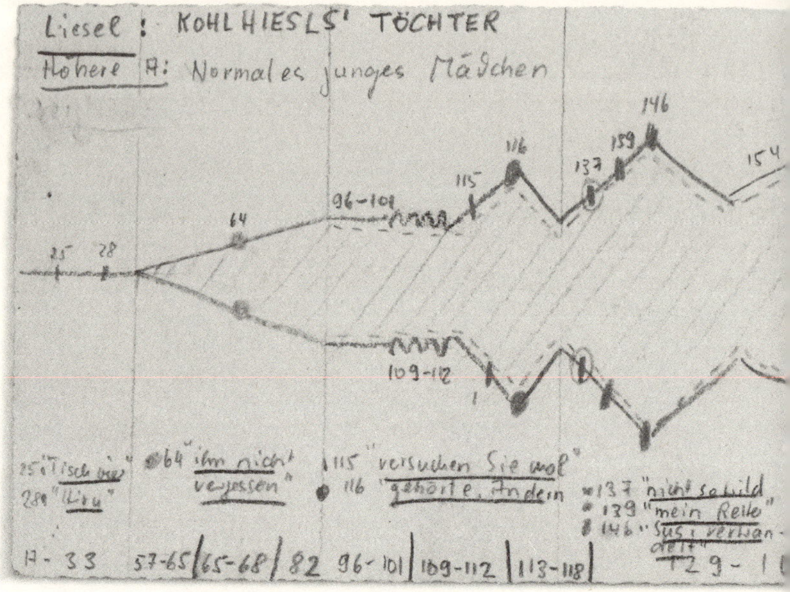

Bei der Durchsicht meiner Drehbücher habe ich noch zwei weitere Kurven herausgesucht. Die eine gibt die Entwicklung meiner Rolle, Elisabeth Bernadac, in dem Film *Monsieur* wieder, einem meiner französischen Filme. Auf der nächsten Seite sieht man, wie meine Arbeitsunterlagen am Ende des Drehbuchs ordentlich in einer kleinen Papiertasche verstaut sind: die Kurve, weitere Notizen zur Rolle und auch eine Kostümliste, die ich damals anlegte und auf der verzeichnet ist, was ich in welcher Szene tragen würde. »1. Begegnung Monsieur, graues Komplet, dunkle Schuhe, dunkle Tasche […]. Am Telefon: Was trägt sie? Schlafrock, Unterrock oder noch das Komplet?« und so weiter. Auch beim Kostüm galt: Es kommt auf das Detail an!

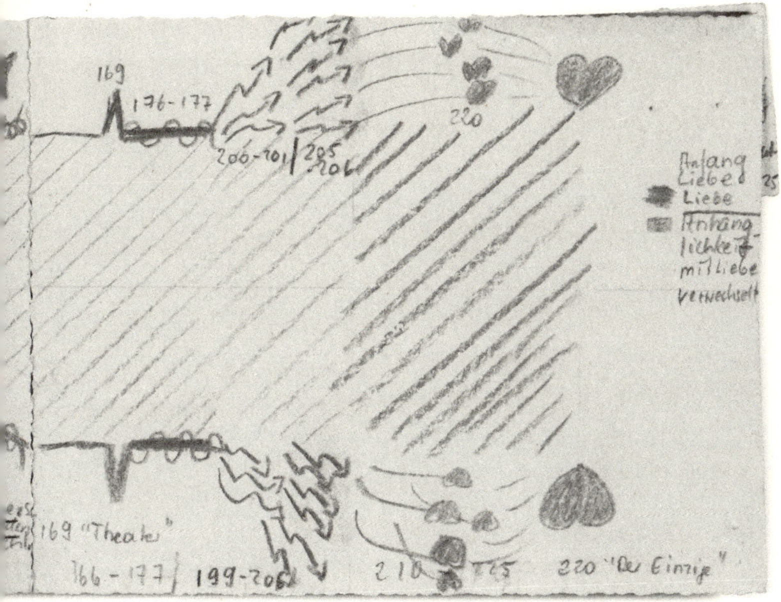

Die Kurve meiner Doppelrolle in *Kohlhiesels Töchter*, 1962

Ich habe früher versucht, pro Jahr mindestens einen Film im Ausland zu drehen, um mir auch international einen Namen zu machen. Frankreich bot sich an, da ich als Schweizerin perfekt Französisch sprach. Damit hatte ich einen Vorteil gegenüber vielen anderen Schauspielerinnen meiner Generation. Maria Schell und auch Hildegard Knef waren die Ausnahmen. *Monsieur* bot das Beste auf, was das französische Kino damals zu bieten hatte: Jean Gabin, eine Urgewalt an Schauspielkunst, die wunderbare Mireille Darc und – unvergessen – Philippe Noiret. Und ich war mittendrin, eine Riesenehre, aber ich muss zugeben, vor Jean Gabin hatte auch ich gehörigen Respekt. Ihm eilte der Ruf voraus,

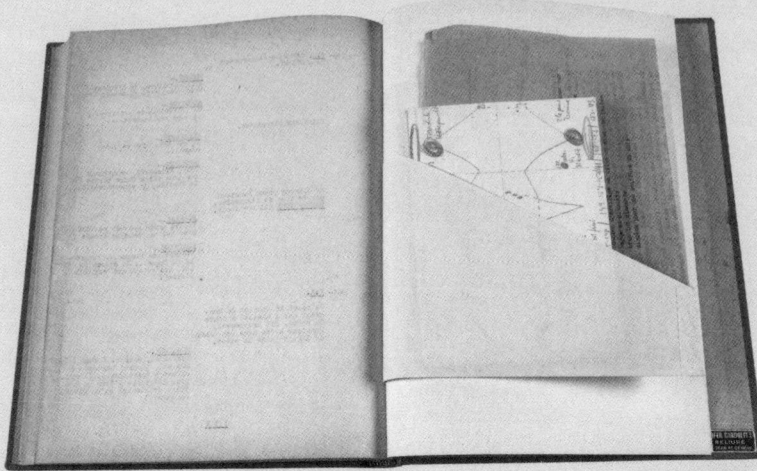

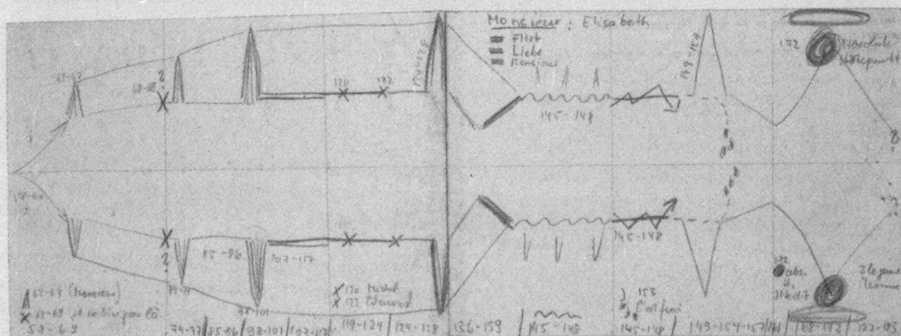
Monsieur : Elisabeth
Flirt
Liebe
145–148

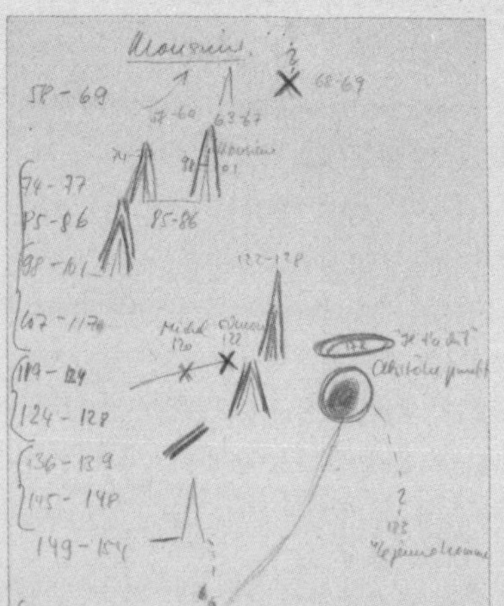

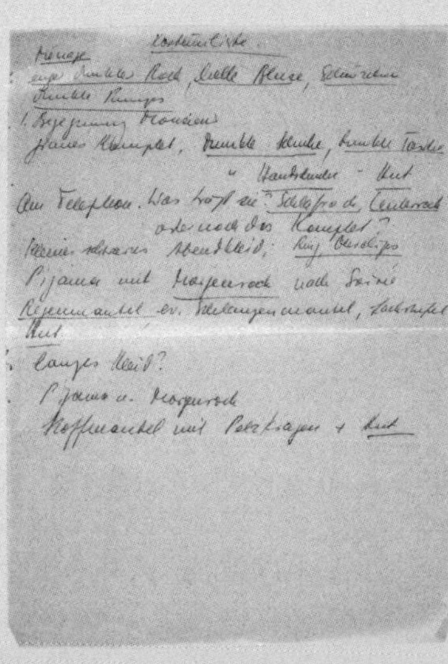

extrem schwierig zu sein. Was immer das hieß. Mir gegenüber allerdings zeigte er keine Allüren oder schlechte Launen. Im Gegenteil. Wir verstanden uns so gut, dass wir zwei Jahre später ein weiteres Mal zusammen vor der Kamera standen, in der Gaunerkomödie *Le Jardinier d'Argenteuil*. Am Ende der Kurve zu *Monsieur* hatte ich damals kein Herz gezeichnet, aus dem einfachen Grund, dass zwischen Elisabeth und Monsieur, dem damals schon betagten Gabin, kein Liebes-Happy-End vorgesehen war.

Umso kraftvoller erscheint das rote Herz auf der Kurve zu *Gustav Adolfs Page* aus dem Jahr 1960. Ob ich damals, als ich mich auf den Film vorbereitete und das Herz malte, das Wunder, welches dieser Film für mich bedeuten würde, unbewusst schon geahnt haben mag? Während der Dreharbeiten lernte ich meinen späteren Mann kennen, den Schauspieler Helmut Schmid. Die Kurve zu diesem Film wiederzusehen, ist ein besonders schönes Gefühl, war er doch der Startschuss für die beste Zeit meines Lebens.

Wenn ich die Kurven meiner Rollen betrachte, frage ich mich: Wie würde ich wohl die Kurve meines eigenen Lebens zeichnen? Auf jeden Fall müsste ich das Blatt Papier nicht durch die Doppelhelix füllen. Genug ist geschehen in den vergangenen 90 Jahren. Es würde auch nur wenige gerade Linien geben, denn mein Leben ist nie dahingeplätschert. Es war immer was los, und es musste auch immer was los sein. Eine glückliche Kindheit und Jugend im Berner Elternhaus. Von Krieg und Gräueln blieben wir in der Schweiz zum Glück weitestgehend verschont. Dann der Wunsch, Schauspielerin zu werden. Als Rumpelstilzchen auf der Schulbühne leckte

Mein Arbeitsmaterial im Drehbuch zu *Monsieur*, 1964: Die Kurve meiner Rolle Elisabeth, Notizen zum Lernen des Texts und eine Kostümliste ich Blut. Früh ans Theater, erst Bern, dann Zürich. 1949 der erste Film in der Schweiz, *Swiss Tour*. Von da an gab es kein Halten mehr. Der Sprung ins deutsche Kino, erster Filmpartner Hans Albers. Es folgten Frankreich, Italien, auch Amerika. Hollywood! Hier würde meine Kurve nach oben schnellen. Und viele kleine Blitze würden sie unterbrechen, immer dann, wenn ich mich in einen meiner Filmpartner verliebte. Die Blitze aber müssten sich gleich wieder in Luft auflösen, denn sobald die Dreharbeiten beendet waren, war es auch mit dem Verliebtsein vorbei. Bis zu dem schon angesprochenen gewaltigen Blitzschlag, als Helmut in mein Leben trat. Genauer gesagt, trat er mir in einer Szene versehentlich auf den Fuß. Aber diese schmerzhafte Begegnung verhinderte nicht, dass wir uns schon bald näherkamen.

Die Kurve meiner Rolle in *Gustav Adolfs Page*, 1960

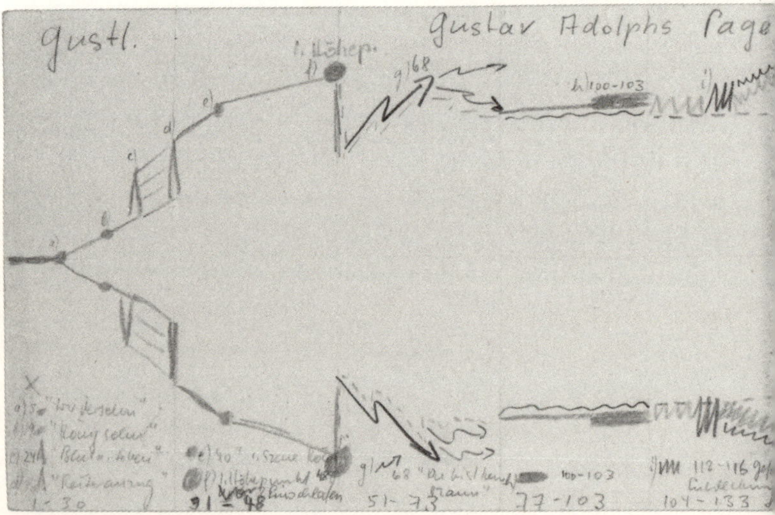

Die Kurve meines Lebens würde zu weiteren Höhen aufsteigen, würde die Geburt unserer Kinder verzeichnen. Erst unser Sohn Tell, 1962, sechs Jahre später unsere Tochter Mélisande. Und dann, auch das wäre ein Abschnitt meiner Lebenskurve, würde es tiefe Einschnitte geben, über die zu sprechen mir bis heute schwerfällt. Der Tod unserer Tochter 1989, drei Jahre später der Abschied von Helmut. Das war der Absturz. An dieser Stelle könnte meine Kurve enden. Aber man muss weitermachen, weiterleben, und ich war immer ein Mensch, der nach vorne schaute, so schwer mir das an manchen Tagen auch fiel. Die Kurve meines Lebens würde viele Ausschläge aufweisen – aber wenn ich heute zurückschaue, kann ich sagen: Es war und ist ein glückliches Leben.

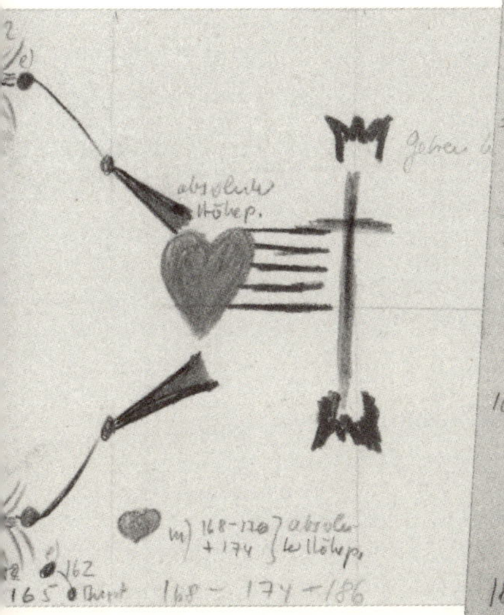

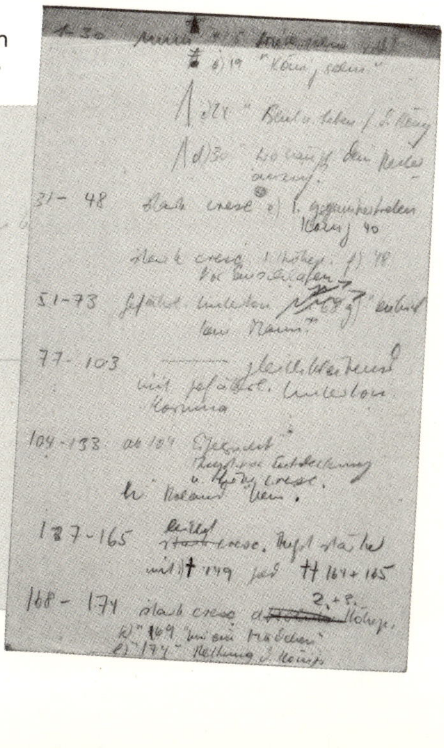

Notizen zum Rollenstudium
für *Gustav Adolfs Page*

Die Kurve von *Ich denke oft an Piroschka* tauchte bei der Durchsicht meiner Drehbücher nicht auf. Möglicherweise ist sie verloren gegangen. Stattdessen fand ich ein Foto aus dem Jahr 1955, auf dem ich lächelnd aus einem Zugabteil schaue. Damals noch dunkelhaarig, die Bluse zugeknöpft, die Sonne scheint mir ins Gesicht. Das Bild entstand, als wir auf Werbetournee für *Piroschka* durch Deutschland unterwegs waren. Ich weiß noch, wie aufregend diese Zeiten für mich waren. Erst die Dreharbeiten in Jugoslawien, an der Grenze zu Ungarn, denn dort spielte ja eigentlich die Handlung, aber aufgrund der politischen Situation – wir befanden uns mitten im Kalten Krieg – musste man eine Alternative zum Originalschauplatz finden, und das Grenzgebiet kam landschaftlich der Puszta sehr nahe. Es folgten mehrere Wochen Innenaufnahmen in einem Münchner Filmstudio. Dann, kurz vor dem Jahreswechsel 1955/1956, die Premiere in einem großen Kölner Kinosaal. Die ersten Reaktionen beim Publikum und der Presse waren noch verhalten. Dass der Film nach wenigen Wochen doch noch einschlagen würde, damit hatte von uns zu diesem Zeitpunkt keiner mehr gerechnet. Aber *Piroschka* bekam gute Kritiken, und die Mundpropaganda tat ein Übriges. Auf einmal wollte jeder die Liebesgeschichte zwischen der 17-jährigen Piroschka, Tochter des Bahnhofsvorstehers, der von Gustav Knuth dargestellt wurde, und dem Studenten Andreas, in Gestalt von Gunnar Möller, auf der Leinwand sehen. Eine Romanze – aber ohne Happy End. Piri und Andreas gehen zuletzt wieder auseinander, Andreas reist nach Hause, die beiden sehen sich nie wieder. »Vielleicht sollte es so sein …«, sinniert Andreas am Ende des Films.

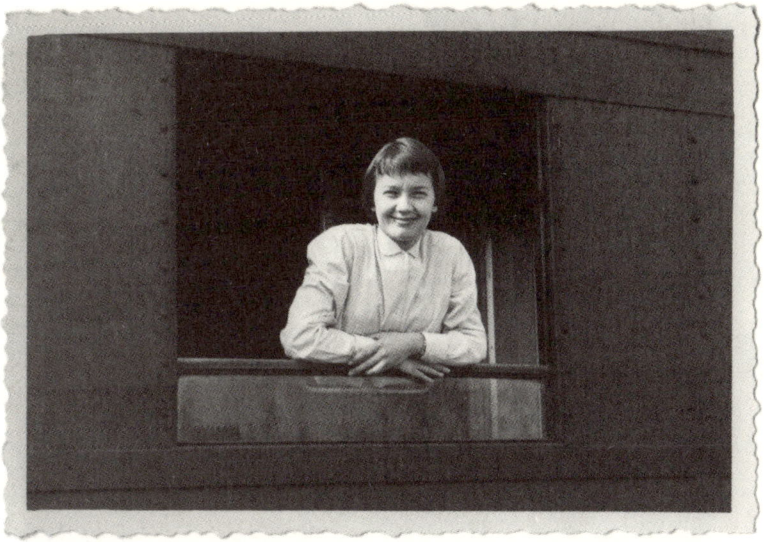

Mit dem Zug auf Premierentournee für
Ich denke oft an Piroschka, 1955

So lieb mir die Rolle der Piroschka später war, anfangs hatte ich sie gar nicht spielen wollen. Mehr noch: Ich hatte mich mit Händen und Füßen gegen sie gewehrt. Das Angebot bekam ich zu einem Zeitpunkt auf den Tisch, als mir gerade alles etwas zu viel wurde, zu viel Arbeit, nur Stress. Ich musste endlich mal durchatmen. Zudem war mein Plan, meinen nächsten Film an der Seite von Erik Schumann zu drehen, in den ich mich verliebt hatte. Außerdem fand ich die Vorstellung absurd, einen ganzen Film mit Dialekt zu spielen. Wem sollte das gefallen? Ungarisch sprach ich sowieso nicht, wie also sollte ich diese Rolle ausfüllen? Dann aber kam es zu jenem denkwürdigen Abend mit Georg Witt, dem Produzenten von *Piroschka*, und meiner Managerin

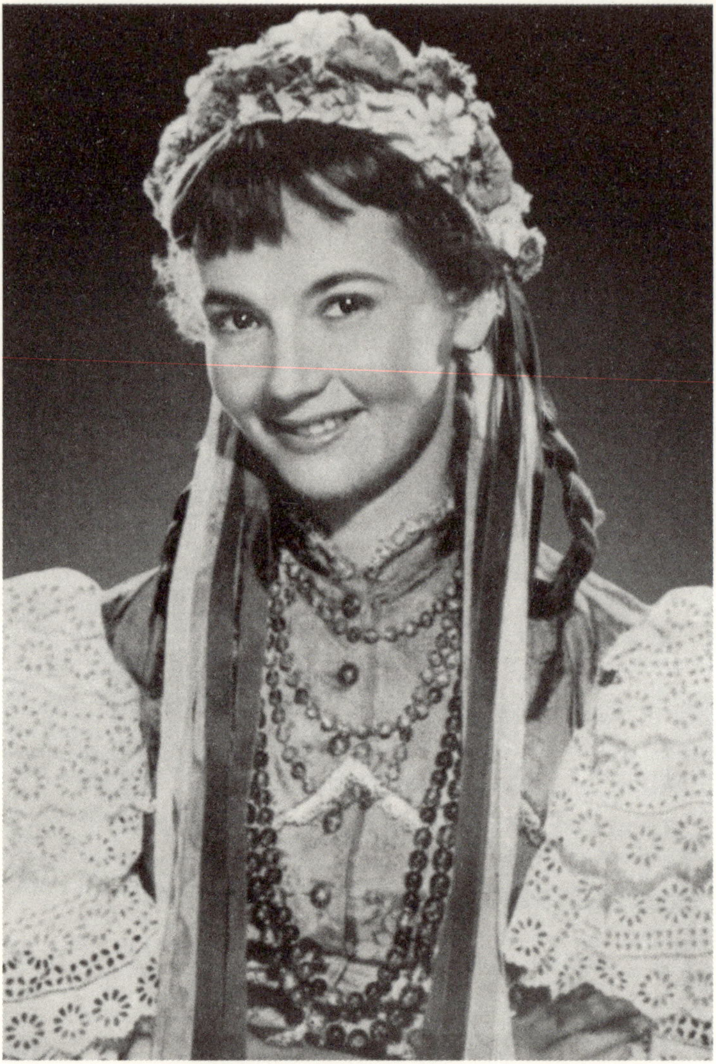

In der Rolle als Piroschka – ein Film,
der mein Leben veränderte

Ilse Alexander. Beide wollten mich für den Film gewinnen, redeten ohne Unterlass auf mich ein und drückten mir einen Cognac nach dem anderen in die Hand. Irgendwann strich ich die Segel, weil ich nur noch eines wollte: schlafen! Ich wollte ins Bett. Und so gab ich mein Einverständnis und unterschrieb den Vertrag.

Diese Widrigkeiten sind mir auf dem Bild im Zug nicht mehr anzusehen. Man neigt ja dazu, die erfolgreichsten Filme auch immer als die besten anzusehen. Und auf *Ich denke oft an Piroschka* traf tatsächlich beides zu. Erfolg aber lässt sich nicht »produzieren«. Was muss ein Film haben, um beim Publikum anzukommen? Ein gutes Drehbuch – das gab es bei *Piroschka*. Einen guten Regisseur – wer hätte das Spiel aus Humor und Tragik besser umsetzen können als Kurt Hoffmann? Eine gute Besetzung – Gunnar Möller und ich waren auf einmal das neue Traumpaar des Kinos, auch das muss also gepasst haben. Und nicht zu vergessen: Ein guter, ein erfolgreicher Film muss den Nerv der Zeit treffen – und auch das gelang. Die Geschichte kam einfach an. Und sie tut es bis heute, was nicht zuletzt ein Verdienst von Kurt Hoffmann und seinem Gespür für die Gefühlslage der Menschen ist. *Ich denke oft an Piroschka* hat sicherlich ein Stück Filmgeschichte geschrieben. Aber ich habe aus jeder meiner Rollen ein Meisterwerk machen wollen und jedes Mal alles gegeben.

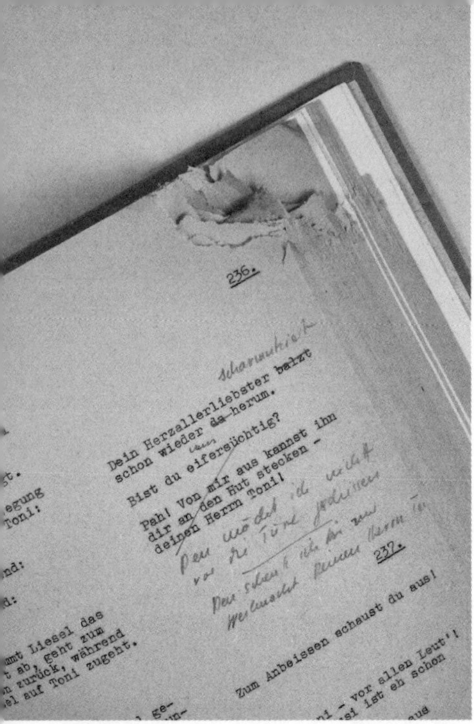
236.
Dein Herzallerliebster balzt
schon wieder da-herum.
Bist du eifersüchtig?
Pah! Von mir aus kannst ihn
dir an den Hut stecken –
deinen Herrn Toni!
237.
Zum Anbeissen schaust du aus!

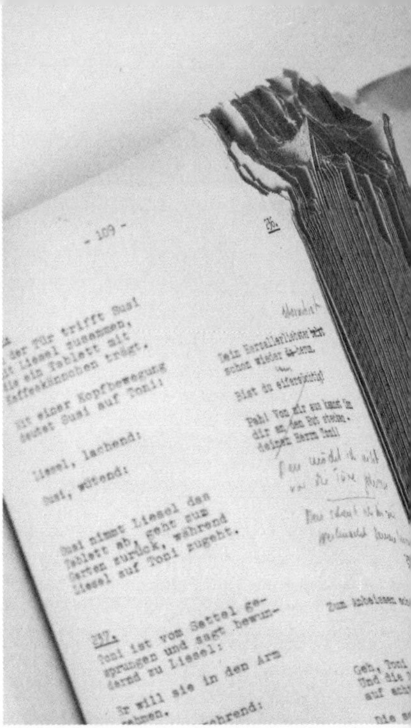
- 109 -
Mit einer Kopfbewegung
deutet Susi auf Toni:
Liesel, lachend:
Susi, wütend:
Susi nimmt Liesel das
Tablett ab, geht zum
Garten zurück, während
Liesel auf Toni zugeht.
237.
Toni ist vom Sattel ge-
sprungen und sagt bewun-
dernd zu Liesel:

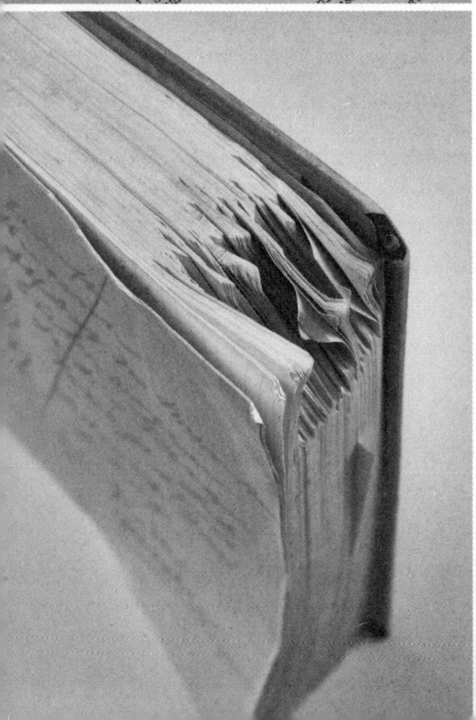

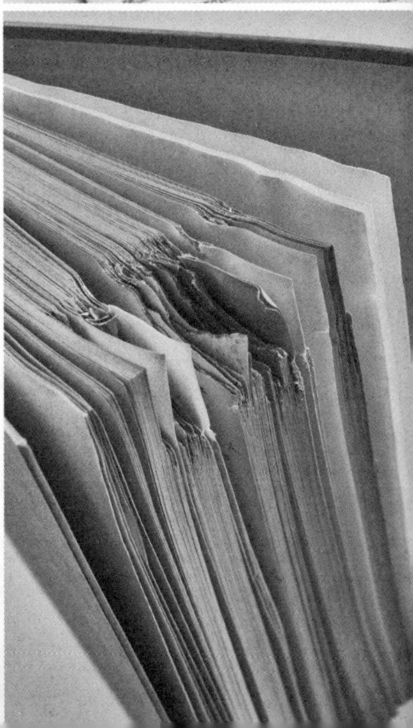

3.
Texte, Texte, Texte, lernen, lernen, lernen

Man könnte auf die Idee kommen, hier seien Mäuse am Werk gewesen, ins Filmarchiv eingedrungen und hätten sich an meinen Drehbüchern satt gefressen. Doch die abgerissenen Ecken sind – ganz im Gegenteil – das Ergebnis harter Arbeit. Und ich rede nicht von den Mäusen. Nach einer abgedrehten Szene riss man die Ecken der entsprechenden Seiten oben rechts ab. Also, ich tat das. Fertig, erledigt, weiter im Text! Ein schönes Ritual, an das ich lange nicht mehr gedacht habe, bis ich die alten Drehbücher wiedersah. Es gab Seiten, da war man heilfroh, wenn sie endlich erledigt waren, schwierige Szenen mit viel Dialog bei nur kurzer Drehzeit. Alles musste auf den Punkt genau sitzen. Und wehe, man war nicht gut vorbereitet und hatte seinen Text nicht parat. Zu *Helden* aus dem Jahr 1958 zum Beispiel gab es ein äußerst anspruchsvolles Drehbuch, es verlangte uns Schauspielern alles ab. Der Film spielt im 19. Jahrhundert während des Krieges zwischen Bulgarien und Serbien und beruht auf einem Theaterstück von George Bernard Shaw. Ich hatte ursprünglich absagen wollen, besann mich aber zum Glück eines Besseren, denn mit vier Millionen Zuschauern wurde der Film ein riesiger Kinoerfolg. Zwar waren die Dreharbeiten aufgrund der Dialoglastigkeit sehr strapaziös, aber auch die Drehbuchseiten von *Helden* verloren irgendwann alle ihre Ecken. Und was war das für ein Gefühl, wenn nach wochenlangen Dreharbeiten abgedreht war! Vielleicht ein bisschen vergleichbar mit dem Freiheitsgefühl, mit dem wir als Schulkinder am letzten Schultag in die großen Sommerferien entlassen wurden. Wobei es in der Regel so war, dass nach Drehschluss gleich mein nächster Film anstand. Das bedeutete, eine neue Rolle erarbeiten, eine neue Kurve zeichnen und: lernen, lernen, lernen.

Wir, die wir so lange im Geschäft sind oder waren, werden gern als Zirkuspferde bezeichnet. Was ja nicht beleidigend, sondern wertschätzend gemeint ist. Und doch: Ich liebe zwar Pferde und bin mein Leben lang geritten, beruflich würde ich mich aber anders einordnen: Arbeitstier. Mit diesem tierischen Stempel kann ich gut leben. Ich war sehr ehrgeizig und wollte den Erfolg, habe streckenweise gearbeitet wie ein Berserker. Und ich wollte natürlich ein Weltstar werden. Welcher Schauspieler möchte das nicht? In jungen Jahren wurde ich schon unruhig, wenn ich 14 Tage lang nichts zu tun hatte. Immer, wenn ich einen Film abgelehnt hatte, weil ich dachte, er sei nicht gut oder ich könne die Rolle nicht spielen, bekam ich Existenzängste und dachte, das war's jetzt, du bekommst nie wieder ein Angebot. Was natürlich Unsinn war.

Jeder Film für sich bedeutete, wie ich anfangs schrieb, ein Riesenpensum. Ich stand morgens um sechs auf, dann kam die Maskenbildnerin, um halb neun wurde ich abgeholt und zum Drehort gebracht, dann wurde zwölf Stunden gedreht, abends kam ich spät nach Hause, bereitete mich für den nächsten Drehtag vor und fiel komatös ins Bett. Allenfalls habe ich noch ein Bier getrunken, um abzuschalten, aber manchmal war ich selbst dafür zu müde. Heute trinke ich gar keinen Alkohol mehr, ich vertrage ihn nicht mehr gut. Aber es gibt ja zum Glück auch alkoholfreies Bier.

Wenn es ans Textlernen ging, schrieb ich häufig meine Passagen handschriftlich auf leere Stellen im Drehbuch oder auf Extraseiten heraus. Anschließend unterstrich ich Stichworte, baute mir auf diese Weise kleine Eselsbrücken. Das war eine gute Methode, um textsicher zu werden. Bei *Piroschka* kam der ungarische Akzent erschwerend hinzu, aber nachdem

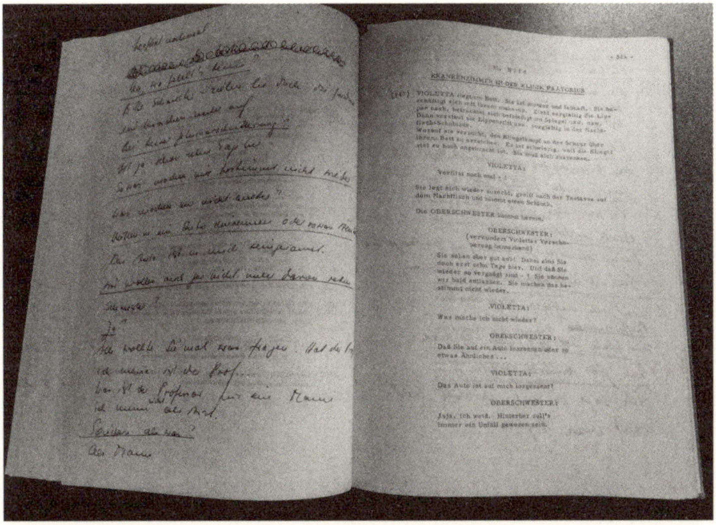

Durch das Abschreiben der Dialoge lernte ich meine Rolle

So sah mein Drehbuch zu *Piroschka* aus,
nachdem ich damit gearbeitet hatte

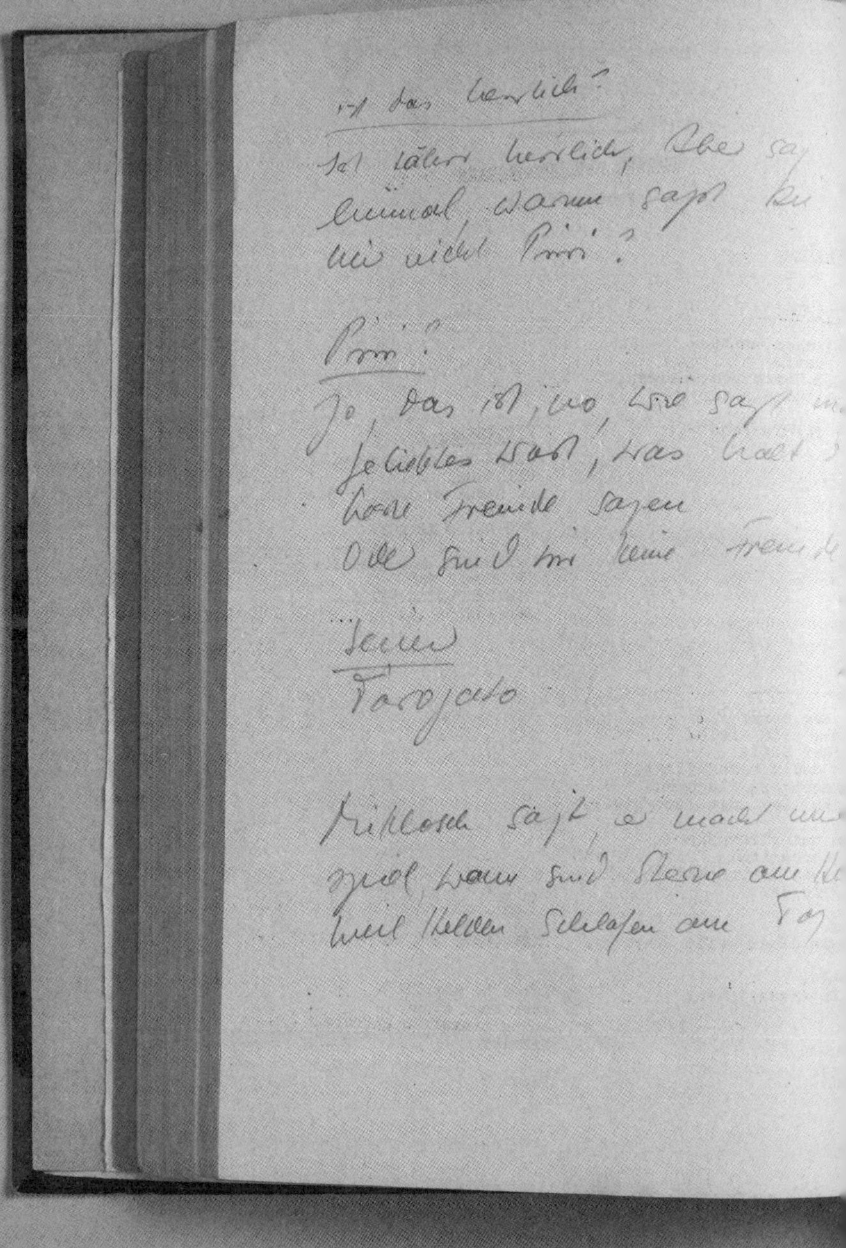

chka: Ja, das ist ...
no, wie sagt man:
Géliebtes Wort - -
was halt so beste Freinde
sagen ...

einer Pause: Oder sind wir keine Freinde ?

---

as, warm: Doch, beste Freunde, Pirri !
Weißt Du was ?
Jetzt müßte der Miklòs
auf seiner ... seiner ...

chka: Tàrogato !

as: - Tàrogato spielen.
Wie an dem Abend damals
in der Mühle ...

---

chka
ein bißchen verlegen
ndet sich zu Miklòs.

ragt ihn etwas
arischer Sprache: (Piroschka spricht leise
ungarisch)

Jatsszon egy kicsit a student urnak.
Jatßon ägj kitschit o student urnok.

---

aber lächelt,
elt das Haupt
cht eine Geste
mmel empor.

hka erläutert Andreas: Miklòs sagt,
er macht nur Géspiel
wann sind Sterne am Himmel
weil Helden schlafen am Tag ...

as: Schade - !

---

sieht man die
Puszta mit den
ummelnden Pferden. / KOMMENTAR: /
SO GAB ES ÜBERALL DINGE,
DIE MIR NEU UND FREMD WAREN !
TAG FÜR TAG ERLEBTE ICH
ETWAS NEUES, ÜBERRASCHENDES,
FREMDES ...

ENDUNG

ich anfangs noch überzeugt gewesen war, an den Zungenbrechern kläglich zu scheitern, machte mir das Spiel mit der Sprache, dieser schöne Akzent, bald schon einen Riesenspaß. Vielleicht habe ich ja ein bisschen eine ungarische Seele. Manche ungarischen Sätze aus dem Drehbuch kommen mir heute noch über die Lippen, ohne dass ich nur eine Sekunde darüber nachdenken muss. Wenn der Name des ungarischen Ortes, in dem der Film spielte, Hódmezővásárhelykutasipuszta, aus mir herausbricht, ist das immer ein großer Lacher bei allen. Und ich muss selbst jedes Mal herzhaft mitlachen. *Was vergeht, ist nicht verloren* – auf meine ungarischen Sprachkenntnisse trifft der Buchtitel jedenfalls hundertprozentig zu!

Meine Art und Weise, Rollen zu lernen, hat mich nie im Stich gelassen. In meinen vielen Berufsjahren kam es niemals vor, dass ich meinen Text vergaß oder gar einen Blackout hatte. Weder vor der Kamera noch auf der Theaterbühne. In den ersten Jahren hat mich meine Mutter beim Lernen oft abgehört. Sie vertrat die künstlerische Seite meiner Familie, während Papa Ingenieur und Beamter war. Mama hatte eine wunderbare Sopranstimme und hätte gern als Sängerin Karriere gemacht. Aber ihren Traumberuf konnte sie aus den unterschiedlichsten Gründen nie ausüben. Das Leben kam dazwischen, könnte man sagen. Umso stärker setzte sie sich für meine Karriere ein, half mir und unterstützte mich, wo und wann immer sie nur konnte. Später nahm mein Mann die Rolle des Ratgebers in beruflichen Dingen ein. Er selbst stammte aus einer Künstlerfamilie. Sein Vater Paul war ebenfalls Schauspieler, seine Mutter Helene Opernsängerin. Beide Schwiegermütter verstanden sich später wunderbar. Wenn Helmut und ich zusammen drehten oder auf der Bühne standen, erarbeiteten wir unsere Rollen gemeinsam, lasen uns die Texte vor und studierten Szenen ein. Oder er fragte mich ab, wenn mein nächster Film anstand. Helmut war für mich mehr als nur ein guter Kritiker, von ihm, der auch als Regisseur arbeitete, konnte ich immer noch etwas lernen. Es gibt ja Ehepartner, die in einer steten Konkurrenz zueinander stehen, die sich vergleichen, wer der Erfolgreichere, wer der Bessere ist. Das war bei uns überhaupt nicht der Fall. Im Gegenteil: Wir haben uns ergänzt. Und wann immer es sich ergab, standen wir gemeinsam vor der Kamera oder auf der Bühne.

Sicherlich war es von Vorteil, dass wir beide den gleichen Beruf hatten und im Laufe der Jahre ähnliche Erfahrungen machten. Sei es im Umgang mit der Kritik, seien es die Anforderungen, die der Beruf mit sich brachte. So konnte der eine Künstlerfreud und -leid des anderen besser nachvollziehen, als wären wir in völlig unterschiedlichen Bereichen tätig gewesen. Auch den Umgang mit Öffentlichkeit und Medien kannten wir beide, und wir hatten gelernt, damit umzugehen. Wie weit machte man sich öffentlich und wo zog man zum Schutz des Privaten eine Grenze? Dieses Wechselspiel bekamen wir, als wir eine Familie gründeten, gemeinsam gut hin.

Doch ich galoppiere schon wieder davon und greife vor. Von Helmut, wie es mit uns anfing und weiterging, werde ich noch einiges zu erzählen haben. Hier aber zunächst noch ein Gedanke zur Arbeitsweise eines Schauspielers: Das Drehbuch war die Grundlage, auf der ein Film entstand.

Manchmal wuchs es einem ans Herz, manchmal war man heilfroh, wenn man sich endlich wieder davon trennen konnte. Die intensive Auseinandersetzung mit dem Stoff sieht man jeder einzelnen Seite meiner Drehbücher an. Bekritzelt, bemalt, abgerissen. Herrlich. So musste ein Drehbuch am Ende der Aufnahmen ausschauen. Wenn ich heute eines in den Händen halte, denke ich, wie gut sich das doch anfühlt. Und der Geruch des alten Papiers! Alles ist so vertraut, als sei es gestern gewesen. Überall wo noch Platz war, machte man sich Notizen oder hinterließ Nachrichten, wie hier auf dem Titelblatt des Drehbuchs von *Heidelberger Romanze*. Wer mir die Notiz »Nicht herauskommen am Morgen. Es wird erst am Freitag gedreht. Morgen im Laufe des Tages wird man anrufen« und »Rufe mich an morgen früh« aufschrieb, daran kann ich mich beim besten Willen nicht mehr erinnern. Fast 70 Jahre ist das nun her. 1951 kam der Film in die Kinos, ein Jahr später erhielt er den Bundesfilmpreis. Es war mein zweiter Kinofilm in Deutschland und mein erster an der Seite von Otto. Der Allgemeinheit besser bekannt als O. W. Fischer, den ich als Schauspieler vergöttert habe. Während der Dreharbeiten zu *Heidelberger Romanze* freun-

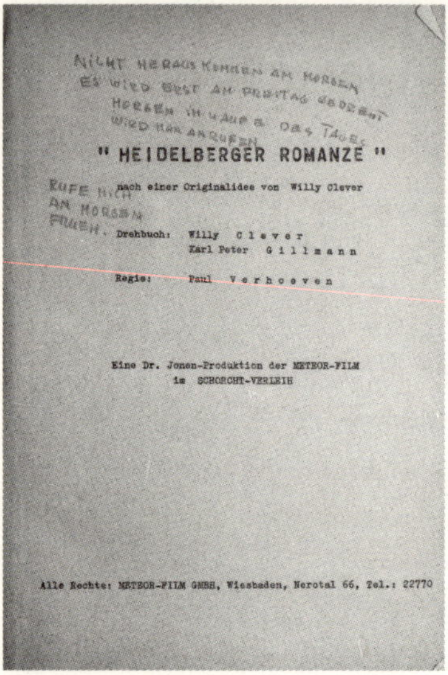
" HEIDELBERGER ROMANZE "

nach einer Originalidee von Willy Clever

Drehbuch: Willy Clever
Karl Peter Gillmann

Regie: Paul Verhoeven

Eine Dr. Jonen-Produktion der METEOR-FILM
im SCHORCHT-VERLEIH

Alle Rechte: METEOR-FILM GMBH, Wiesbaden, Nerotal 66, Tel.: 22770

Erste Seite des Drehbuchs zu *Heidelberger Romanze*, 1951, einem meiner ersten Kinofilme

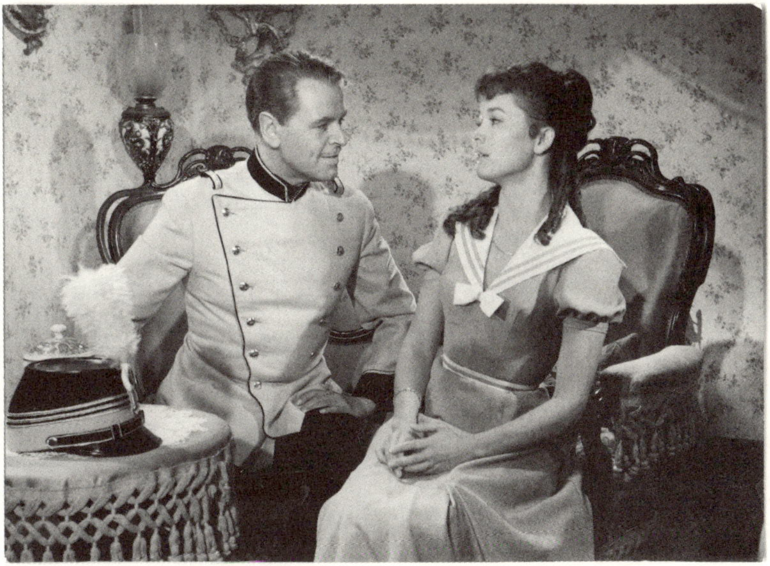

Mit meinem Filmpartner O. W. Fischer in *Helden*, 1958

deten wir uns an und hielten den Kontakt über Jahrzehnte. Mit Otto stand ich noch mehrere Male vor der Kamera, zuletzt Ende der achtziger Jahre für ein TV-Special. Otto besaß das, was man Charisma nennt. Seine Ausstrahlung kann ich nur schwer in Worte fassen. Er zog die Menschen an, gleichzeitig gab es da immer eine Barriere. Womöglich lag das an seinem ganz speziellen Humor, den nicht jeder verstand. Er war ein Meister der Ironie, immer ein bisschen spöttisch. Viele wussten nicht, wie sie damit umgehen sollten. Ich schon. Mir gefiel seine Art. Otto faszinierte mich, denn bei aller Distanziertheit war er ein Mensch, den man lieb haben musste, und vor allem war er ein loyaler Freund.

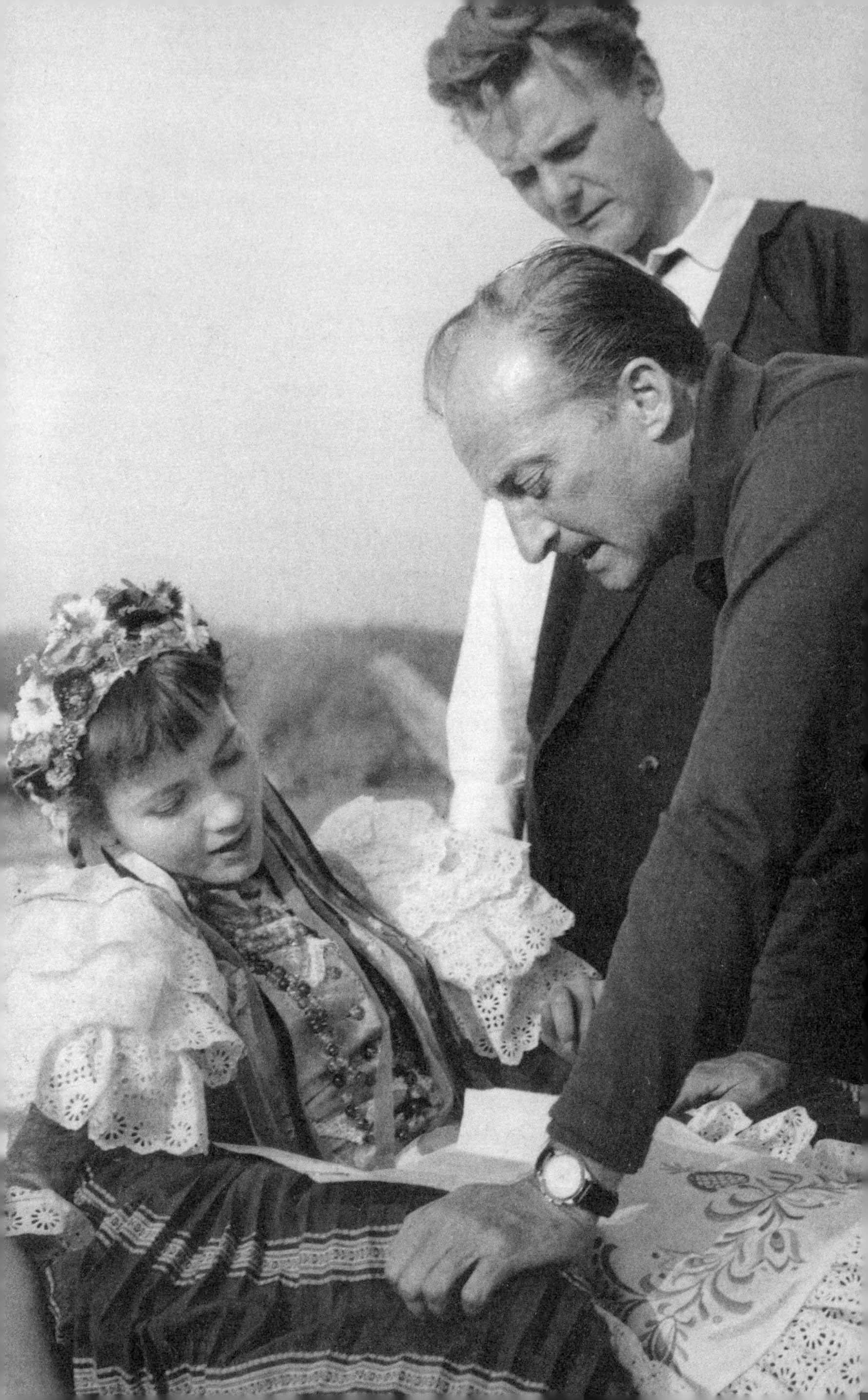

4.
Ihm bin ich zu Dank verpflichtet

Kurt Hoffmann, mein Entdecker, mein Förderer, mein Regisseur

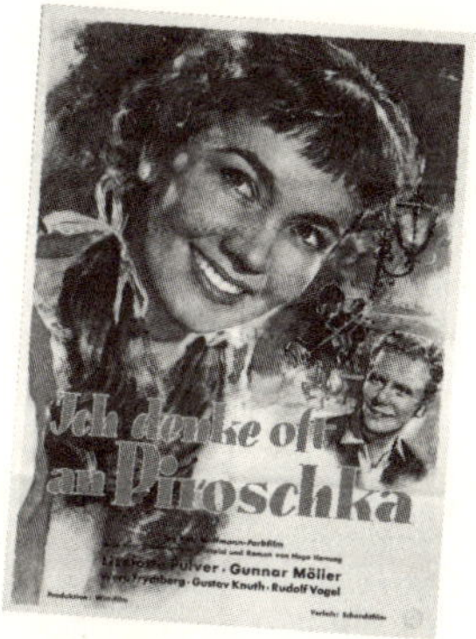

Insgesamt zehn Filme habe ich unter der Regie von Kurt Hoffmann gedreht. Neben *Piroschka* und der *Spessart*-Trilogie waren das *Klettermaxe, Heute heiratet mein Mann, Bekenntnisse des Hochstaplers Felix Krull, Das schöne Abenteuer, Dr. med. Hiob Prätorius* und *Hokuspokus*. Einige meiner größten Erfolge habe ich Hoffmann zu verdanken, ihm, dem Meister der leichten Muse, die – wie jeder Schauspieler weiß – in Wirklichkeit Schwerstarbeit ist. Auf die Frage, ob er gern als Fachmann für Unterhaltungsfilme bezeichnet werde, antwortete Hoffmann, so typisch für seinen Witz, mit den Worten: »Ja, wenn Sie das kleine Wort *gut* noch davorsetzen, dann bin ich zufrieden.« Natürlich zeigten viele von Hoffmanns Filmen eine heile Welt, aber das war das, was das Publikum im Kino sehen wollte, was es in damaligen Zeiten, kurz nach dem schrecklichen Krieg, vielleicht einfach brauchte. »Das damals bis ins Innerste erschütterte deutsche Volk ließ sich gern von

Mit Kurt Hoffmann und Gunnar Möller am Set von *Ich denke oft an Piroschka*, 1955

einer Schweizerin trösten«, so hat es meine Schwester Corinne einmal formuliert.

Hoffmanns Werk beinhaltete aber auch eine Reihe hervorragender Literaturverfilmungen, preisgekrönte Filme, wie Thomas Manns *Bekenntnisse des Hochstaplers Felix Krull* – Erika Mann schrieb das Drehbuch, Horst Buchholz spielte die Hauptrolle – oder *Die Ehe des Herrn Mississippi* nach einer Romanvorlage von Friedrich Dürrenmatt. 1958 entstand Hoffmanns Film *Wir Wunderkinder*, eine Satire über einen opportunistischen Karrieristen, der sich vom Nationalsozialisten zum angesehenen Geschäftsmann der westdeutschen Nachkriegszeit wandelt. Im Jahr 1960 erhielt der Film in den USA einen Golden Globe. Außerdem verfilmte Hoffmann mehrere Erich-Kästner-Romane wie *Das fliegende Klassenzimmer*.

Doch zurück zu Hoffmann und wie wir zueinanderfanden. Der berühmte Filmproduzent F. A. Mainz hatte mir 1950 einen Dreieinhalbjahresvertrag angeboten, eine Riesenchance, die ich mir, mit gerade Anfang 20, nicht entgehen ließ. Ein Kollege vom Schauspielhaus Zürich, an dem ich damals engagiert war, hatte F. A. Mainz auf mich aufmerksam gemacht. Er bereitete gerade den Film *Föhn* vor. Der männliche Hauptdarsteller war mit Hans Albers bereits gesetzt. Nun wurde die Hauptdarstellerin gesucht – und Mainz fand sie in mir. In der Schweiz hatte ich für *Swiss Tour* 1949 eine Kinorolle ergattert, aber eine eher kleine. *Föhn* hingegen war eine große Produktion mit einem großen Namen – Hans Albers – und mein Sprungbrett ins deutsche Nachkriegskino.

Eine weitere Produktion, die mein Vertrag mit Mainz beinhaltete, war *Klettermaxe*, eine Kriminalkomödie, die 1952 in Hamburg gedreht werden sollte. Kurt Hoffmann führte Regie. So lernten wir uns kennen und mochten uns auf Anhieb. Ich hatte zu der Zeit – stressbedingt – mal wieder ziemlich abgenommen, und Hoffmann, damals selbst ein Schlaks, sagte zu mir: »Wir armen Dünnen.« Darüber mussten wir beide sehr lachen. Die Chemie stimmte. Als ich ihm das erste Mal begegnete, dachte ich noch: Wie jung er doch aussieht! Tatsächlich war er auch nur wenige Jahre älter als ich. Er hatte strahlende blaue Augen, mit denen er einen immer fixierte. Es war der Beginn unserer Zusammenarbeit und einer richtigen Kumpanei. Was nicht bedeutet, dass ich vor ihm als Regisseur nicht größten Respekt hatte. Sein besonderes Talent bestand unter anderem darin, dass er seinen Schauspielern Freiraum ließ und ihnen somit Sicherheit gab. Er ließ auch mich machen und erfinden, und korrigierte nicht ständig herum. Hoffmann hat mich so gesehen, wie ich bin. Wir hatten denselben Humor, und letztendlich haben wir uns gegenseitig inspiriert. Wenn wir zusammen arbeiteten, fühlte es sich an, als seien wir Seelenverwandte. Von beruflicher Seite her war das einmalig. Manchmal habe ich es beim Drehen übertrieben, dann musste er mich auch mal bremsen. Aber er mochte meine impulsive Art zu spielen und lachte über jeden Blödsinn, den ich verzapft habe. Was ich anfangs nicht wusste: Manchmal ging er nach einer Szene zur Cutterin und sagte ihr: »Lassen Sie sie mal machen. Das schneiden wir hinterher wieder raus.«

Nun soll hier aber nicht der Eindruck entstehen, wir hätten immer nur herumgeblödelt. Auch bei Hoffmann herrschte Disziplin am Set, und wir drehten meistens unter

Zeitdruck. Man musste das Programm schaffen, die Szene musste in den Kasten.

Hoffmann war derjenige, der letztlich mein komödiantisches Talent für den Film entdeckte. Ich selbst hatte ja eigentlich nur ernste Rollen spielen wollen, die Klassiker, und kam mir selbst immer unwahrscheinlich tragisch vor. Ich dachte, die großen Schauspielerinnen seien alle Tragödinnen. Komödiantin? Lustig sein? Das wäre mir nie in den Sinn gekommen. Als Schauspielerin, fand ich, müsse man die Menschen zum Weinen bringen und nicht zum Lachen. Kurt Hoffmann hatte wesentlichen Anteil daran, dass ich irgendwann selbst erkannte, immer nur dramatische Rollen zu spielen, das wäre der falsche Weg. Meine Ausbildung hatte ich allerdings ganz darauf ausgerichtet. Eigentlich wollte ich nach der Schule gleich Schauspielunterricht nehmen. Der Berufswunsch war von klein auf da. Mein Vater aber bestand darauf, dass ich erst die Handelsschule absolvierte und mein Diplom machte. Danach, meinte er, dürfe ich meine künstlerischen Ambitionen verfolgen. Wäre es nach meiner Mutter gegangen, hätte ich den Umweg über die Handelsschule nicht nehmen müssen. Aber Papa setzte sich durch. Es sei vernünftig, ein Diplom in der Tasche zu haben, man wisse nie, ob es einem später nützlich sei. Also lernte ich Sprachen – unter anderem Englisch, und das half mir in meiner Karriere tatsächlich sehr –, Stenographieren und Schreibmaschineschreiben. Als ich die Handelsschule 1948 erfolgreich abgeschlossen hatte, bewarb ich mich – mit Erfolg – um ein Schauspielstipendium am Konservatorium in Bern, wo ich fortan von Margarethe Schell-von Noé unterrichtet wurde, der Mutter von Maria und Maximilian Schell. In dieser Zeit lernte ich ihre beiden Kinder, auch auf dem Sprung, Karriere zu machen, gut kennen. Etwas, das meine Schauspiellehrerin eines Tages zu mir sagte, war für mich sehr irritierend: »Du bist komisch.« Ich hinterfragte diese Aussage aber nicht weiter, weil mich Komödien nicht interessierten. Nach einiger Zeit nahm ich mir einen Privatlehrer, Professor Kalbeck, der mich auf mein erstes Engagement am Theater vorbereitete und selbst Intendant am Stadttheater Bern war. Dort gab man mir meine erste Rolle. Ich spielte die Marie in Goethes *Clavigo*, einem Trauerspiel, das Goethe in nur acht Tagen geschrieben hatte. Im letzten Akt findet Marie den Tod, aus Trauer über einen Verrat. Das also war meine erste Hauptrolle, eine, die kaum tragischer sein konnte. Ganz nach meinem Geschmack, nur leider auch ganz ohne Gage. Aber ich spielte voller Stolz und für die Ehre. Im Laufe meiner Karriere habe ich natürlich noch viele ernste und tragische Rollen gespielt, auch auf der Bühne. Dem Publikum in Erinnerung geblieben sind aber vor allem meine Kinokomödien. Keiner der Regisseure, mit denen ich im Laufe der Jahrzehnte gearbeitet habe, würde es mir übel nehmen, wenn ich sage, dass Kurt Hoffmann mein Lieblingsregisseur war. Er hat später Stoffe für mich gesucht, mir die richtigen Partner zur Seite gestellt und sich sehr auf mich konzentriert. Ohne ihn wäre ich niemals so erfolgreich geworden.

Anfang der siebziger Jahre zog sich Hoffmann aus dem Filmgeschäft und der Öffentlichkeit zurück. Anlässlich seines 75. Geburtstags besuchte ich ihn in Lugano und wollte ihn überreden, noch einmal einen gemeinsamen Film – un-

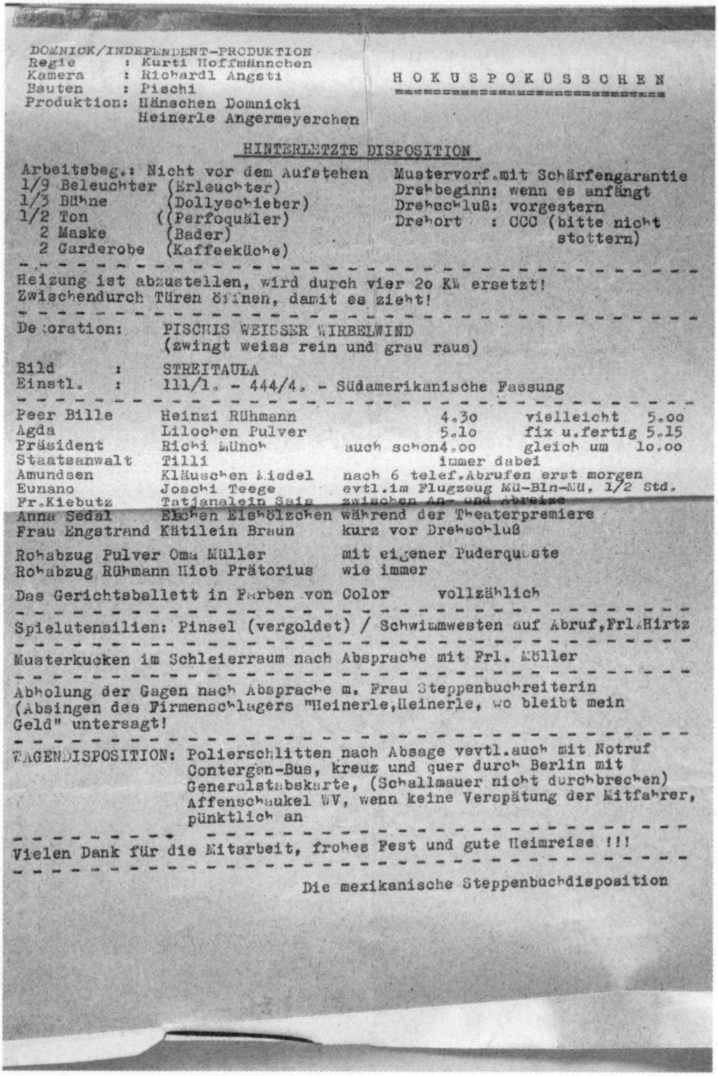

DOMNICK/INDEPENDENT-PRODUKTION
Regie : Kurti Hoffmännchen
Kamera : Richardl Angsti
Bauten : Pischi
Produktion: Hänschen Domnicki
Heinerle Angermeyerchen

H O K U S P O K Ü S S C H E N

HINTERLETZTE DISPOSITION

Arbeitsbeg.: Nicht vor dem Aufstehen
1/9 Beleuchter (Erleuchter)
1/3 Bühne (Dollyschieber)
1/2 Ton ((Perfoquäler)
2 Maske (Bader)
2 Garderobe (Kaffeeküche)

Mustervorf.mit Schärfengarantie
Drehbeginn: wenn es anfängt
Drehschluß: vorgestern
Drehort : CCC (bitte nicht stottern)

Heizung ist abzustellen, wird durch vier 2o KW ersetzt!
Zwischendurch Türen öffnen, damit es zieht!

Dekoration: PISCHIS WEISSER WIRBELWIND
(zwingt weiss rein und grau raus)

Bild : STREITAULA
Einstl. : 111/1. - 444/4. - Südamerikanische Fassung

Peer Bille	Heinzi Rühmann	4.3o	vielleicht 5.oo
Agda	Lilochen Pulver	5.1o	fix u.fertig 5.15
Präsident	Richi Münch	auch schon4.oo	gleich um 1o.oo
Staatsanwalt	Tilli	immer dabei	
Amundsen	Kläuschen Liedel	nach 6 telef.Abrufen erst morgen	
Eunano	Joschi Teege	evtl.im Flugzeug Mü-Bln-Mü, 1/2 Std.	
Fr.Kiebutz	Tatjanalein Sais	zwischen An- und Abreise	
Anna Sedal	Elschen Elshölzchen	während der Theaterpremiere	
Frau Engstrand	Kätilein Braun	kurz vor Drehschluß	

Rohabzug Pulver Oma Müller mit eigener Puderquaste
Rohabzug Rühmann Hiob Prätorius wie immer

Das Gerichtsballett in Farben von Color vollzählich

Spielutensilien: Pinsel (vergoldet) / Schwimmwesten auf Abruf,Frl.Hirtz

Musterkucken im Schleierraum nach Absprache mit Frl. Möller

Abholung der Gagen nach Absprache m. Frau Steppenbuchreiterin
(Absingen des Firmenschlagers "Heinerle,Heinerle, wo bleibt mein Geld" untersagt!

WAGENDISPOSITION: Polierschlitten nach Absage vevtl.auch mit Notruf
Contergan-Bus, kreuz und quer durch Berlin mit Generalstabskarte, (Schallmauer nicht durchbrechen)
Affenschaukel WV, wenn keine Verspätung der Mitfahrer, pünktlich an

Vielen Dank für die Mitarbeit, frohes Fest und gute Heimreise !!!

Die mexikanische Steppenbuchdisposition

Dispo des letzten Drehtags von *Hokuspokus*, mit Kurt Hoffmanns kleinen Scherzen für seine Schauspieler

seren elften – zu drehen. Aber Kurt wollte nicht mehr. Und zum Abschied sagte er zu mir: »Mit uns beiden – das war schon etwas Außergewöhnliches.«

Dieses Bild zeigt die Dispo für den letzten Drehtag von *Hokuspokus oder: Wie lasse ich meinen Mann verschwinden?* Der Film entstand 1966, er war meine zweite Arbeit mit Heinz Rühmann. Im Jahr zuvor hatten wir zusammen in *Dr. med. Hiob Prätorius* gespielt. Beide Male führte Kurt Hoffmann Regie. Er und Rühmann kannten sich schon seit den dreißiger Jahren. Hoffmann hatte bis 1937 als Assistent des berühmten Regisseurs Reinhold Schünzel gearbeitet, der für Filmklassiker wie *Viktor und Viktoria* und *Amphitryon* verantwortlich zeichnete und der für Hoffmanns späteres Werk sehr prägend war. Schünzel, von den Nationalsozialisten als »Halbjude« eingestuft, verließ 1937 Deutschland und emigrierte in die USA. Hoffmann blieb in Berlin und lernte kurz darauf Heinz Rühmann kennen, der ihm die Chance auf die Regie eines abendfüllenden Spielfilms gab. In den folgenden Jahren entstand unter anderem der Film *Quax, der Bruchpilot*. In den fünfziger Jahren setzten Hoffmann und Rühmann ihre erfolgreiche Zusammenarbeit fort. Als ich Rühmann kennenlernte, war er über 60, blickte auf eine bis dahin schon vier Jahrzehnte währende Filmkarriere zurück und galt als einer der größten Publikumslieblinge des deutschen Films. Das ließ er aber nie heraushängen, Rühmann gab sich stets bescheiden, war immer zu hundert Prozent vorbereitet und erwartete das auch von allen anderen am Set. *Hokuspokus* war eine Kriminalkomödie, basierend auf einem Theaterstück von Curt Goetz. Als der letzte

Drehtag anstand, bekam jeder von uns besagte Tagesdisposition ausgehändigt, die ich in meinem Drehbuch wiedergefunden habe. Was auf den ersten Blick wie eine stinknormale Dispo aussah, entpuppte sich bei näherem Hinsehen als ein typischer, wunderbarer Kurt-Hoffmann-Witz, den er sich – und uns – zum Abschluss der Dreharbeiten gönnte. Aus »Hokuspokus« machte er »Hokuspokÿsschen«, sich selbst nannte er Kurti Hoffmännchen, Rühmann wurde zu Heinzi und ich zu Lilochen. Solche Verulkungen entsprachen ganz dem Humor von Kurt Hoffmann:

»Drehbeginn: wenn es anfängt«

»Drehschluss: vorgestern«

»Dekoration: Pischig weißer Wirbelwind (zwingt weiß rein und grau raus)«

Und auch wir Schauspieler bekamen unser Fett weg, denn so sah unser Zeitplan am letzten Drehtag aus:

»Heinzi Rühmann – 4.30 vielleicht 5.00«

»Lilochen Pulver – 5.10 fix u. fertig 5.15«

Dazu muss man wissen, dass Rühmann der Inbegriff an Pünktlichkeit war und ich wegen meiner langen Maskenzeiten berühmt-berüchtigt. Hoffmann nahm jeden von uns also liebevoll auf den Arm, und ich kann mir gut vorstellen, mit welchem Heidenspaß er sich am Vorabend die Formulierungen ausgedacht hatte. Nach der letzten Klappe gab es in der Regel eine kleine Abschlussfeier. Man ließ die vergangenen Wochen Revue passieren, prostete sich zu, war mit den Gedanken aber eigentlich schon beim nächsten Film, der auf einen wartete.

5.

Mensch, was waren wir jung

Wir, die Nachwuchsstars der fünfziger Jahre

Im Mai 1953 veröffentlichte die Zeitschrift *Der neue Film* eine Umfrage unter deutschen Kinobetreibern, wer die beliebtesten Nachwuchsdarsteller in diesem Jahr seien. Auf Platz eins stand bei den Männern Hardy Krüger. Natürlich! Wer sonst? Und bei den Frauen war es Hannerl Matz. Es folgten Jan Hendriks und ich auf dem zweiten Platz, auf Rang drei schließlich Gertrud Kückelmann und Walter Giller. Damals war ich Anfang 20, eigentlich noch ein halbes Kind, hatte allerdings schon meinen Dreieinhalbjahresvertrag in der Tasche. Mit Hardy Krüger habe ich im gleichen Jahr einen Film gedreht, *Ich und du*. Doch den jungen Krüger hielt es nicht in Deutschland, es zog ihn hinaus in die Welt. Der deutsche Film wurde ihm zu eng. Er ging nach England, Frankreich, dann Amerika. Hardy wurde ein Weltstar, drehte in Hollywood mit Filmlegenden wie James Stewart, Sean Connery und John Wayne. Er ist ein Jahr älter als ich und pendelt heute zwischen Hamburg und Los Angeles. Auch Walter Giller ist bis heute unvergessen, ein Darsteller mit großem komödiantischem Talent, der unzählige Filme

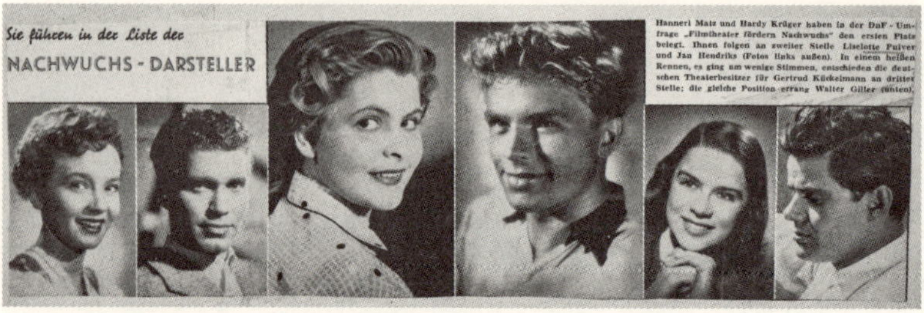

Sie führen in der Liste der

NACHWUCHS - DARSTELLER

Hannerl Matz und Hardy Krüger haben in der DnF-Umfrage „Filmtheater fördern Nachwuchs" den ersten Platz belegt. Ihnen folgen an zweiter Stelle Liselotte Pulver und Jan Hendriks (Fotos links außen). In einem heißen Rennen, es ging um wenige Stimmen, entschieden die deutschen Theaterbesitzer für Gertrud Kückelmann an dritter Stelle; die gleiche Position errang Walter Giller (unten).

Hier sieht man mich ganz links in einem Artikel aus *Der neue Film*, 1953

fürs Kino und Fernsehen drehte und bis zu seinem Tod mit der wunderbaren Nadja Tiller verheiratet war. An die Namen der anderen Nachwuchsstars aus dem Zeitungsartikel von 1953, Hannerl Matz, Getrud Kückelmann und Jan Hendriks, werden sich viele nicht mehr erinnern, was natürlich ungerecht ist, denn auch sie sind oder waren hervorragende Schauspieler, aber damals wusste keiner von uns, ob wir uns im Filmgeschäft würden behaupten können.

Nur drei Jahre später entstand anlässlich der Verleihung des Deutschen Filmpreises 1956 dieses herrliche Foto mit Nadja Tiller, Horst Buchholz, Peter Alexander und mir. Jeden von uns umrahmt ein Autoreifen und dabei nippen wir an einem Sektglas. Wo da der Zusammenhang bestand, kann ich heute nicht mehr sagen. Horst Buchholz erhielt in dem Jahr den Preis als bester Nachwuchsdarsteller für seine Rolle in dem Helmut-Käutner-Film *Himmel ohne Sterne*. Ich selbst war nominiert als beste Hauptdarstellerin für *Piroschka*, ging an dem Abend aber leer aus. Lilli Palmer nahm die Trophäe für ihre Rolle in *Teufel in Seide* mit nach Hause. Mit den dreien auf dem Autoreifen-Bild habe ich noch oft

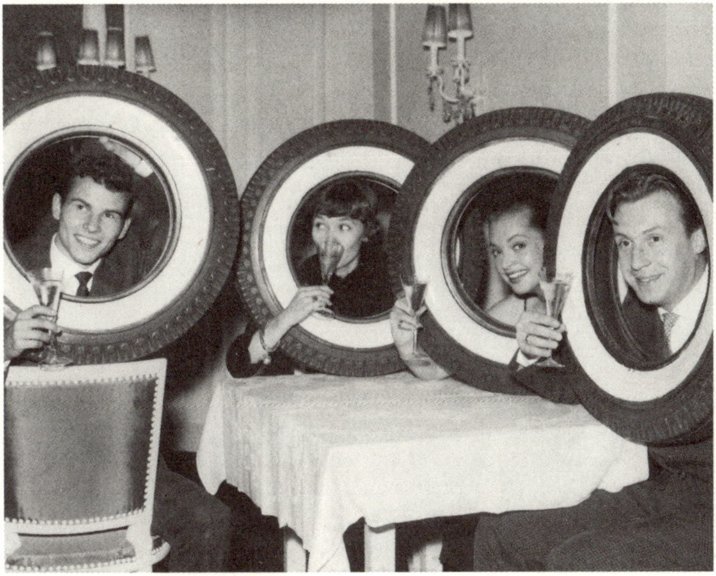

Mit Horst Buchholz, Nadja Tiller und Peter Alexander beim Deutschen Filmpreis, 1956

gearbeitet und verbinde mit ihnen schöne Erinnerungen. Peter Alexander zum Beispiel. Mit ihm drehte ich zwar keinen Film, war aber Gast seiner legendären *Peter-Alexander-Show* im ZDF, in der ich mit ihm in verschiedenen Sketchen spielte, einmal verkleidet als Schweizer Putzfrau mit Besen. Sehr lustig war das.

Nadja Tiller, sie ist mein Jahrgang, wurde im März 2019 90 Jahre alt. Es gibt da eine kleine Gemeinsamkeit: Beide leben wir in einer Altersresidenz, sie in Hamburg, ich in Bern. Der Kontakt ist leider abgebrochen. Nadja habe ich immer sehr bewundert. Sie war eine Wucht von einem Mädchen, 1949 wurde sie zur Miss Austria gewählt. Eine schöne Frau

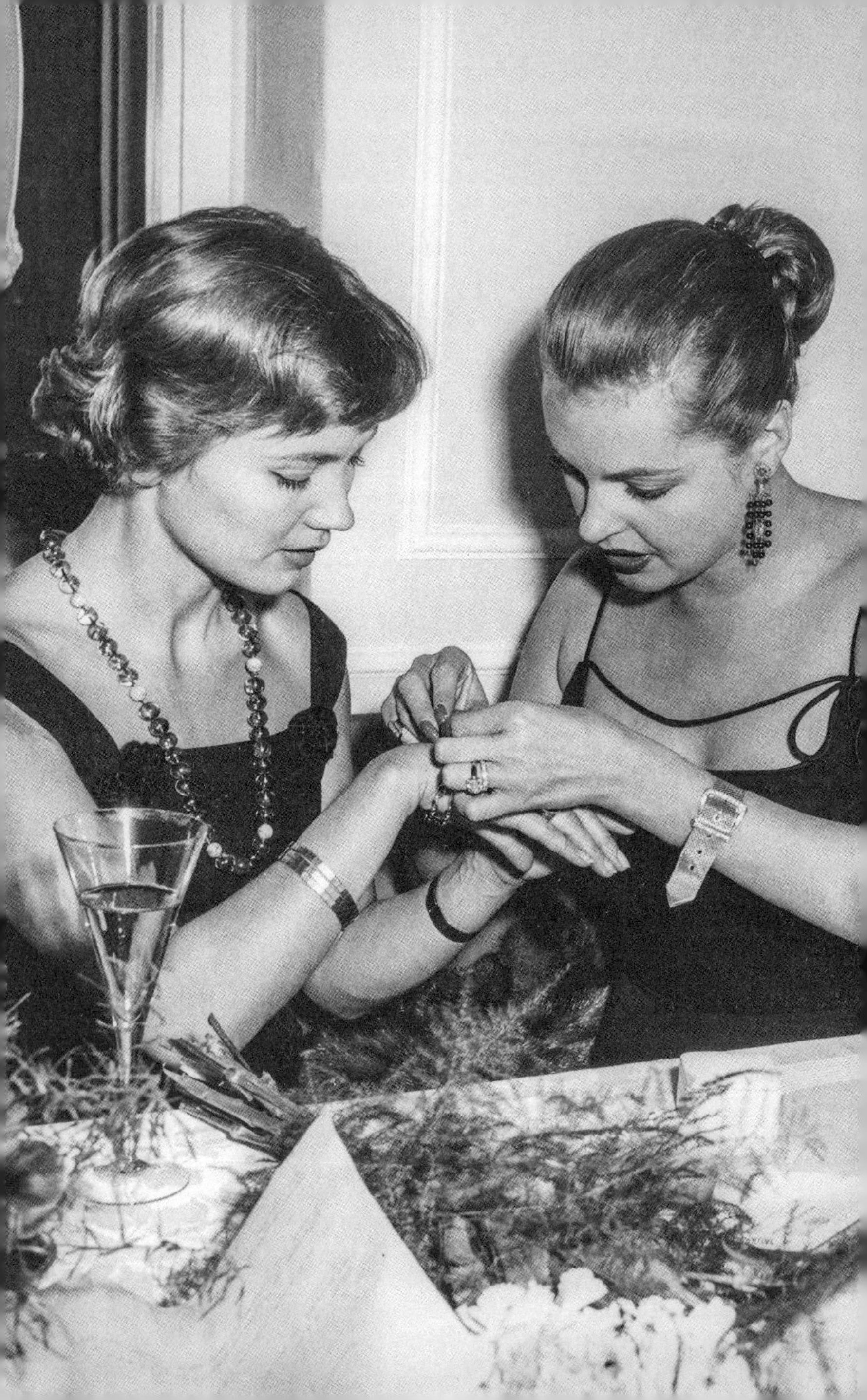

mit den richtigen Proportionen, genau so, wie ich eigentlich immer hatte sein wollen. Gleichzeitig war sie eine grandiose Darstellerin. Am Abend des Nachwuchspreises saßen wir zusammen an einem Tisch und verbrachten ein paar launige Stunden. Fünf Jahre nachdem dieses Bild entstand, hatte Nadja mit *Das Mädchen Rosemarie* ihren internationalen Durchbruch. Mehrfach haben wir noch zusammen gedreht, unter anderem bei den *Buddenbrooks*. 1959 entstand aus dem Epos von Thomas Mann ein Kino-Zweiteiler über den Aufstieg und Fall der Lübecker Kaufmannsfamilie. Auch an diesem Drehbuch wirkte Erika Mann mit. Und die Besetzung war groß: Alles, was im deutschsprachigen Film Rang und Namen hatte, wurde aufgeboten. Ich spielte Antonie »Tony« Buddenbrook, die Schwester des Senators Thomas Buddenbrook. Eine meiner schwierigsten und anspruchsvollsten Rollen. Man musste sich exakt an den Text halten, durfte keine Silbe verändern, geschweige denn improvisieren. Nadja Tiller spielte Gerda Arnoldsen, eine Mitschülerin Tonys auf dem Mädchenpensionat. Mit Nadja verstand ich mich auch deswegen, weil zwischen uns keine Konkurrenz herrschte. Zu unterschiedlich waren wir vom Typ her, sodass wir nicht um dieselben Rollen kämpften. Wenn es überhaupt so etwas wie eine Konkurrentin für mich als Schauspielerin gab, dann Maria Schell, aber auch nur in den ersten Jahren. Wir kannten uns ja sehr gut durch ihre Mutter, meine erste Schauspiellehrerin. Einmal schnappte Maria mir eine Hauptrolle weg, für den Film *Dr. Holl*, der ein Riesenerfolg wurde. Langfristig entwickelten wir uns aber in unterschiedliche Richtungen. Nadja Tiller und ich konkurrierten überhaupt nur einmal um eine Rolle, was ich aber

Mit Schauspielkollegin Nadja Tiller
beim Deutschen Filmpreis, 1956

auch erst hinterher erfuhr. Sie war nämlich 1961, ebenso wie Ingrid van Bergen, für Billy Wilders Ost-West-Komödie *Eins, zwei, drei* im Gespräch. Ich ergatterte die Rolle – dank harten Trainings und mit viel Körpereinsatz. Aber dazu komme ich noch.

Horst Buchholz und ich sind uns immer wieder über den Weg gelaufen, wie beim Filmpreis oder ähnlichen Veranstaltungen. Besser kennengelernt habe ich ihn 1957 bei *Felix Krull*, später bei Billy Wilders *Eins, zwei, drei*. Hotte war ein typischer Berliner. Sehr eloquent, sehr schnell, sehr schlagfertig – was ihn gerade für Wilder interessant machte. Er galt als deutscher James Dean, die Figur des widerspenstigen Rebellen schien ihm auf den Leib geschneidert. Und schon bald war er *das* Jugendidol. Überaus attraktiv, ein großer Mädchenschwarm. Im Grunde war er vor allem ein feingeistiger Mensch, und ich weiß nicht, ob ihm der ganze Rummel nicht auch zu viel wurde. Für die Rolle des Felix Krull, des charmanten Hochstaplers und jugendlichen Bonvivants, hätte Kurt Hoffmann keine bessere Besetzung finden können als Buchholz. Ich gab in dem Film die Tänzerin Zaza, eine Dame von Welt, es war aber nur eine kleinere Rolle. Horst bekam für seine schauspielerische Leistung den Bambi 1957 und sagte bei Entgegennahme des Preises nur ein einziges Wort: »Danke«. Als wir uns 1961 bei den Dreharbeiten mit Billy Wilder wiedersahen, spielte Horst die Rolle eines ungestümen, rebellischen Kommunisten aus Ostberlin, ich war die blonde Chefsekretärin des Westberliner Coca-Cola-Chefs. Nach diesem Film kam es zu keiner weiteren Zusammenarbeit. Unser letztes Treffen fand 2001

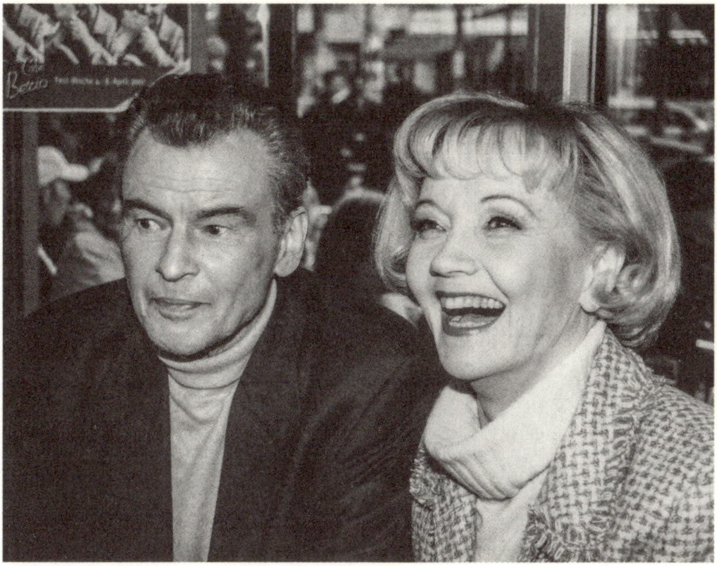

Mein letztes Treffen mit Horst Buchholz, 2001

statt, da verbrachten wir einen Tag zusammen, 40 Jahre nach *Eins, zwei, drei*. Horst sah immer noch so gut aus wie früher, er hatte sich nur wenig verändert. Nur ein paar graue Haarsträhnen waren hinzugekommen, und er wirkte ein wenig gebrechlich, hatte an Gewicht verloren. Zwei Jahre später starb er. Felix Krull lebte nach dem Motto »Liebe die Welt und die Welt wird dich lieben«. Diesen Satz hatte sich Horst, so erzählte er gern, zu eigen gemacht. Und er ergänzte ihn um die Worte »... und ich *habe* die Welt geliebt.«

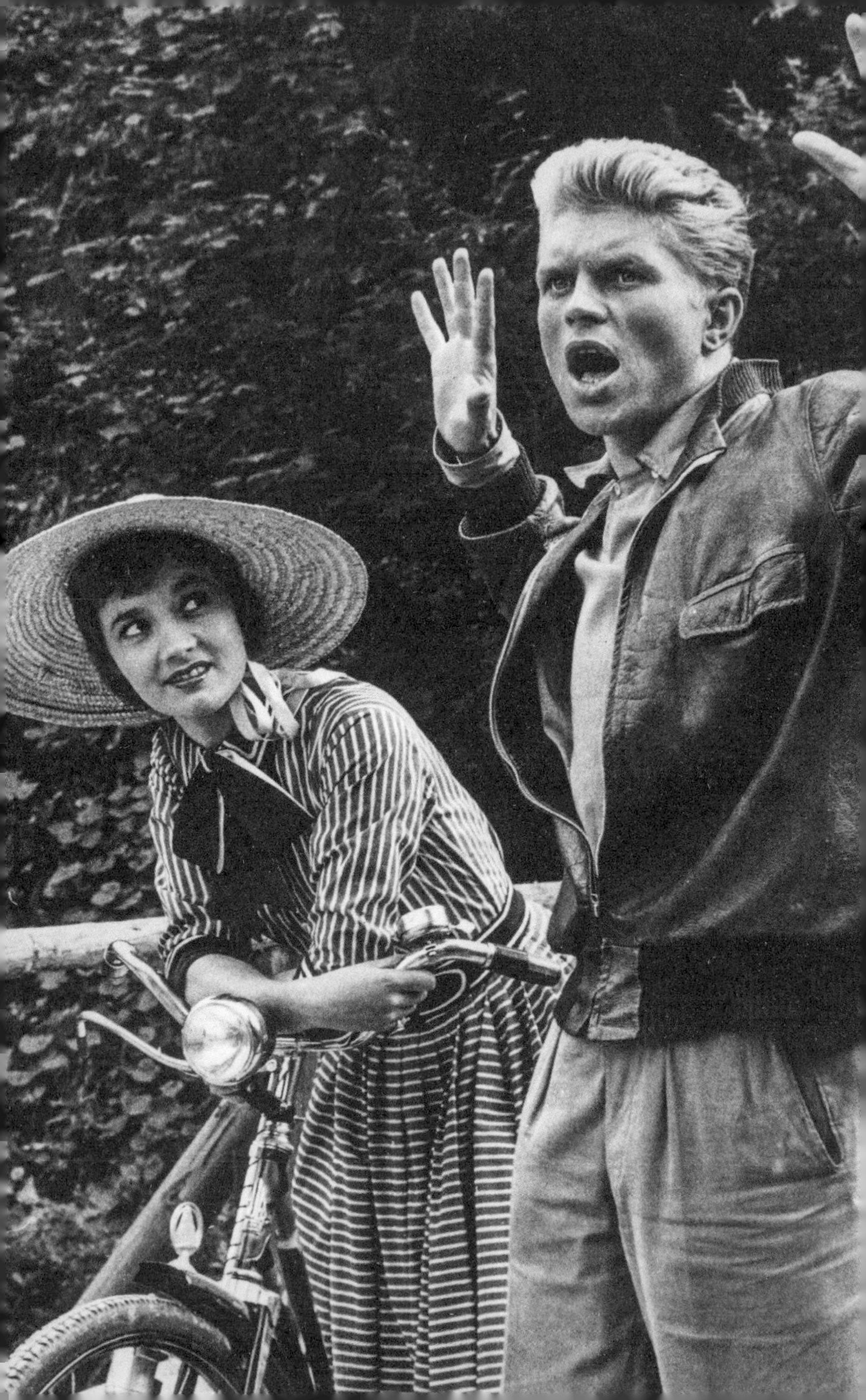

6.
Verliebt war ich oft – Geliebt habe ich nur einmal

Als ich meinen 75. Geburtstag feierte, spendierte mir die ARD eine Geburtstagsgala im Ersten. Ein Rückblick auf meine Laufbahn mit vielen Überraschungsgästen. Hans-Dietrich Genscher sprach von unserer Freundschaft, Gunnar Möller von *Piroschka* und Hellmuth Karasek von Billy Wilder. Ganz am Ende der TV-Show stand Hardy Krüger auf der Bühne und erzählte eine Anekdote aus der Zeit unseres Kennenlernens, die ich längst vergessen hatte. Als wir 1953 das erste Mal zusammen arbeiteten, versuchte ich, Hardy in die Geheimnisse des Schweizerischen einzuführen. Ich wollte ihm unser »R« beibringen, das wir Schweizer ganz tief hinten im Rachen sprechen. Ich machte es ihm vor, wieder und wieder. Hardy, ein gelehriger Schüler, machte es mir nach – »ccccchhhh« in allen Varianten. Er übte und übte. Nach ein paar Tagen kam er zu mir und präsentierte stolz sein vermeintlich perfektes Schweizer »R«. Ich habe ihn nur angeschaut, so erzählte Hardy, und zu ihm gesagt: »Hardy, du wirst immer einen deutschen Akzent haben.« Und darüber mussten wir herzlich lachen. Umgekehrt habe auch ich immer meinen Schweizer Akzent behalten, auch wenn ich früher der felsenfesten Überzeugung war, das reinste Hochdeutsch zu sprechen. Doch wenn ich mich dann selbst im Kino hörte, war es damit vorbei. Jean Gabin, mit dem ich auf Französisch drehte, liebte es, mich mit meinem Schweizer Akzent im Französischen aufzuziehen.

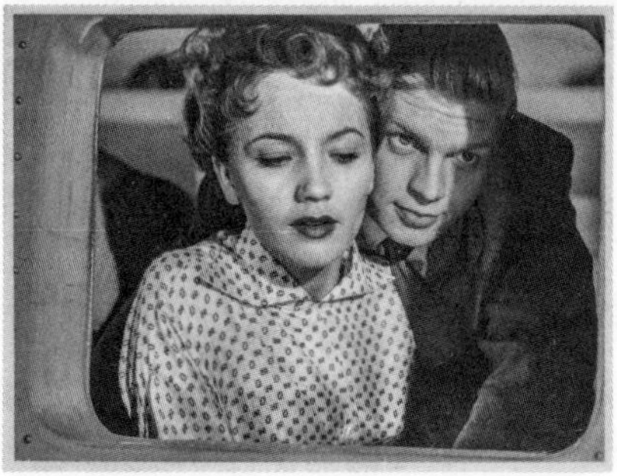

Mit Hardy Krüger, 1954

Zurück zu meinem alten Weggefährten Hardy Krüger. Dass er mich an meinem 75. Geburtstag überraschte, machte mich ganz besonders glücklich. Nicht nur, weil seine Frau Anita und er, aus Kalifornien kommend, die längste Anreise aller Gratulanten hatten, sondern weil ich ganz früher, bei unserem ersten gemeinsamen Film, so in Hardy verliebt war. Meine Neigung, mich immer in meine jeweiligen Filmpartner zu verlieben, ist ja kein Geheimnis. Mich hat ein Mann am meisten dann interessiert, wenn er mir überlegen war. Was sich auch dadurch äußerte, dass er nichts von mir wissen wollte. Mit der Liebe war es nach Ende der Dreharbeiten aber auch schnell wieder vorbei. Ich spreche natürlich von harmlosen Romanzen, nicht dass hier falsche Vorstellungen aufkommen. Und etwas Längerfristiges ergab sich sowieso nie daraus, weil die meisten meiner Filmpartner in festen Händen waren. Das galt auch für Hardy, den ich dennoch einfach umwerfend fand und dessen Charme ich sofort verfiel. Dieses Mal allerdings blieb ich standhaft, denn ich hatte mir ein Gelübde auferlegt: Ein halbes Jahr wollte ich keine Gedanken an die Männerwelt verschwenden – in meinen Augen eine halbe Ewigkeit – und mich voll und ganz auf die Arbeit konzentrieren.

Unsere erste Begegnung fand im Hamburger Hotel Atlantic statt. F. A. Mainz hatte ein Treffen mit dem Regisseur Alfred Weidenmann und Hardy arrangiert. Hardy war bereits für die männliche Hauptrolle der Ehekomödie *Ich und du* gesetzt. Nun wollten sich die beiden ein Bild von mir machen, was schneller über die Bühne ging als geplant: Wir sahen uns an und mochten uns. Kurze Zeit später begannen die Dreharbeiten im Münchner Carlton-Studio und sorgten schon bald für Schlagzeilen. Am Ende eines Drehtags hatte ich vergessen, meinen »Ehering«, also die Requisite für meine Rolle, abzulegen. Ich musste am Nachmittag eilig zu der Premiere meines vorherigen Films und traf am Flughafen eine Journalistin, die den Ring sofort entdeckte und fragte, ob ich verlobt oder verheiratet sei. Ich antwortete: »Ja, mit dem Hardy Krüger.« Die Journalistin nahm meinen Scherz für bare Münze, und da sie für die Deutsche Presse-Agentur arbeitete, verbreitete sich die Meldung wie ein Lauffeuer. Lilo und Hardy – endlich ein Paar. Die Presse hatte es ja schon immer geahnt. Wir beeilten uns, dieses Missverständnis aus der Welt zu räumen und dementierten die Meldung, aber erst einmal hatten die Zeitungen ihre Nachricht. Hardy und ich galten ohnehin bereits als das neue Traumpaar des deutschen Films, da kam den Boulevardmedien die »Hochzeitsmeldung« gerade recht. Im November 1953 feierte der Film seine Uraufführung in Bielefeld, und wieder waren wir Thema der Gazetten. In meinem Archiv fand ich diesen Zei-

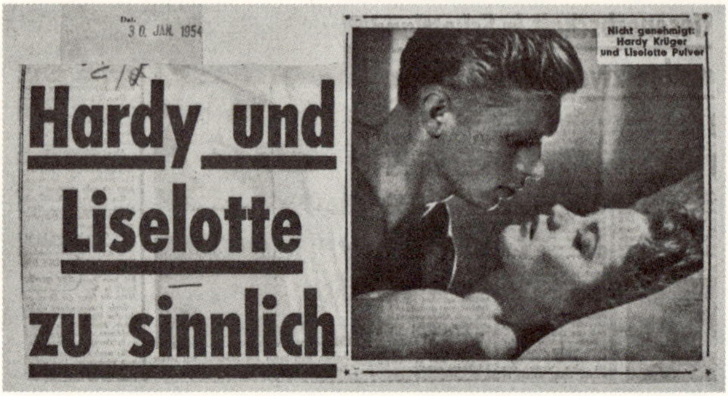

30. JAN. 1954

Hardy und Liselotte zu sinnlich

Nicht genehmigt: Hardy Krüger und Liselotte Pulver

Schlagzeile aus dem Jahr 1954. So entstehen Gerüchte …

tungsartikel aus dem Januar 1954, über den ich mich heute wunderbar amüsieren kann. »Hardy und Liselotte zu sinnlich«. Dazu ein Foto, das vieles vermuten lässt. Natürlich aber war alles völlig harmlos und nur maßlos aufgebauscht. Ein Jahr später drehten wir erneut zusammen, für *Der letzte Sommer*, nach der gleichnamigen Novelle von Ricarda Huch. Kein leichter Stoff dieses Mal. Hardy spielte einen Studenten, der sich radikalisiert hat und einen Anschlag auf den Präsidenten eines fiktiven Landes plant. Zu dem Attentat kommt es dann aber nicht, stattdessen verliebt er sich in die Tochter des Präsidenten, die von mir gespielt wurde.

Mitte der fünfziger Jahre verabschiedete sich Hardy ins Ausland. Wir sahen uns seitdem nur noch selten. Aber ich bin froh zu hören, dass er als rüstiger 91-Jähriger die Sonne Kaliforniens genießt. Und dass er, wenn er nach Deutschland kommt, nicht die Beine hochlegt, sondern Schulen besucht und dort von seinen Erlebnissen in der Nazizeit erzählt, um die Jugend von heute aufzuklären und aufzurütteln. Das verdient Respekt!

7.
Zürcher Verlobung

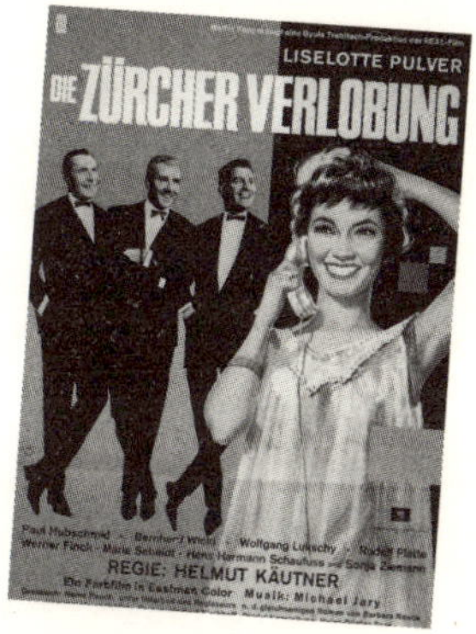

Mit *Zürcher Verlobung* – nach dem gleichnamigen Roman von Barbara Noack – gelang Helmut Käutner 1957 eine Komödie, die sowohl beim Kinopublikum als auch bei der Kritik sehr gut ankam. Das ist ja nun mal nicht immer der Fall. Das *Lexikon des Internationalen Films* bezeichnet den Film als eine »charmante Komödie mit vergnüglichen Seitenhieben auf die deutsche Filmbranche und voller augenzwinkernder Ironie«. Ich spielte eine junge Schriftstellerin, die sich – ohne dass dieser es weiß – in einen Zürcher Arzt, Paul Hubschmid, verliebt. Um an ihn heranzukommen, muss sie aber erst einmal einen Umweg über seinen besten Freund, Bernhard Wicki, nehmen, den sie nicht leiden kann. 2007, 50 Jahre später, lief in der ARD ein Remake der *Zürcher Verlobung* als Fernsehfilm. Ich hatte darin einen Cameo-Auftritt ganz am Ende, bei dem ich mich selbst spielte. Das aber ist nicht der Grund, warum ich auf diesen Film noch einmal im Besonderen zu sprechen komme. Als mir im Archiv das Filmplakat in die Hände fiel, wurde ich daran erinnert, dass damals wieder einmal alles zusammenkam. Ein Film folgte dem anderen, und oftmals überschnitten sich die Dreharbeiten. Dann wurde es ein Drahtseilakt. Das Angebot für die *Zürcher Verlobung* bekam ich etwa zugleich mit der Anfrage, die heilige Johanna in dem Theaterstück *Die Lerche* von Jean Anouilh zu spielen. Es sollte live im Fernsehen übertragen werden! Erst sagte ich ab, auch weil mein Freund Curd Jürgens mir abriet. Am nächsten Tag sagte ich zu. So war es immer, ein ewiges Hin und Her. Kaum hatte ich zugesagt, rief meine Agentin an. Helmut Käutner wollte mich in der weiblichen Hauptrolle für seine neue Komödie. Dieser Film durfte mir auf keinen Fall durch die Lappen gehen. Ich bettelte darum, man möge die Dreharbeiten um einen Monat nach hinten schieben, dann könne ich zusagen. Käutner wollte mich unbedingt dabei haben und gab nach. Ich war glückselig und stürzte mich in die Vorbereitungen für das Theaterstück. Immerhin hatte ich eine irrsinnig große Menge Text zu lernen. Lange Monologe, und das alles live im Fernsehen übertragen. Millionen Zuschauer würden mich auf der Bühne sehen. Fernsehen – das war ja noch alles Neuland, auf dem wir uns ausprobierten. Am Tag der Aufführung war ich sehr nervös, aber hochkonzentriert. Ich schaffte meine Rolle fehlerfrei. Kaum zu beschreiben, was für ein Stein mir vom Herzen fiel. Käutner rief mich am nächsten Tag an und gratulierte mir. Er freue sich, dass wir nun bald auch mit den Dreharbeiten starten würden. Daran hatte ich in den vergangenen Wochen natürlich keinen Gedanken verschwendet, geschweige denn Text gelernt, so

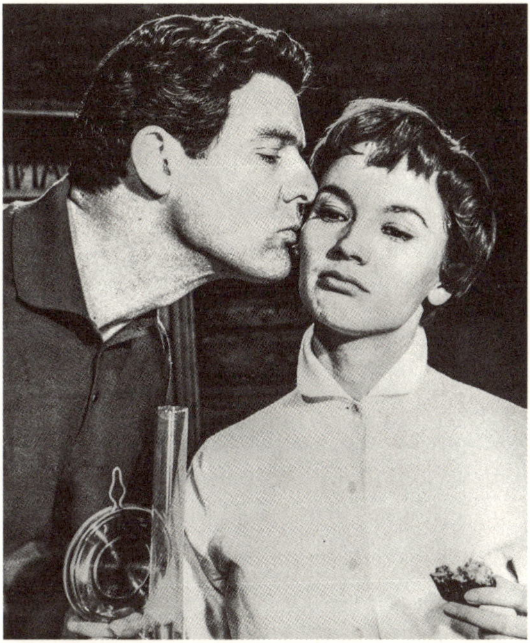

Szene aus *Die Zürcher Verlobung* mit Paul Hubschmid, 1957

sehr hatte mich die heilige Johanna beansprucht. Die wenigen Tage nutzte ich, um mir meine Rolle einzutrichtern. Ich lernte rund um die Uhr. Und dann war da noch *Felix Krull*. Ich hatte Kurt Hoffmann zugesagt, dass ich die Rolle der Zaza übernehmen würde. Kein großer Part, aber auch er musste einstudiert werden. Bei dem ganzen Drehstress blieb mir diesmal keine Zeit, mich in meine Filmpartner zu verlieben. Auch wenn Bernhard Wicki schon ein tolles Mannsbild abgab. Und schließlich war da noch Paul Hubschmid, einer der schönsten Schweizer, die ich jemals getroffen hatte. Mit ihm hatte ich schon Theater gespielt und im Jahr zuvor einen Film gemacht. Dabei hatte es ein paar

Flirtereien gegeben, zu mehr reichte es aber nicht. Denn Paul war zu meinem Leidwesen bereits verheiratet. Und bei der *Zürcher Verlobung* war das Feuerchen längst wieder erloschen.

Warum ich mich immer in meine Filmpartner verguckte? Nun ja, die meisten von ihnen waren echte Mannsbilder. Ich habe mich immer dann verknallt, wenn mir die Erscheinung gefiel. Von Äußerlichkeiten habe ich mich schnell blenden lassen, so gesehen war ich keine gute Menschenkennerin. Ich habe mich oftmals übertölpeln lassen und fiel auch auf alles herein. Eben weil ich so impulsiv war. Wenn mir jemand gefiel, war ich der festen Überzeugung, müsse er auch einen guten Charakter haben, dann müsse alles gut sein, was er tut. So kann man sich täuschen. Zum Glück legte ich meine anfängliche Naivität, was die Männerwelt betraf, im Lauf der Jahre ab. Dass ich während der Dreharbeiten zur *Zürcher Verlobung* unter Dauerstrom stand, sieht man dem Foto, das ich in einem der vielen Alben gefunden habe, allerdings nicht an. »So gefalle ich mir«, habe ich das Bild damals kommentiert.

Nach Abschluss der Dreharbeiten machte ich endlich Urlaub. Ich brauchte eine Auszeit, musste abschalten. Mit meinem Bruder Buebi fuhr ich nach Griechenland, und wir schauten uns die antiken Stätten an. Mit Buebi zu reisen, war immer ein besonderes Erlebnis, denn er war ein wandelndes Lexikon. Ich konnte ihn alles fragen, er wusste auf alles eine Antwort. Wie auch meine Schwester war er ein ganz wichtiger Ratgeber für mich. Leider ist Buebi vor wenigen Jahren verstorben, er fehlt mir sehr. Damals, im Frühjahr

so gefalle ich mir!

während Gründers Verlobung 1957

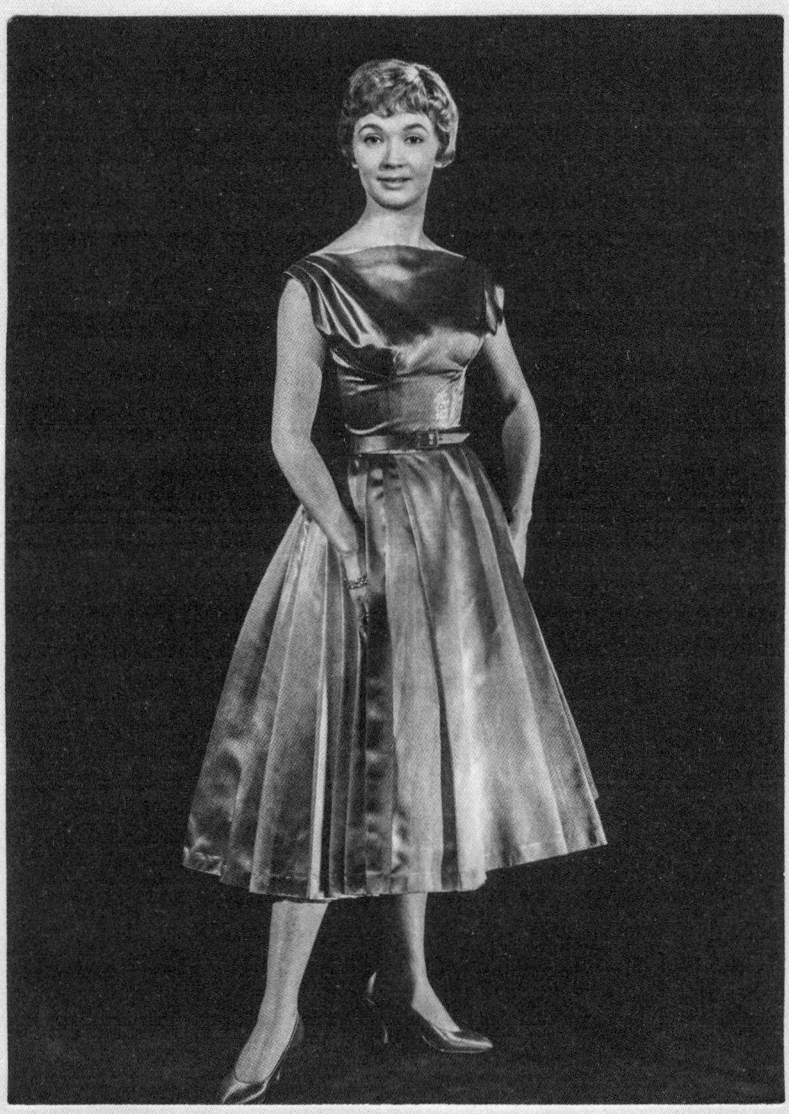

1958, bestiegen wir die Akropolis, schauten uns Korinth und Delphi und noch viele andere Orte an. Dann aber erhielt ich einen Anruf meiner Agentin. Ich müsse sofort nach Hause kommen, sagte sie. Die Amerikaner wollten einen Film mit mir machen. Endlich der Sprung nach Hollywood! Davon hatte ich geträumt, von einer Weltkarriere. Man bot mir eine Rolle in *Zeit zu leben und Zeit zu sterben* nach Erich Maria Remarque an. Ich sollte neben Paul Newman und unter der Regie von Douglas Sirk die weibliche Hauptrolle übernehmen. Paul Newman! Ich konnte es nicht glauben, packte geschwind meine Koffer, und Buebi und ich nahmen die nächste Maschine in die Schweiz.

8.
Check-in Hollywood

Mein erstes Flugticket nach Amerika

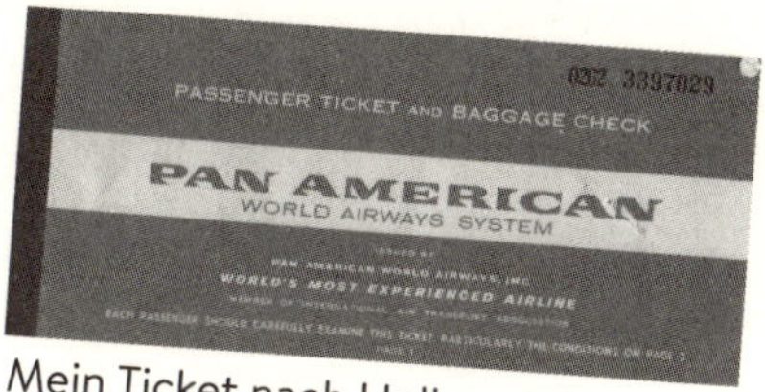

Mein Ticket nach Hollywood

Kaum zurück aus Griechenland, hieß es, ich müsse gleich weiter nach Amerika – wegen der Vertragsverhandlungen mit einem großen US-Filmstudio, Universal Pictures. Man bot mir einen Vertrag für fünf Filme in fünf Jahren an, der erste sollte *Zeit zu leben und Zeit zu sterben* sein, ich hingegen wollte mich wegen zahlreicher anderer Verpflichtungen in Europa auf nur drei Filme in drei Jahren festlegen. Kurzum, ich musste selbst nach Hollywood, um mich um den Vertrag zu kümmern. Außerdem wollten die Studiobosse mich persönlich kennenlernen. An meinen ersten Langstreckenflug von Europa nach Amerika kann ich mich noch gut erinnern. An die vielen – fast 30 – Stunden, die eine solche Reise damals dauerte. Und an die Nervosität, die mich begleitete, weil ich nicht wusste, was auf mich zukommen würde. Es war schon ein Abenteuer, allein nach Amerika zu fliegen, wo ich niemanden kannte. Damals existierte noch die Pan American World Airways, kurz Pan Am, mit der ich nach Los Angeles flog. Die Tickets meiner vielen Auslandsreisen bewahrte ich auf und fand sie in meinem Archiv wieder, so auch das Ticket meines ersten Interkontinentalfluges.

In Los Angeles gelandet, nahm ich vor lauter Müdigkeit kaum etwas wahr. Mein US-Agent holte mich am Flughafen ab und verfrachtete mich als Erstes ins Hotel, wo ich schon bald völlig erledigt ins Bett fiel. Dafür war ich am nächsten Morgen noch vor den Vögeln wach. Meine erste Begegnung mit dem Jetlag. In den Tagen darauf fanden immer wieder Meetings mit den Verantwortlichen von Universal statt. Bis der Vertrag unter Dach und Fach war, dauerte es eine Weile, ich war unentschlossen, ob ich den Fünfjahresvertrag akzeptieren sollte. Engelchen und Teufelchen fochten in meinem Kopf einen unentwegten Zweikampf aus. Hinzu kam, dass ich bei Kurt Hoffmann im Wort stand, im gleichen Jahr *Das Wirtshaus im Spessart* zu drehen. Und eine Theateraufführung, *Emilia Galotti,* stand auch noch vorher auf meiner Agenda. Alles zu viel und leider gleichzeitig. Letztlich unterschrieb ich dennoch bei Universal. Nicht, wie beabsichtigt, nur für drei, sondern gleich für fünf Filme. Leider war Paul Newman, auf den ich mich schon gefreut hatte, zwischenzeitlich für den ersten Film meines neuen Vertrages abgesprungen und wurde durch John Gavin ersetzt. Der Name sagte mir zu dem Zeitpunkt nichts. Erleichtert, dass ich mich zur Unterschrift durchgerungen hatte, und ein wenig enttäuscht, nicht mit Newman zu drehen, trat ich den Rückflug nach Europa an. Und stürzte mich in die Arbeit.

Zuerst die Emilia in Salzburg, danach fünf Wochen Drehzeit für den US-Film, der praktischerweise in Berlin gedreht wurde. Zu guter Letzt sieben Wochen Dreharbeiten für den Spessart-Film. Ein enormes Pensum, wieder einmal. Als die schönste Zeit dieses aufreibenden Jahres empfand ich die Außendrehs mit Kurt Hoffmann auf Schloss Mespelbrunn und Umgebung. Das Wetter spielte mit, ich durfte in meiner Rolle der Franziska Comtesse von und zu Sandau das tun, was ich ohnehin am liebsten tat – reiten: galoppieren, mit dem Pferd über Hecken und Bäche springen. Ich war in meinem Element. Auch Carlos Thompson, der den Räuberhauptmann spielte, war ein ebenso versierter wie leidenschaftlicher Reiter. In ihn aber verliebte ich mich ausnahmsweise nicht, denn kurz vor den Dreharbeiten hatte er Lilli Palmer geheiratet.

Mittlerweile hatte sich auch in der Presse herumgesprochen, dass ich bei einem US-Studio unter Vertrag stand und den Sprung nach Amerika wagte. Ich habe unzählige Zeitungsartikel aus dieser Zeit aufbewahrt und einen davon herausgesucht: »Liselotte filmt für Hollywood!«, so eine der Headlines aus dem Juli 1957. Der Artikel griff eine Frage auf, die tatsächlich für die Amerikaner von großer Wichtigkeit war: Wie sollte ich in Hollywood heißen? »Lilo« – den Namen fanden die US-Bosse ungeeignet. Da wisse man ja gar nicht, wie man das aussprechen solle, hieß es. Das habe zu viel »Hawaii-Beigeschmack«, was immer das nun heißen sollte, denn Hawaii ist doch wunderschön. »Liselotte« wiederum, so befand man, sei zu kompliziert. Aus »Lilo« sollte also eine »Lisa« werden. Wie das wiederum bei meinem Publikum in Europa angekommen wäre, weiß der Himmel.

Am Ende blieb ich die Lilo und musste mich der US-Karriere wegen zum Glück keiner »Umtaufung« unterziehen. Was in dem Artikel allerdings falsch dargestellt wird, ist die Behauptung, ich hätte die Abkürzung meines Namens nie gern gehört. Im Gegenteil, die Lilo war und bin ich noch immer gern. Als Lilo war ich den Menschen nahe, wurde schnell geduzt, und die Fans hatten das Gefühl, ich sei eine von ihnen, was ja auch stimmte. Abgesehen davon, dass ich in meinem Beruf im Rampenlicht stand und von vielen bewundert wurde, habe ich mich als Privatperson immer als sehr bodenständig empfunden. In meiner eigenen Familie wurde ich übrigens nie Lilo genannt. Für meine Eltern und meine Geschwister war ich immer die »Lise«.

Zeit zu leben und Zeit zu sterben war ein Antikriegsfilm. John Gavin spielte den Soldaten Ernst Graeber, der 1944 an der Ostfront kämpft und auf Heimaturlaub nach Hause kommt, seine Familie aber nicht finden kann. Ich spielte eine junge Frau, Elisabeth, deren Vater denunziert worden und ins Konzentrationslager gekommen war. Elisabeth und Ernst finden zueinander, sie heiraten, aber bald schon muss Ernst zurück an die Front … Am Set lernte ich eines Tages Erich Maria Remarque kennen, der gelegentlich vorbeikam und die Dreharbeiten verfolgte. Wir drehten den Film in englischer Sprache, was für mich kein Problem darstellte, hatte ich die Sprache doch jahrelang gelernt.

Für Nachaufnahmen sowie die Synchronisation und – sehr wichtig – die PR-Arbeit flog ich Anfang des Jahres 1958 erneut nach Los Angeles. Jetzt unter anderen Vorzeichen als bei meiner ersten Reise. Ich hatte meinen ersten

Liselotte Pulver filmt für Hollywood!

Drüben heißt sie „Lisa" und „Pixie" — Vertrag für fünf Filme

Mit einem Vertrag über fünf Filme, die sie für die Universal drehen wird, kehrte Liselotte Pulver aus Hollywood zurück. Eine Woche Wirbel in der amerikanischen Film-Metropole ließ sie schachmatt aus der SAS-Maschine klettern. In tropischer Hitze, die selbst für Kalifornien jedes Maß überstieg, hatte man

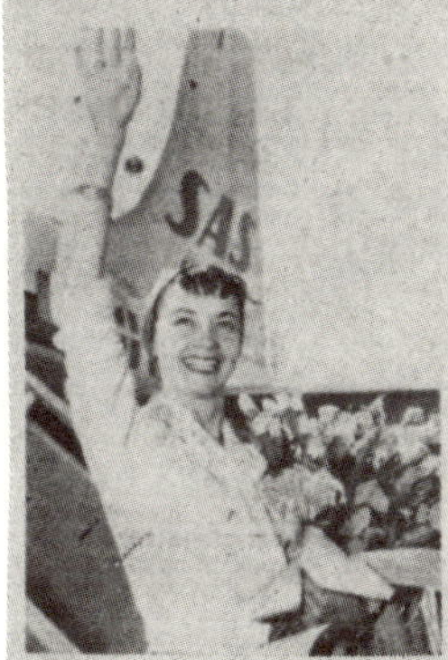

Aus Hollywood zurück: Liselotte Pulver

die quecksilbrige Liselotte durch den Wolf des Tests gedreht.

Drüben heißt sie übrigens „Lisa". Hollywood fand an dem bei uns gebräuchlicheren Lilo zuviel Hawaii-Beigeschmack. Außerdem kann Liselotte diese Abkürzung ihres Namens auch nicht leiden. Und da ihre Schweizer Freunde sie „Lise" rufen, entschied sich Hollywood für „Lisa".

Mit Ausnahmen, und mit nicht seltenen: im Atelier wurde Liselotte Pulver im Handumdrehen „Pixie" getauft — und wer Hollywood und seine ungeschriebenen Gesetze kennt, der weiß auch, was das heißt. Es ist die Auszeichnung, die man in den Studios besonders sympathischen Darstellern verleiht.

„Pixie" filmt also für Hollywood! Die erste Rolle steht bereits fest. In dem Universal-Farbfilm in Cinema-Scope „Zeit zu leben — Zeit zu sterben) (Also Time To Love) nach dem gleichnamigen Roman von Erich Maria Remarque wird Liselotte Pulver die Rolle der Elisabeth übernehmen. Der Film entsteht in Berlin unter Regie von Douglas Sirk (Detlev Sierck), der unter anderem Filme wie „In den Wind geschrieben" und „Der Engel mit den blutigen Flügeln" drehte. Die Aufnahmen beginnen voraussichtlich am 20. August. Männlicher Hauptdarsteller ist der aus den Filmen „Verdammte hinter Gittern" und „Wem die Sterne leuchten" bekannte John Gavin. Paul Newman, der zuerst für die Rolle vorgesehen war, mußte sie wegen Terminschwierigkeiten abgeben.

Zwischen den Garderoben- und Schminktests führte Liselotte Pulver in Hollywood erste Besprechungen mit ihrem Regisseur und mit Autor Remarque. Der Schriftsteller hält, wie er begeistert sagte, Liselotte Pulver für die ideale Darstellerin der Elisabeth seines Romans. Am letzten Tage ihres Hollywood-Aufenthalts traf die Schauspielerin auch mit UI-Präsident Al Daff zusammen, der mit ihr bereits Mitte Mai in Frankfurt über die Verpflichtung für Universal verhandelt hatte.

Liselotte Pulver ist die neueste Eroberung, die die Universal nach Cornell Borchers, Marianne Koch, Helmut Käutner und Curd Jürgens auf dem deutschen Boden gemacht hat. Was nicht zuletzt auch dem deutschen Film zu Gute kommt. (UP)

Die heimische Presse berichtete über meine ersten Ausflüge nach Amerika

amerikanischen Film gedreht, stand bei einem Major-Studio unter Vertrag und wurde dementsprechend hofiert. Ich galt, könnte man sagen, als *the next big thing* in Hollywood. Sechs Wochen blieb ich in Kalifornien, gab rund um die Uhr Interviews, beantwortete Fragen über den Film und über mich, machte Fotoshootings und lernte in der Stadt der Engel Gott und die Welt kennen. Viele meiner Freunde und Kollegen aus Europa hatten bereits in den USA Fuß gefasst. Als sie mitbekamen, dass ich vor Ort war, luden sie mich ein, zeigten mir die Stadt und stellten mir wichtige Leute aus der Filmindustrie vor. Helmut Käutner zum Beispiel arbeitete damals gerade in LA, seinen ersten Film drehte er ebenfalls für die Universal Studios. Ein Jahr zuvor hatte ich unter seiner Regie in *Zürcher Verlobung* gespielt. Käutner und seine Frau Erica hatten für die Zeit ihres Aufenthalts ein hübsches Haus in Beverly Hills gemietet und boten mir an, in ihr Gästezimmer zu ziehen, anstatt weiterhin im Beverly Hills Hotel zu nächtigen. Auch Curd Jürgens, mit dem ich befreundet war, hielt sich wegen eines neuen Films in der Stadt auf. Wir gingen oft zusammen aus. Durch ihn lernte ich die Bars und Clubs der Filmmetropole kennen. Ein paar Jahre zuvor hatten wir uns in Deutschland bei den Vorbereitungen eines Theaterstücks, in dem wir gemeinsam spielen sollten, kennengelernt. Das Bühnenprojekt kam zwar letztlich doch nicht zustande, Curd und ich aber blieben in Kontakt. Als ich 1958 nach Los Angeles kam, war er schon ein Weltstar und hatte an vielen internationalen Produktionen mitgewirkt. Dass wir gemeinsam das Nachtleben einer fremden Stadt erkundeten, war dabei fast schon eine kleine Tradition. Zwei Jahre zuvor nämlich waren wir beide wegen eines Films zufällig gleichzeitig in Paris und zogen jeden Abend los, sobald ich drehfrei hatte. Ich werde nie vergessen, wie ich einmal aus meinem Hotel kam und Jürgens, ganz Mann von Welt, in einem Rolls-Royce mit Chauffeur davorstand, um mich abzuholen.

Was ich an Curd schätzte, waren – neben einem Riesencharme – seine Offenheit und Ehrlichkeit. Er nahm kein Blatt vor den Mund, sagte immer seine Meinung und legte dabei auch nicht immer jedes Wort auf die Goldwaage. Ich habe ihn einmal als meinen kritischsten Weggefährten bezeichnet. Curd sagte es mir unverblümt ins Gesicht, wenn ihm einer meiner Filme nicht gefiel. Das war nicht immer das, was ich in dem Moment hören wollte, weil ich dachte, ich hätte alles gegeben, die Rolle doch so gut gespielt, wie ich nur konnte. Aus diesem Grund, das muss ich gestehen, war ich auch nie gut darin, Kritik wegzustecken. Am besten konnte ich mit ihr umgehen, wenn man mir sie schonend beibrachte. Das aber war nicht gerade Curds Stärke.

Einige Wochen später, als ihre Arbeiten in Los Angeles beendet waren, flogen Käutner und Jürgens nach Europa zurück, ich aber musste noch bis zur US-Preview meines Films bleiben. Langsam bekam ich ein bisschen Heimweh, die Freunde fehlten mir. Also kam ich auf die Idee, die Wartezeit mit einem Abstecher nach Mexiko zu überbrücken. Begleitet wurde ich von einem Freund Käutners, einem älteren ungarischen Regisseur, der nicht mehr arbeitete, Mr. Matray. Er sollte ein bisschen auf mich aufpassen. Wir flogen erst nach Mexiko City, dann in die Silberstadt Taxco und schließlich nach Acapulco an der Pazifikküste. Mr. Matray und ich besuchten die historischen Stätten, tauchten ein in die fremde Kultur, und zum ersten und zum Glück auch letzten Mal erlebte ich einen Stierkampf, wozu ich mich hatte überreden lassen. Ein Ereignis, das ich mein Leben lang nicht vergessen werde. 100 000 Menschen waren in der Arena versammelt, fieberten dem Kampf entgegen. Doch was ich dann erlebte, schockierte mich zutiefst. Ein blutrünstiges Spektakel, an dessen Ende der Stier grausam verendete. Ich war angewidert, noch Stunden später konnte ich mich kaum beruhigen. Leider überschattete dieses Ereignis die letzten Tage meiner Mexikoreise. Nach 14 Tagen flogen wir zurück nach Los Angeles.

Als *Zeit zu leben und Zeit zu sterben* schließlich in die Kinos kam, war der Erfolg nicht durchschlagend. Bei der Kritik kam der Film gut an, mein Filmpartner John Gavin erhielt sogar einen Golden Globe, und doch wurde der Film längst kein so großer Publikumserfolg, wie ich es mir für mein Debüt in Amerika gewünscht hätte. Deswegen erinnern sich heute nicht mehr viele an diesen Film, was ich sehr bedauere, da es ein guter Film mit einer wichtigen Botschaft ist. Bis ich das nächste Mal wieder in Amerika drehen würde, sollte einige Zeit verstreichen. Auch das hatte ich mir anders vorgestellt. Kaum war ich wieder zu Hause, bekam ich das Angebot für eine Rolle in *Ben Hur*, eine Riesenproduktion. Das könnte mein Durchbruch sein, hoffte ich. Und musste doch schweren Herzens absagen, weil ich bereits für einen französischen Film fest gebucht war. Ich versuchte alles Mögliche, damit man mich für *Ben Hur* freistellte, dieses Mal aber scheiterte ich.

Und es gab noch eine große Chance. Wenn ich die Fotos in meinen Alben durchblättere und auf eines mit Sophia Loren stoße, kommt es mir vor wie gestern: Auch diese Gelegenheit, in Hollywood groß rauszukommen, musste ich verstreichen lassen. Wir schreiben das Jahr 1960. Ich war Feuer und Flamme für mein nächstes Filmprojekt, *Gustav Adolfs Page*. Curd Jürgens sollte die Hauptrolle übernehmen. Der Film drohte im Vorfeld an der Finanzierung zu scheitern, was ich nicht zulassen wollte. Persönlich setzte ich mich dafür ein, dass weitere Gelder aufgetrieben wurden. Schließlich war alles unter Dach und Fach, die Schauspieler gebucht, der Drehstart terminiert. Und dann kam *El Cid*. Besser gesagt: Ich hatte Gerüchte gehört, nach denen Loren, die neben Charlton Heston die weibliche Hauptrolle in dem Historienfilm übernehmen sollte, abgesprungen war oder kurz davor stand, abzuspringen. Die Dreharbeiten sollten schon bald beginnen. Das wird meine große Rolle, war ich überzeugt und setzte mich ins nächste Flugzeug nach London, wo ich die Produzenten des Films traf. Ich gab alles, zog alle Register – und schaffte es, sie zu überzeugen, mir die Rolle zu geben. Am nächsten Tag rief ich noch aus London meine Agentin in Deutschland an, um ihr die sensationelle Nachricht zu übermitteln. Endlich eine große US-Produktion. Doch dann kam alles anders. Im Gegensatz zu mir zeigte sich meine Agentin alles andere als begeistert. Denn an meinem Vertrag für *Gustav Adolfs Page* ließ sich nicht mehr rütteln. Beide Filme zu drehen wäre unmöglich gewesen. Die Dreharbeiten überschnitten sich. Die einzige Möglichkeit, *El Cid* zu drehen, hätte bedeutet, bei *Gustav Adolfs Page* vertragsbrüchig zu werden, und das wollte und konnte ich niemandem zumuten, mir selbst zuallerletzt. Immerhin hatte ich einige Jahre zuvor bereits eine bittere Erfahrung gemacht, als ich einen Vertrag nicht einhielt und einen Riesenärger kassierte. Nie wieder würde ich einen Vertrag brechen, hatte ich mir damals geschworen, und hielt mich auch jetzt daran. Mir blieb nichts anderes übrig, als einen Rückzieher zu machen und *El Cid* wieder abzusagen. Wochenlang war ich am Boden zerstört. Sophia Loren spielte die Rolle, die meine hätte sein sollen. Der Film wurde ein Welterfolg und die Loren ein Hollywood-Star. Dieses Mal fiel es mir schwer, das Vergangene ruhen zu lassen und den Blick nach vorne zu richten, wie es normalerweise meine Art war. Noch oft musste ich an diese verpasste Chance zurückdenken und daran, was gewesen wäre, wenn …

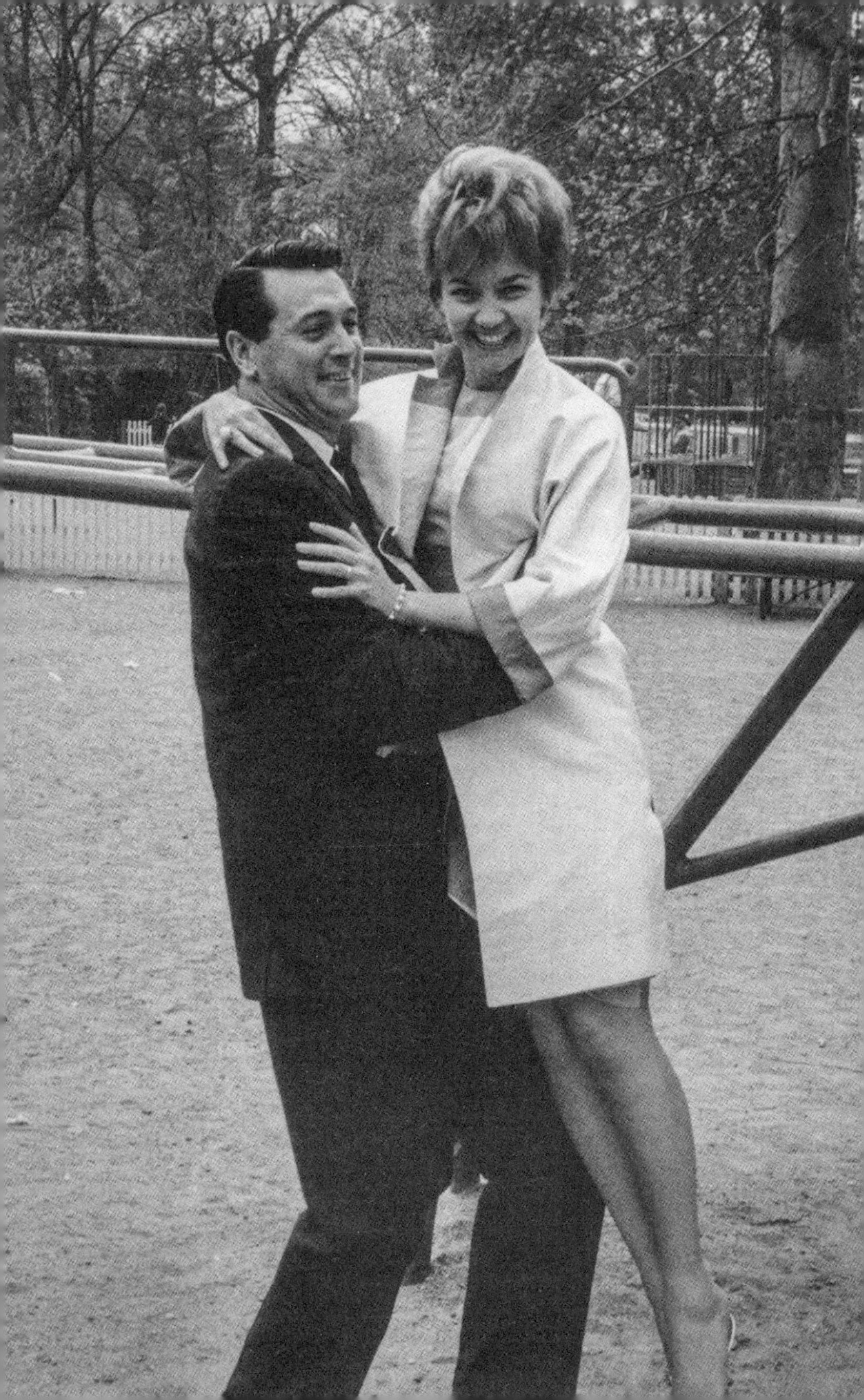

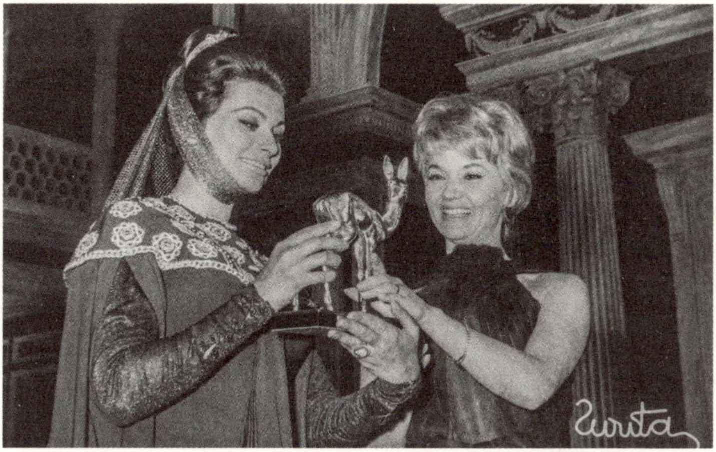

Bei der Bambi-Verleihung 1963 traf ich Filmdiva Sophia Loren

Meine Zeit in Amerika möchte ich dennoch keine Sekunde lang missen. Die Filmstadt Los Angeles pulsierte und verströmte ihr ganz eigenes Flair. In den Wochen meines nunmehr zweiten Aufenthalts lernte ich einige der ganz großen internationalen Schauspieler kennen: Cary Grant, Robert Taylor, Rock Hudson, Doris Day. Auch wenn ich selbst in Deutschland längst ein Kinostar war, haben mir diese Namen ganz schön imponiert. Und im Nachhinein war es ein großes Glück, dass ich *Gustav Adolfs Page* nicht hatte sausen lassen. Ich glaube an das Schicksal. Und das Schicksal hatte vorgesehen, dass ich bei den Dreharbeiten meinen Mann Helmut kennenlernen sollte.

Beim Blättern in alten Fotoalben begegne ich lieben Kollegen und Weggefährten. Sophia Loren habe ich im Laufe der Jahrzehnte mehrmals bei Gala-Veranstaltungen getroffen.

Wiedersehen mit Hollywood-Star
Rock Hudson, 1963

Wie auf dem Foto zu sehen ist, das bei der Bambi-Verleihung 1963 in Karlsruhe entstand. Loren bekam den Bambi in der Kategorie *Schauspielerin International*, ich gewann den Preis *Schauspielerin National*. Mit der Loren habe ich über meinen Ärger wegen der verpassten Chance bei *El Cid* persönlich nie gesprochen. Irgendwann hatte ich auch meinen Frieden damit gemacht. Zwei Jahre später sahen wir uns erneut beim Bambi, diesmal in München, mein Freund Blacky Fuchsberger moderierte. Die Loren erschien eine Stunde zu spät, und trotzdem stürzte sich die ganze Presse nur auf sie. Ich würde noch mehr internationale Filme drehen, nahm ich mir in diesem Moment zum Vorsatz.

Unser letztes Zusammentreffen ist noch gar nicht lange her. 2018 ehrte man mich in Berlin mit dem Bambi fürs Lebenswerk. Sophia Loren moderierte zusammen mit Thomas Gottschalk einen Bambi-Rückblick. Ich habe mich gefreut, sie wiederzusehen. Immerhin ist sie inzwischen auch schon über 80 und immer noch eine wunderschöne Frau.

Bei der Bambi-Verleihung im Jahr 1963 traf ich auch Rock Hudson wieder, den ich Jahre zuvor bei meinem Besuch in Los Angeles kennengelernt hatte. Wir standen beide beim selben Studio unter Vertrag und wurden gemeinsam zu Fotoshootings geschickt. Wie viel Spaß wir bei unserem Wiedersehen in Karlsruhe hatten, zeigen die Bilder aus meinem Fotoalbum. Rock Hudson liebte es, mich auf den Arm zu nehmen, und das nicht nur im sprichwörtlichen Sinne.

Und dann fiel mir noch ein hübsches Foto in die Hände, das hinter den Kulissen der Dreharbeiten zur Filmkomödie *Frühstück im Doppelbett* entstand. Lex Barker, weltweit berühmt geworden als Tarzan, spielte einen Yoga-Lehrer und

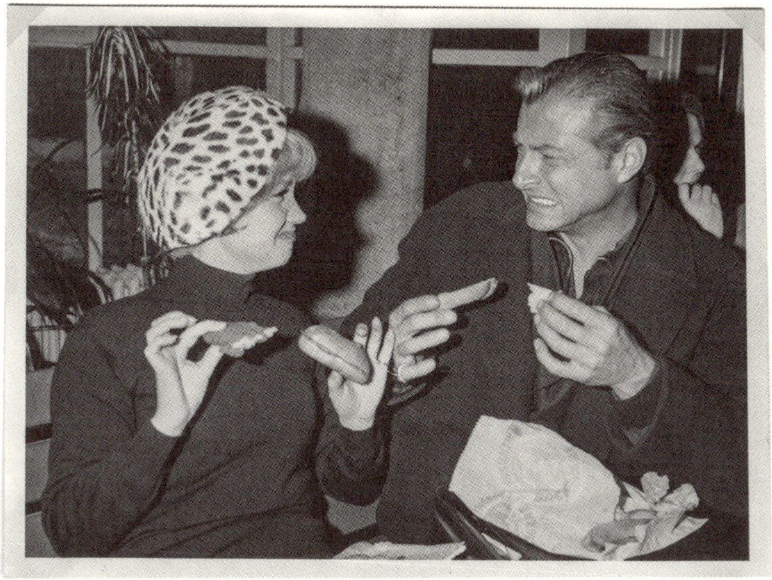

Lex Barker und ich stärken uns für die Dreharbeiten von *Frühstück im Doppelbett*

ich eine Verlegergattin, die mit ihm fremdging und ihren Ehemann, O. W. Fischer, betrog. Was wir da während einer Drehpause verspeisten, scheint uns nicht sonderlich gut geschmeckt zu haben. Der Film kam 1963 ins Kino. Und Barker wurde immer populärer, denn seit Anfang der sechziger Jahre spielte er in den Karl-May-Verfilmungen Old Shatterhand.

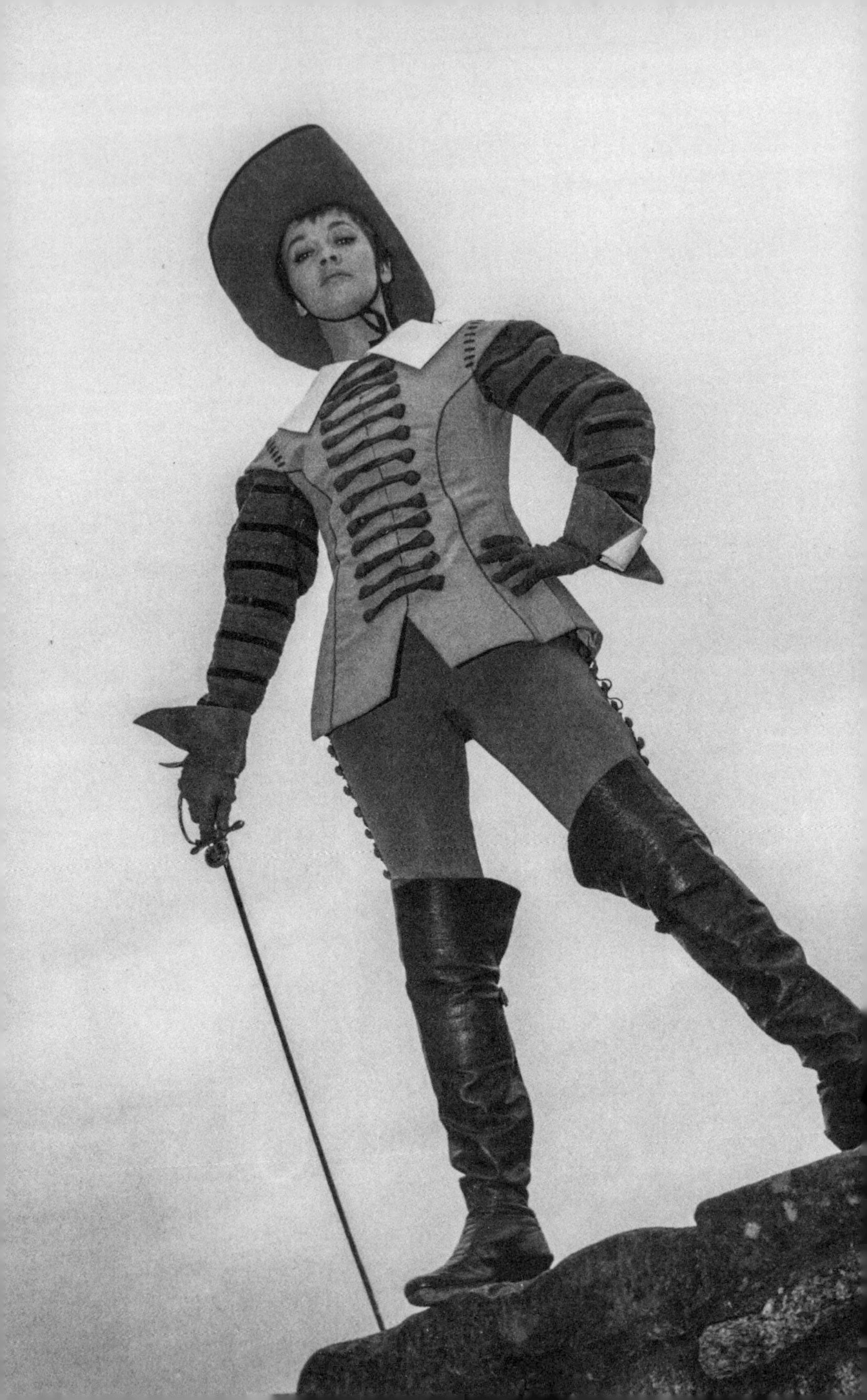

9.

Und diesem Film verdanke ich die Rolle meines Lebens

Gustav Adolfs Page

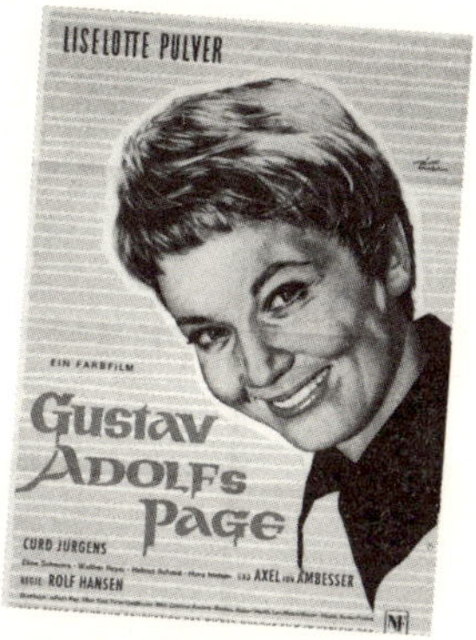

Die Dreharbeiten zu *Gustav Adolfs Page* fanden 1960 zunächst in Rothenburg ob der Tauber und anschließend in Wien statt. Rolf Hansen führte Regie. Die Geschichte handelt vom Schwedenkönig Gustav Adolf, dargestellt von Curd Jürgens, der 1631 während des Dreißigjährigen Kriegs nach Nürnberg kommt, um Truppen für seinen Kampf gegen Wallenstein anzuwerben. Die zweite Hauptfigur ist die burschikose Gustl Leubelfing, gespielt von mir, die seit dem Tod ihres Vaters bei ihrem Onkel lebt und am liebsten das macht, was ein junges Mädchen zu der damaligen Zeit *nicht* tun sollte: reiten, raufen, in der Natur sein. Gustls großes Idol ist eben jener Gustav Adolf. Und als der nun Nürnberg besucht, verkleidet sie sich als Junge und schafft es, eine Stelle als Page des Königs zu bekommen. Schon bald aber entdecken Adolfs Feinde das Rollenspiel und schüren eine Intrige gegen den Monarchen. Die letzten Szenen des Films spielen auf dem Schlachtfeld,

In meiner Rolle als *Gustav Adolfs Page*, 1960

kurz vor dem großen Kampf gegen Wallenstein. Doch noch bevor die Schlacht beginnt, sterben der König und sein Page bei der Explosion eines Pulverwagens. Das letzte Bild zeigt die beiden aufgebahrt, der Page zu Füßen seines Königs. Die ganze Inszenierung war aufwändig und opulent.

Um das Finale des Films hatte es im Vorfeld heftige Diskussionen gegeben. Fast wäre das Projekt nicht nur an den schon erwähnten finanziellen Problemen gescheitert, sondern auch noch verschoben worden, weil man sich nicht einigen konnte, wie die Geschichte enden sollte. Damit hatte es Folgendes auf sich: Während ich noch mit der Absage von *El Cid* haderte, zog ich Curd Jürgens ins Vertrauen und fragte ihn um Rat, wie ich es hinbekommen könnte, beide Filme zu drehen. Wir überlegten uns ein Komplott: Wir würden einen Streit darüber entfachen, wie das Ende des Filmes aussehen solle. Curd bestand auf einem tragischen Finale, ich auf einem komischen. Nur ein Happy End lehnten wir beide ab. Darüber wurden nun viele Briefe hin- und hergeschrieben und sich die Köpfe heiß diskutiert. Letztlich ging die Taktik der Verzögerung aber nicht auf, niemand war willens, die Drehzeiten zu verschieben und damit das Projekt erneut zu gefährden. Zwischenzeitlich hatte ich auch bei *El Cid* die Flinte ins Korn geworfen, sodass meine Managerin Ilse Alexander letztendlich schriftlich zusagen konnte, dass ich am 26. September 1960 zur Verfügung stehen würde.

Von meinem inneren Kampf und dem Hin und Her um den Hollywood-Film bekam die Presse damals natürlich nichts mit. Im Grunde war ich ja doch glücklich, dass *Gustav Adolfs*

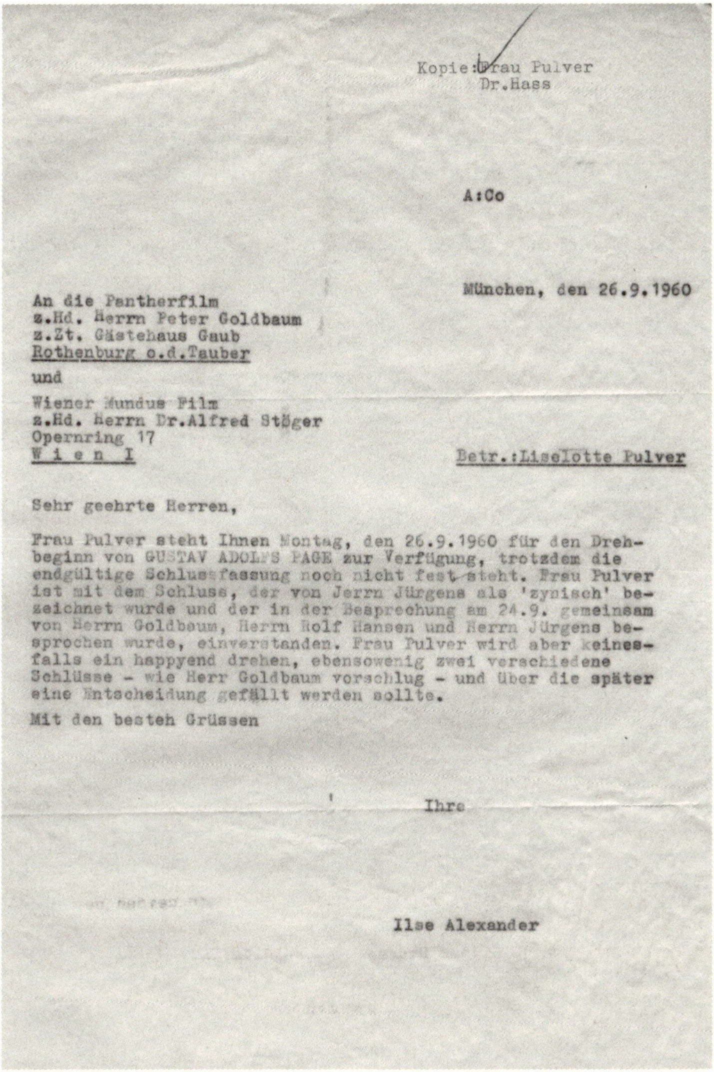

Kopie: Frau Pulver
Dr. Hass

A:Co

München, den 26.9.1960

An die Pantherfilm
z.Hd. Herrn Peter Goldbaum
z.Zt. Gästehaus Gaub
Rothenburg o.d.Tauber

und

Wiener Mundus Film
z.Hd. Herrn Dr.Alfred Stöger
Opernring 17
W i e n I

Betr.: Liselotte Pulver

Sehr geehrte Herren,

Frau Pulver steht Ihnen Montag, den 26.9.1960 für den Drehbeginn von GUSTAV ADOLFS PAGE zur Verfügung, trotzdem die endgültige Schlussfassung noch nicht fest steht. Frau Pulver ist mit dem Schluss, der von Jerrn Jürgens als 'zynisch' bezeichnet wurde und der in der Besprechung am 24.9. gemeinsam von Herrn Goldbaum, Herrn Rolf Hansen und Herrn Jürgens besprochen wurde, einverstanden. Frau Pulver wird aber keinesfalls ein happyend drehen, ebensowenig zwei verschiedene Schlüsse – wie Herr Goldbaum vorschlug – und über die später eine Entscheidung gefällt werden sollte.

Mit den besten Grüssen

Ihre

Ilse Alexander

Brief meiner langjährigen Agentin Ilse Alexander an die Produzenten von *Gustav Adolfs Page*, 1960

Page zustande kam, weil ich die Geschichte und meine Rolle darin wirklich mochte. Schon während der Dreharbeiten berichteten die Medien ausführlich, nicht zuletzt, weil mit Curd Jürgens ein Gigant des Kinos besetzt war. Journalisten besuchten uns regelmäßig am Set. In einer Zeitungsreportage vom Oktober 1960 zitierte ein Redakteur Curd mit folgenden Worten: »Dieser Film ist ja das Lieblingskind von Lilo Pulver. […] Es ist sicher eine prächtige Sache, mit dem Mädel zu arbeiten. Wenn sie in Amerika filmen würde, wäre sie dort bestimmt auch obenauf. Sie würde dort wie 'ne Bombe einschlagen.« Vor dem Hintergrund unseres kleinen gescheiterten Komplotts wirkte diese Aussage besonders pikant. Der Artikel trug den Titel »Lilo hat die Hosen an«, der Autor beschrieb mich darin so: »Dann hocke ich endlich zu Füßen des mit Koller und Kappe ausgestatteten Pagen des Gustav Adolf. Mein Blick wandert von den Stulpenstiefeln aufwärts über die in enganliegenden, warmen Hosen steckenden Oberschenkel, mustert das alle Weiblichkeit verbergende lederne Wams, und trifft endlich das verschmitzt lächelnde Knabengesicht der Lilo Pulver.«

Ich selbst gefiel mir gut in meiner Aufmachung als Page, in Hose und Stiefeln, mit Schwert und Hut, immer bereit, auf das nächste Pferd zu springen und Tollkühnes zu wagen. Kein Wunder, dass ich mich für das Zustandekommen des Films starkgemacht hatte. Das Foto, das mich im Kostüm auf der Mauer stehend zeigt, mag ich besonders. Gustls Blick sagt doch mehr als tausend Worte.

In der Rolle des Pagen lernte ich meinen Mann Helmut Schmid kennen. Hatte ich auch in der Beziehung die

Hosen an? Das würde ich so nicht sagen. Wir waren stets auf Augenhöhe, beruflich beide unabhängig, und dennoch habe ich es immer genossen, einen starken Partner zur Seite zu haben. In *Gustav Adolfs Page* spielte Helmut die Rolle des Grafen Lauenburg, den Erzrivalen des Schwedenkönigs. Vor den Dreharbeiten kannte ich Helmut nur flüchtig. Bei den Probeaufnahmen zum Film hatten wir uns einmal getroffen, bei einem Boxkampf in Berlin einige Zeit zuvor waren wir einander von gemeinsamen Bekannten vorgestellt worden. Das war's. Als wir schließlich in Rothenburg ob der Tauber die Außenaufnahmen drehten, sah ich Helmut überhaupt nicht, weil wir keine gemeinsamen Szenen zu drehen hatten. In Wien filmten wir daraufhin die Innenaufnahmen, und an Helmuts letztem Drehtag kam es zu unserer einzigen gemeinsamen Szene. Und die lief so ab: Graf Lauenburg zieht sein Schwert, um Gustav Adolf zu töten. Gustl erkennt die Gefahr und springt in letzter Sekunde dazwischen. Der König überlebt Lauenburgs Angriff unbeschadet, aber Helmut und ich, wir krachten ordentlich zusammen, und Helmut versetzte mir aus Versehen mit seinem Stiefel einen schmerzhaften Tritt. Wenn das nicht ein fulminanter Start für uns beide war! Der schönste blaue Fleck meines Lebens! Als die Szene im Kasten war, gingen wir zusammen in die Kantine, um unser kleines Malheur zu begießen. Helmut wollte sein Drehende am Abend ein bisschen feiern und fragte mich, ob ich mit ihm zum Heurigen gehen wolle. Ich zögerte, musste ich doch am nächsten Morgen frisch und ausgeruht wieder im Atelier stehen. Aber ich könne ihn mit meinem Studebaker gleich ins Hotel fahren, bot ich Helmut an. Gemeinsam kurvten wir durch Wien, auf der Fahrt

DER Ausschnitt BERLIN-LICHTERFELDE Wilhelmstr. 37 Tel. 73 85 90 (Am. Sekt.)
Wochenend, (13a) Nürnberg 26. Okt. 1960

Hollywood wäre die Pulver 'ne Bombe!, meint Cur

Lilo hat die Hosen

Als »Gustav Adolfs Page« spielt sie die Traumrolle ihres Lebens

Ein Bericht vo WOCHENEND-Redc Hans W. Backe

liebe das köstlich konvierte, mittelalterliche muckkästchen Rothen- g nicht weniger als llose In- und Ausländ. Aber vor einem gu r konnte mich nicht rd Jürgens dazu brinn dort bei den Außennen zur Wiederverfilvon „Der blaue Engel" haft zu leisten. Damußte nämlich kein bemüht werden, um r zu verkünden: „Mit öden Maj Britt als Lola eses Remake ein glatchfall!" Es stand bom- Und es kam auch so.

e statt Whisky

Jürgens, diesmal im chneiderten Gewand f Zucht und Sitte be- Schwedenkönigs Gudolf, hämmert beruhiuf meine unwattierten hultern: „Ich wollte damals die Marilyn bieten — aber die oder konnte nicht, ich as nicht mehr so ge- a, Hauptsache, du bist !"

itzen gegen Mitternacht npinghockern vor Curds tablem Wohnwagen, im Feldlager Gustav das die Filmarchitek- r paar hundert Meter alb der Stadtmauer auf einen Hügel gebaut haben. Zwischen spitzdächigen, fähnleinbestückten Mannschafts- und Marketenderzelten brennt ein mittelprächtiges Lagerfeuer. Drumherum das in bunte Söldnertracht gesteckte Volk. Curd pfeift seiner heißgeliebten Simone, die in der empfindlich kühlen Oktobernacht mit Geduld und Ausdauer als seine königliche Privatmarketenderin amtiert: „Wo ist mein Whisky?"

Die schöne Jürgens-Gattin lächelt nachsichtig durchs Wohnwagenfenster und ruft unnachgiebig: „Im Hotel!"

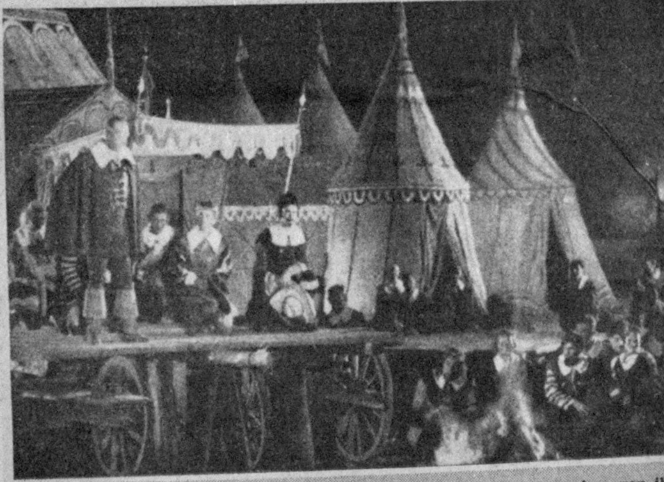

MITTEN IN DER NACHT läßt der aufgebrachte Schwedenkönig wegen einer von il deckten Orgie das ganze Lager aus dem Schlaf trommeln. Gustav Adolf zwingt alle reuevolles und bußfertiges Gebet einzustimmen.

Fotos: ringpress-Vogelmann/M

„Na, Sie Treuloser?" begrüßt sie mich.

Ich entschuldige mich für meine „Treulosigkeit" — und Lilo verzeiht mir mittels ihres über zwei Oktaven springenden, alle Glassachen gefährdenden Spitzbubenlachens.

In ihrem Gesicht steht die große Beglückung darüber, daß sie nun endlich ihre

…rgens

…n

Dann serviert sie dem ob dieser schnöden Behandlung unwirsch brummenden Schwedenkönig eine Tasse dampfenden Tee!

„Dieser Film ist ja das Lieblingskind von Lilo Pulver", sagt Curd Jürgens. „Es ist wirklich eine prächtige Sache, mit dem Mädel zu arbeiten. Wenn sie in Amerika filmen würde, wäre sie dort bestimmt auch obenauf! Sie würde dort wie 'ne Bombe einschlagen!"

Die nächste Einstellung wird gedreht. Während Curd Jürgens alias Gustav Adolf von einem katastrophensicheren Holzpodest aus einen Haufen Soldaten in die Knie zwingt, und Lilo Pulver, auf ihr Stichwort lauernd, neben ihm am Boden kauert, beobachten Simone und ich aus dreißig Schritt Entfernung die Szene. Als Gustav Adolf sein rauhes Gebet („Bestraf uns, wenn wir diesen unsern heiligen Krieg dazu benützen wollen, unsere Beutel zu füllen, zu rauben, zu plündern unseres Nachbarn Acker, Kuh, Kalb, Schwein oder Weib...") zum schwarzblauen Rothenburger Himmel sendet, fällt mir die Jürgens-Gattin um den Hals: Simone kann nicht mehr an sich halten: „Schwein oder Weib — haben Sie das gehört?" Sie findet diese Stelle „einfach großartig!"

Dabei beobachtet sie aufmerksam jede Bewegung, die Curd vor der Filmkamera macht. Nichts entgeht ihr. Sie achtet auf Rolf Hansens penible Regieführung. Und dann meint Simone besorgt: „Ich möchte, daß Curd nicht mehr so viel macht. Er soll sich nicht übernehmen. Er soll mehr Zeit für uns haben..." Sie sagt nicht „für mich", denn sie ist keine Spur selbstsüchtig, diese erstaunliche Frau. Sie ist nur „für uns" da.

Der lachende Page

Dann hocke ich endlich zu Füßen des mit Koller und Kappe ausgestatteten Pagen des Gustav Adolf. Mein Blick wandert von den Stulpenstiefeln aufwärts über die in enganliegenden, warmen Hosen steckenden Oberschenkel, mustert das alle Weiblichkeit verbergende lederne Wams, und trifft endlich das verschmitzt lächelnde Knabengesicht der Lilo Pulver.

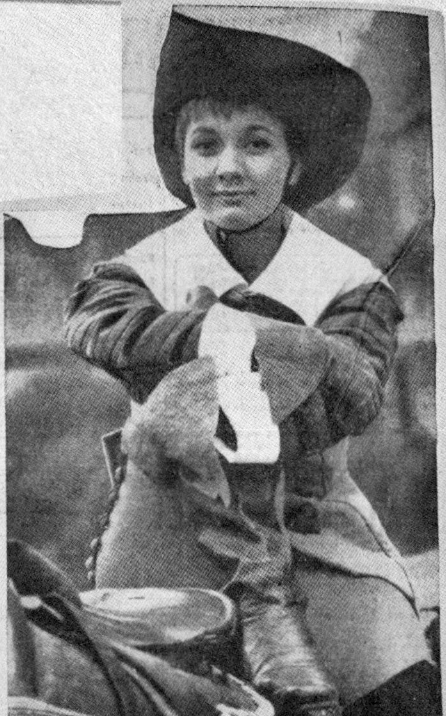

IN KECKER VERKLEIDUNG dient die schöne junge Nürnbergerin Gustl Leubelfing während des 30jährigen Krieges dem Schwedenkönig Gustav Adolf als schwärmerischer Page.

„Filmtraumrolle" verkörpern darf: die Nürnberger Bürgerstochter Gustl Leubelfing in Conrad Ferdinand Meyers Schullektüre-Novelle „Gustav Adolfs Page". Jenes knabenhafte Mädchen mit den kurzen Haaren, das in den Dienst des Schwedenkönigs trat und ihm schließlich das Leben rettete, unter Aufopferung des eigenen...

„Leider gibt es zu wenig Rollen, die mir so auf den Leib geschnitten sind wie diese", seufzt Page Lilo und streichelt ihre wohlproportionierten Oberschenkel.

Ich verspreche Lilo, fleißig für sie nach Hosenrollen Ausschau zu halten. Und sie verspricht mir, sich gelegentlich dafür erkenntlich zu zeigen.

Aber in den Wohnwagen, in den sie sich später zurückzieht, läßt sie mich nicht mit hinein. Warum nicht?

Als sie wieder herauskommt, enthüllt sie mir den „Hinderungsgrund":

„Ich hab' meine Hosen wechseln müssen, weil bei den anderen die Naht aufgeplatzt war!"

Und sie zwingt mich, in ihr unbeschwertes Koloraturlachen einzustimmen.

Man sollte das artistische Lilo-Pulver-Gelächter mal auf Schallplatten bannen...

ärgerte ich mich mal wieder über meine Unschlüssigkeit. Wochenlang hatten wir gedreht, nichts war passiert. Und jetzt, an seinem letzten Tag, lud mich dieser tolle Mann ein, und mir fiel keine langweiligere Antwort ein, als dass ich keine Zeit habe, weil ich am nächsten Tag drehen müsse? Als wir bei seinem Hotel ankamen, verabschiedete sich Helmut höflich. »Es tut mir leid, aber ich kann heute Abend wirklich nicht kommen«, sagte ich ein weiteres Mal. Doch dann schob ich spontan einen Satz hinterher, der alles änderte: »Vielleicht für ein halbes Stündchen.« Da war es schon um mich geschehen. Ich war Feuer und Flamme für diesen Mann. Endlich mal einer, der nicht verlobt oder verheiratet war wie all die anderen, die es mir erst angetan und mich dann enttäuscht zurückgelassen hatten.

Der Abend beim Heurigen dauerte doch etwas länger als die 30 Minuten, die ich Helmut großzügig zugestanden hatte. Als ich gegen Mitternacht glücklich und erschöpft in mein Bett fiel, dachte ich keine Sekunde lang mehr daran, dass ich am nächsten Morgen um sechs in der Maske sitzen musste und ging auch nicht wie üblich meinen Text für den nächsten Tag durch. Ich hatte nur einen Gedanken: Wie sollte ich die Zeit überstehen, bis ich Helmut wiedersehen konnte? Im Gegensatz zu ihm nämlich musste ich noch die ganze Woche weiterdrehen. Sieben lange, nicht enden wollende Tage saß ich in Wien fest, bevor ich nach München fahren konnte, wo ich damals eine Wohnung gemietet hatte. Sobald ich zu Hause war, rief ich Helmut an. Wir trafen uns, so oft es sich trotz unserer stets gut gefüllten Terminkalender einrichten ließ. Waren wir außerhalb Münchens unterwegs, telefonierten wir jeden Tag, und wenn wir uns verabredeten, gingen wir am liebsten zum Tanzen. Damals gab es in München einen Tanzkeller namens Chachacha, der Name war Programm.

Ende des Jahres 1960 fuhr Helmut nach Baden-Baden, wo er mit Ingrid van Bergen den Fernsehfilm *Zwei Krawatten* drehte. Kurz vor Silvester, am 30. Dezember, besuchte ich ihn bei den Dreharbeiten, anschließend gingen wir im Restaurant Stahlbad essen. Als man uns das Gästebuch brachte, kam es zu einer Szene, die ich nie vergessen werde. Helmut nahm Buch und Stift an sich, schrieb seinen Namen auf eine leere Seite und dann darunter in großen Buchstaben zwei Worte: »Der Verlobte«. Dann gab er mir einen Kuss. Mein Traum wurde wahr – wir würden heiraten!

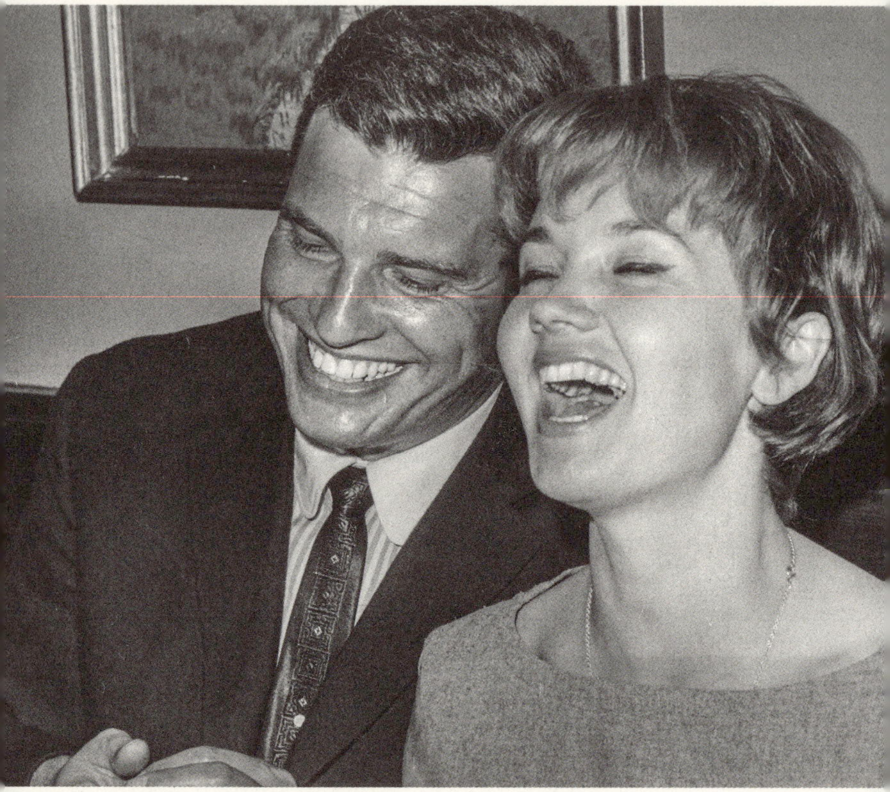

10. Der Mann meines Lebens

Unvergessen, in ewiger Liebe
Helmut

Mein liebstes Foto, das Helmut und mich zeigt, steht bei mir in Bern auf einem Regal. Ich habe Helmut also immer im Blick oder er mich, wie man es nimmt. Unser Bild soll privat bleiben. Aber ich verrate nicht zu viel, wenn ich sage, dass dieses Foto, auf dem wir beide so herzhaft lachen und uns liebevoll zugeneigt sind, dem Motiv auf meinem Regal sehr nahe kommt. Das Bild entstand 1963 anlässlich der schon erwähnten Bambi-Verleihung in Karlsruhe, neben Helmut saß Rock Hudson, den man hier nicht sieht. Worüber wir uns wohl so amüsierten in diesem Moment? Wir haben immer viel gelacht. Helmut war ein Mensch mit Humor, der – wie ich – immer irgendwelchen Unsinn im Kopf hatte. Anders hätte es mit uns ja auch nicht funktioniert. Es gibt Menschen, denen fehlt der Sinn für Witz und Komik, dabei macht beides das Leben doch so viel leichter.

31 Jahre lang waren Helmut und ich verheiratet, bald bin ich 30 Jahre allein, und doch vergeht kein Tag, an dem ich nicht an ihn denke. Als er starb, fühlte es sich für mich an, als stürzte ich ab und als sollte dieser Absturz niemals enden.

Und dann, wenn die Zeit reif ist, erkennt man, dass es doch weitergeht, dass man weiterleben muss. Und es funktioniert, irgendwie. Doch das sind nicht die Gedanken, die mich umtreiben, wenn ich heute zurückschaue. Vielmehr möchte ich mich daran erinnern, welch glückliche Zeiten wir zusammen verbracht haben. Und an das Wunder, dass ich diesen Mann kennengelernt habe und wir uns ineinander verliebten. Mein Mann konnte eigentlich machen, was er wollte. Ich fand alles gut. Er war außergewöhnlich, viel realistischer als ich und mir immer einen Schritt voraus. Er war in allem besser, auch im Beruf. Er war sportlich ein Ass, körperlich stark, hatte eine irrsinnige Kraft, die mir guttat.

Ich wollte immer das Nonplusultra. Er *war* mein Nonplusultra.

11.
Papas Hochzeitsmappe

Nach unserer Verlobung Ende 1960 ging es Schlag auf Schlag. Am liebsten wäre es uns gewesen, im nächsten Frühjahr zu heiraten. Sobald das Wetter mitspielte, wollten wir uns trauen lassen und unsere Hochzeitsfeier auf einem Schiff auf dem Genfer See abhalten. Leichter gesagt als getan. Erst einmal mussten unsere Drehpläne abgeglichen werden, was allein schon kompliziert genug war. Nach vielen Diskussionen wurde ein passender Termin im April auserkoren. Gerade hatten wir uns darauf geeinigt, da wurde ich als Jurymitglied zu den Filmfestspielen nach Cannes eingeladen, ausgerechnet Ende April. Wir beschlossen, einen neuen Termin zu finden. Jetzt sollte es der 22. Juli 1961 werden. Alle Planungen richteten sich danach aus. Anfang Juni begannen die Dreharbeiten zu *Eins, zwei, drei*, und ich bat Billy Wilder, meinen Hochzeitstermin bei der Erstellung der Drehpläne zu berücksichtigen. Billy versprach, sein Bestes zu tun, um Kollisionen zu verhindern. Mit seiner Zusage kam die Maschinerie erst richtig ins Rollen. Meine Geschwister und Mama planten alles generalstabsmäßig, Papa war für die

Kosten zuständig. Gästelisten wurden erstellt, Einladungen in alle Welt verschickt, Hotelzimmer reserviert, das Schiff gebucht, Kleiderproben waren zu organisieren, Autos anzumieten, dann galt es, die Menüauswahl zu treffen und Weine auszuwählen, gute Musiker mussten herangeschafft werden und so weiter. Dazu die Termine beim Standesamt und in der Kirche, nicht zu vergessen der ganze Papierkram … Alles lief wie am Schnürchen. Bis ich fünf Tage vor dem Tag unserer Trauung erfuhr, dass sich die Drehpläne bei *Eins, zwei, drei* für alle Darsteller geändert hatten. Für mich stand fest, dass ich am 22. Juli drehen musste. Verschieben war keine Option. Ich war am Boden zerstört. Was sollte ich tun? Die Hochzeit absagen oder Billy Wilder einen Korb geben? Meine vielleicht letzte Chance auf Hollywood sausen lassen? Wieder einmal zeigte sich, dass Helmut mein Fels in der Brandung war. Wir würden, so beruhigte er mich, die Hochzeit ein weiteres Mal verschieben und ich solle meinen Dreh zu Ende bringen, ohne in Panik zu verfallen. Er und der Rest der Familie würden alles in die Wege leiten. Punkt. Und so geschah es.

Der 9. September 1961, unser Hochzeitstag im dritten Anlauf, sollte der glücklichste Tag meines Lebens werden. Und genauso denke ich heute an ihn zurück. Nach dieser kleinen Vorgeschichte kann man sich vorstellen, wie es mich berührt hat, ein ganz besonderes Fundstück aus meinem Archiv in den Händen zu halten: die Mappe, die mein Vater damals anlegte, um alle Unterlagen zu sammeln, die im Zuge der Hochzeit anfielen. »Kosten Liselotte« schrieb Papa auf den Deckel der Kladde, darin finden sich Einladungslisten, Rechnungen, Quittungen, Angebote, Briefwechsel,

Brief an meinen Vater wegen der Hochzeitsplanung, März 1961

LISELOTTE PULVER

München, 30. März 1961

Lieber Papen,

Buebi hat Dir sicher gesagt, dass wir gut angekommen sind, ich habe im Getümmel das Telegramm vergessen.

Nun schreibe ich Dir hier, was ich für Papiere für die Heirat benötige, und zwar auf der Maschine, dass Du auch alles lesen kannst. Ich wäre wirklich sehr froh, wenn Du das für mich besorgen könntest, denn sonst muss ich wieder extra dafür in die Schweiz kommen und ich habe im Moment noch genug von der Herumfahrerei.

Also:

1. Niederlassungsbewilligung: (habe ich)
2. Zivilstandsausweis von Bern
3. Geburtsschein (ist der im Familienbüchlein?)
4. Aufenthaltsbescheinigung: (wahrscheinlich dasselbe wie Niederlassungsbewilligung.)
5. Pass (habe ich)

Wäre es wohl möglich, dass Du mir das alles ziemlich schnell besorgen könntest, denn Helmut bekommt seine Papiere erst, wenn ich meine hier an der Behörde vorweisen kann.

Sonst gibt es nicht viel Neues. Buebi kommt nächsten Montag uhd holt den Studebaker.

Ich wünsche Euch allen noch ein schönes Osterfest, und freue mich, Euch bald alle wiederzusehn,

Deine

Liselotte

P.S. Die Niederlassungsbewilligung lege ich bei, vielleicht benötigst Du sie für die anderen Papiere.

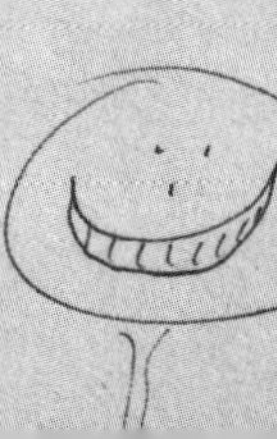

Tischkärtchen und vieles mehr. So schickte ich an meinen Vater im März 1961, kurz vor Ostern, einen Brief, in dem ich ihn, damals in München wohnend, um Unterstützung bei der Beschaffung der Schweizer Papiere bat, die für die Eheschließung nötig waren. »Lieber Papen«, so nannte ich ihn; für die Hochzeit brauchte ich die Niederlassungsbewilligung, den Zivilstandsausweis von Bern, den Geburtsschein, die Aufenthaltsbescheinigung und den Pass. Wer sich über die Ausmaße der heutigen Bürokratie beschwert, dem kann ich nur sagen, früher war es auch nicht besser. Ans Ende des Briefes setzte ich eine meiner kleinen Zeichnungen, mit denen ich häufig meine Korrespondenz verzierte. Auch in meinen Drehbüchern habe ich solche Figürchen an vielen freien Stellen hinterlassen.

Hochzeit in drei Akten – so könnte die passende Beschreibung der drei nun folgenden Fotos lauten. Der erste Akt: die standesamtliche Trauung am 8. September in Zürich. Auf dem Bild sieht man, wie wir den Ausführungen des Standesbeamten lauschen, ernsten Blickes, der Raum ist recht dunkel, aber die Sonne scheint uns ins Gesicht. Nachdem das Wetter wochenlang trüb war, schaltete Petrus pünktlich zu unserer Hochzeit den Schalter auf »Traumwetter«. Nun waren wir per Gesetz Eheleute; anschließend ging es in die »Kronenhalle«, eines der besten Restaurants der Stadt, zu einem Mittagessen im engsten Kreis. Wir aßen Geschnetzeltes und stießen auf uns an. Lange dauerte die kleine Feier an diesem Tag aber nicht, wir fuhren bald nach Hause, nach Nyon, um für den nächsten Tag unsere Kräfte zu sammeln.

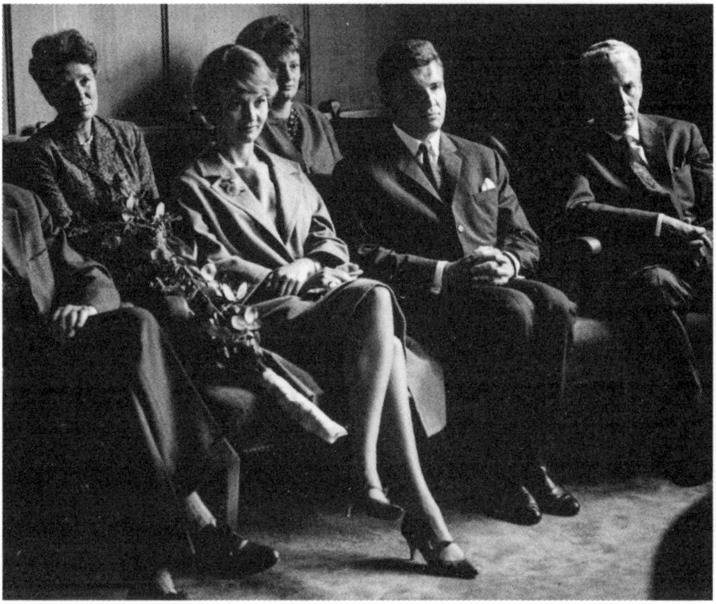

Auf dem Standesamt in Zürich, 8. September 1961

Der zweite Akt: ein Tag später, 9. September 1961. Ich wache früh auf, und die Sonne scheint auch an diesem Tag. Die Vorzeichen könnten besser nicht sein. Und wer mich kennt, der weiß, dass ich sehr abergläubisch bin. Das Hochzeitskleid, reine Spitze, hatte meine Schwester Corinne für mich in Rom besorgt, ohne dass ich es anprobiert hatte. Es saß wie angegossen. Und Helmut in seinem Cut konnte nicht besser aussehen. Kurz bevor wir zur Trauung fuhren, beschenkten wir uns. Ich lotste Helmut nach draußen in den Garten und weiter zum Seeufer, wo ein schickes rotes Segelboot auf ihn wartete. Helmut legte mir ein Brillantarmband an, etwas Kostbareres habe ich nie besessen. Traurig nur,

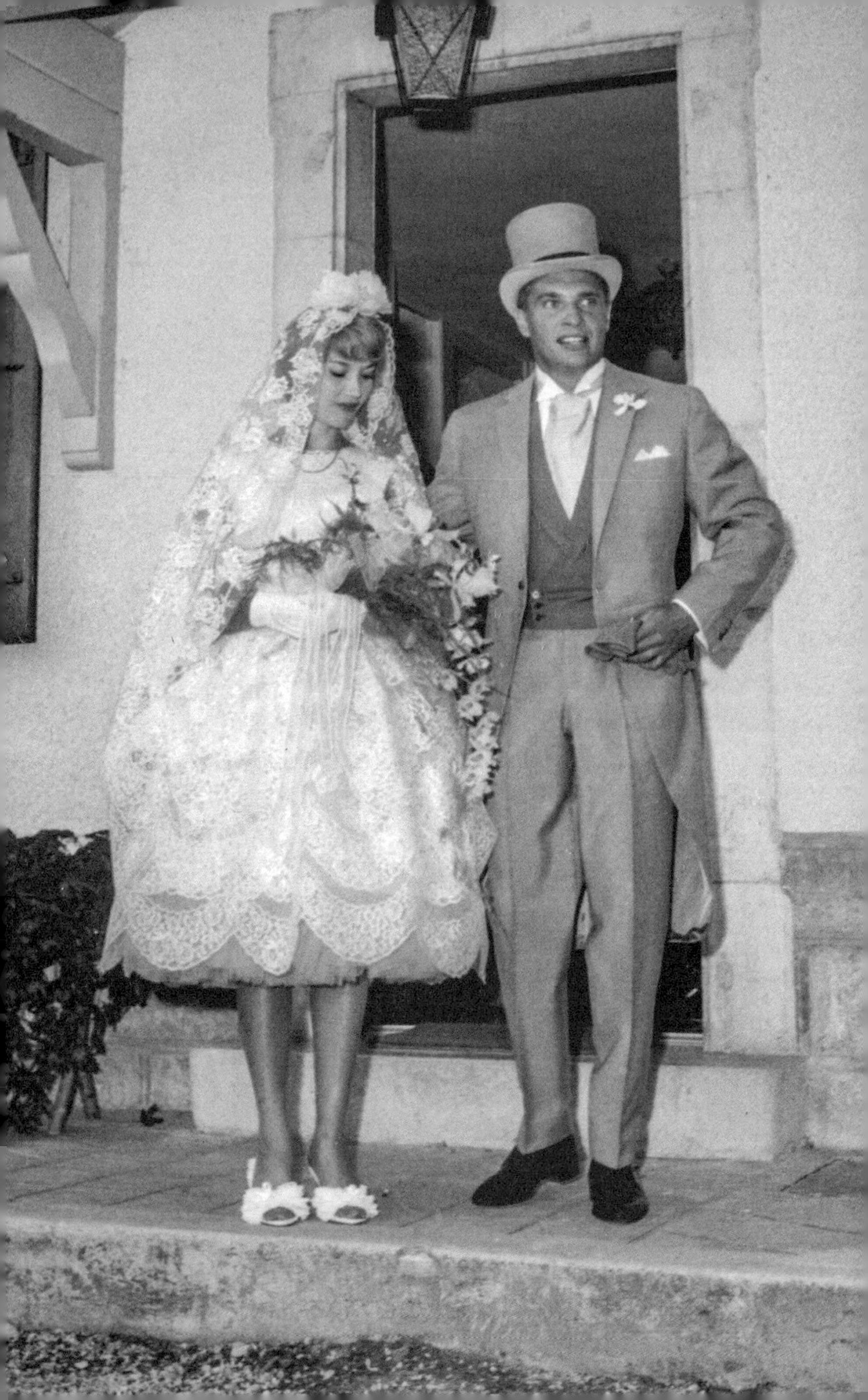

dass es bei einem Einbruch in unser Haus, viele Jahre später, gestohlen wurde und nie wieder auftauchte. Als Nächstes fuhren wir im Konvoi nach Luins. In den dortigen Weinbergen liegt eine kleine Kirche, sehr romantisch und einsam, der perfekte Ort, um zu heiraten. Und so überfüllt wie an diesem Tag waren die Kirche und ihre Umgebung wohl selten zuvor. Nachdem wir »Oui« gesagt hatten, traten wir, das glückliche Ehepaar Schmid-Pulver, ins Freie, wo die Gäste applaudierten und ein Blitzlichtgewitter über uns hereinbrach.

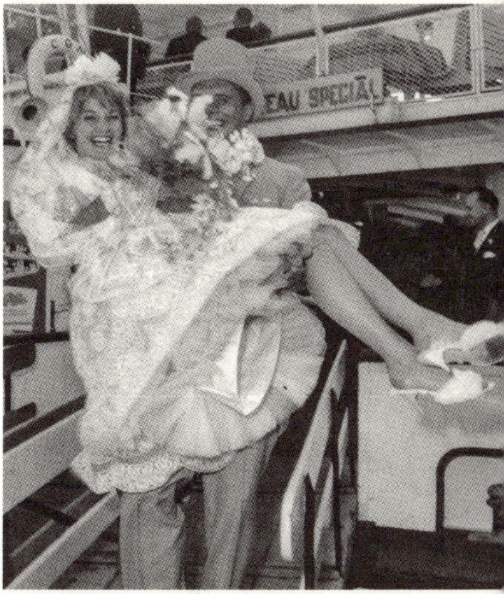

Helmut trägt mich unter dem Beifall der Gäste von Bord der *Savoie*, auf der die Hochzeitsfeier stattfand

Akt Nummer drei: die Hochzeitsfeier. Sie fand auf einem alten Dampfschiff statt, der *Savoie*. Von der Kirche aus fuhr unsere Hochzeitsgesellschaft, erneut im Konvoi, zur Anlegestelle am Genfer See. Dass es aufs Wasser ging, sollte für die Gäste eine Überraschung sein. Auf der *Savoie* wurde getrunken, gegessen, gelacht, gefeiert, mein Bruder hielt eine pointierte Rede. Stunden später, gegen Abend, legten wir in Vevey an und spazierten in ein Restaurant auf dem Mont Pèlerin, wo die Feier weiterging und ein Abendessen bereitstand. Symbolisch trug mich Helmut über die Schwelle, also vom Boot aufs Land, als wir die *Sa-*

Frisch getraut in Luins,
9. September 1961

voie verließen. Dass es uns richtig gut ging an diesem Tag, sieht man uns an.

Die Menükarte, die jeder Hochzeitsgast am Abend an seinem Platz vorfand, hat mein Vater in seiner Mappe aufbewahrt. Im Hintergrund sieht man darauf die Zeichnung einer lachenden Sonne und eines qualmenden Dampfers, einer Taube mit Olivenzweig im Schnabel und des Mont Pèlerins mit einem Kranz aus Wolken. In diesen Wolken stehen die Worte »22. Juli MENU 1961« – das Datum allerdings ist durchgestrichen, denn als die Menükarte entstand, hatte uns Billy Wilder noch keinen Strich durch die Rechnung gemacht. Mehrere Gänge wurden serviert, auf Französisch niedergeschrieben: eine Auswahl an Vorspeisen, Bressehuhn auf Gemüsebouquet mit Kartoffeln und Salat Mimosa, Käsekuchen, anschließend Kaffee und Likör. Vier Weine standen zur Auswahl. Das Datum 22. Juli hatte ich selbst durchgestrichen und dazu ein paar dankende Worte an meinen Vater verfasst, *»Für Papen, […] Deine Tochter Liselotte, 9. Sept. 61«* Und daneben schrieb auch mein frischgebackener Ehemann *»Dein Helmut Schmid«*.

Nach dem Essen verabschiedeten Helmut und ich uns von den Gästen und fuhren mit dem Taxi in unser Haus in Nyon. Weil wir beruflich ohnehin so viel unterwegs waren, hatten wir beschlossen, die Flitterwochen zu Hause zu genießen: keine Koffer packen, einfach einmal nichts tun, außer zu faulenzen, zu lesen, zu segeln, na ja, und auch um ein bisschen Text für den nächsten Film zu lernen. Dass unsere beiden Schwiegermütter zeitweise während der Flitterwochen bei uns wohnten, mag auf den ersten Blick skurril

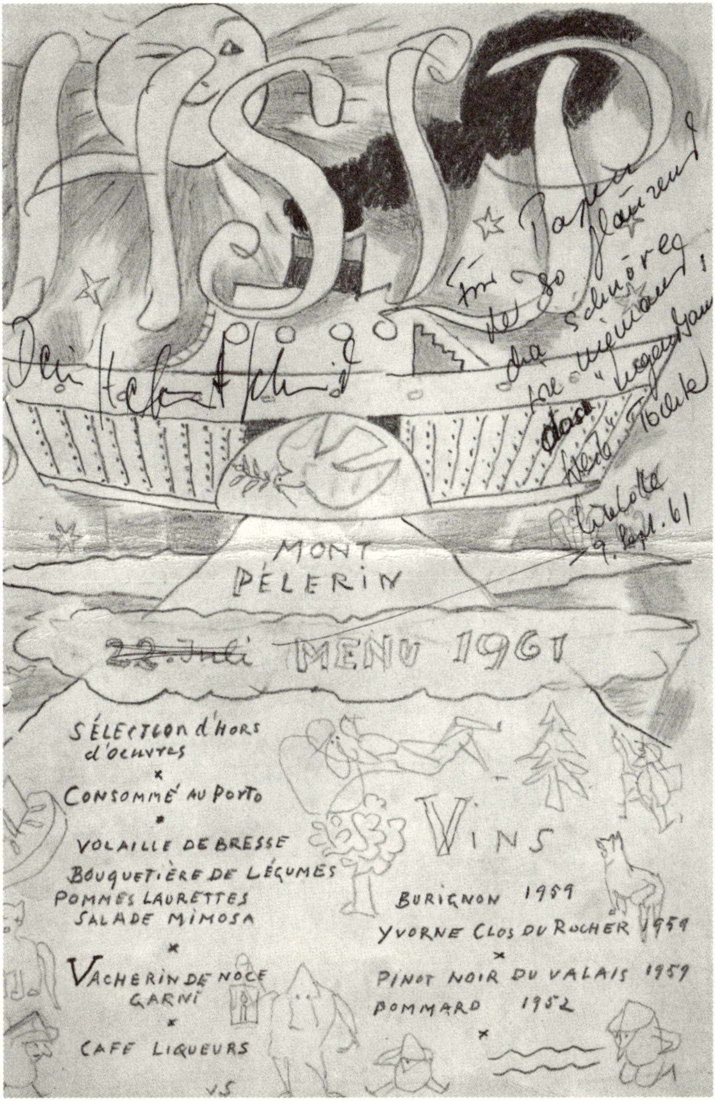

Die Menükarte unserer Hochzeitsfeier

anmuten und könnte Stoff für eine Komödie sein. Tatsächlich aber verbrachten wir harmonische Tage am See und ließen uns von unseren Müttern verhätscheln.

Den 9. September, unseren Hochzeitstag, auf dem Wasser zu verbringen, wurde zu einer schönen Familientradition, die ich bis heute pflege. In unseren 31 Ehejahren haben mein Mann und ich es nur ein einziges Mal nicht geschafft, ein Boot – welcher Größe auch immer – zu besteigen und ein paar schöne Stunden auf einem Fluss, einem See oder dem Ozean zu verbringen. Und auch nur ein einziges Mal haben wir unseren Hochzeitstag einfach vergessen und uns prompt geschworen, das dürfe nie wieder vorkommen. Meistens fanden wir uns zu zweit oder mit den Kindern auf einem Schiff wieder. Wenn wir beruflich unterwegs waren, suchten wir uns vor Ort ein Gewässer und begingen unser Ritual getrennt, in Gedanken beim jeweils anderen. Heute begleitet mich manchmal mein Sohn, wenn es am 9.9. wieder einmal so weit ist. Aber da er beruflich häufig in der Welt unterwegs ist, mache ich mich auch allein auf den Weg, in den letzten Jahren meistens zum Genfer See, dorthin, wo alles seinen Anfang nahm.

12.

Eins, zwei, drei

Billy Wilder und die tanzende Ingeborg

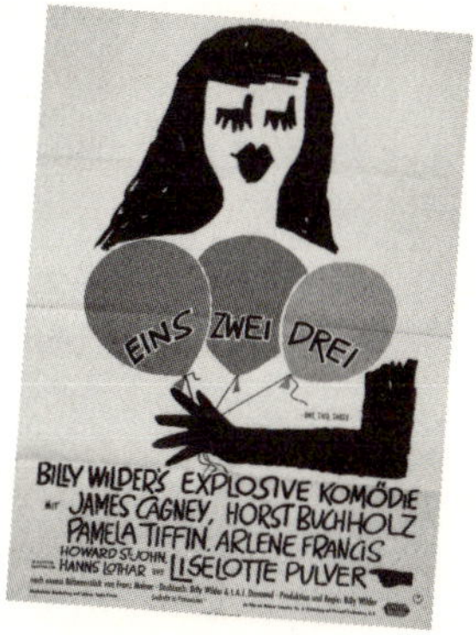

Endlich mal eine Sexbombe spielen. Davon hatte ich schon geträumt, als ich noch zur Schule ging. Meine anatomischen Voraussetzungen aber hatten dazu nie ausgereicht. So sehr ich meine Hosenrollen auch schätzte, wollte ich einmal – zumindest auf der Leinwand – verführerisch wie die Monroe wirken. Billy Wilder bereitete Anfang 1961 seinen nächsten Film vor. *Eins, zwei, drei* – eine Ost-West-Komödie, die in Berlin gedreht werden sollte. Wilder war kurz zuvor für *Das Apartment* mit drei Oscars ausgezeichnet worden, als Regisseur, Drehbuchautor und Produzent. Mit Wilder zu arbeiten, galt als Ritterschlag und Karrieresprung. Und wenn auch die Rolle, um die ich mich bewarb, eine eher kleine war – ich wollte sie um jeden Preis: Ingeborg, die hübsche Sekretärin und Geliebte des Coca-Cola-Chefs MacNamara in Westberlin, den James Cagney spielte. Dass Fräulein Ingeborgs wilde Tanzeinlage zum »Säbeltanz« aus dem Ballett *Gaya-*

neh von Aram Chatschaturjan einmal in die Filmgeschichte eingehen würde, ahnte ich zu dem Zeitpunkt natürlich nicht. Für das Casting bei Wilder wollte ich bestens vorbereitet sein und nahm eigens dafür Unterricht bei einem Tanzprofi. Als ich Wilder vortanzte, stellte ich mir einfach vor, ich sei jetzt Marilyn Monroe. Mit diesem Auftritt, meiner Parodie von Sex, in zu engem Rock und mit ausgestopfter Bluse, überzeugte ich Billy Wilder und hatte die Rolle in der Tasche. Wie ich später erfuhr, war auch Nadja Tiller, für die Rolle Fräulein Ingeborgs eigentlich prädestiniert, im Rennen gewesen. Hellmuth Karasek, der mit Billy Wilder befreundet war, sagte anlässlich meines 75. Geburtstags etwas, das mich rührte: 1959 habe Wilder *Manche mögen's heiß* mit Marilyn Monroe gedreht, ein Jahr später *Das Apartment* mit Shirley MacLaine, noch ein Jahr später *Eins, zwei, drei* mit mir. Diese drei Filme, so Karasek, seien Wilders beste Filmkomödien gewesen, möglicherweise sogar die besten Komödien der fünfziger und sechziger Jahre. Billy habe immer gesagt, er habe mich geschätzt, weil ich so gut wie Monroe und so lustig wie MacLaine gewesen sei und außerdem noch so diszipliniert wie beide zusammen nicht.

Worum ging es in *Eins, zwei, drei*? James Cagney spielte Mr. MacNamara, einen amerikanischen Bilderbuch-Kapitalisten, der es sich in den Kopf gesetzt hat, die Welt zu verbessern, indem er dem Klassenfeind, den Kommunisten, Coca-Cola schmackhaft macht. Aus diesem Grund trifft er sich in Berlin mit einer russischen Handelsdelegation. Gleichzeitig reist die Tochter von MacNamaras Chef, die verwöhnte Scarlett, durch Europa und kommt nach Berlin. Hier verliebt sie sich ausgerechnet in den wunderschönen

Otto Ludwig Piffl, gespielt von Horst Buchholz, ein linientreuer Kommunist aus Ostberlin. Für MacNamara ist diese Liaison eine Katastrophe, denn es kommt zu Ost-West-Verwicklungen, an denen sein Traum, Coca-Cola hinter dem Eisernen Vorhang zu vertreiben, zu scheitern droht. Ingeborgs legendärer Tanzauftritt findet bei einem Treffen mit der russischen Handelsdelegation im Ostberliner Hotel Potemkin statt. »Herr Kapellmeister, more Rock'n'Roll!«, ruft einer der Russen. Dann setzt die Musik ein, der »Säbeltanz«. Und in der nächsten Szene tanze ich im berühmten gepunkteten Kleid auf dem Tisch, in jeder Hand eine Fackel, und lasse, angefeuert von den Russen, die Wände wackeln – und zwar so heftig, dass das Porträt von Chruschtschow aus dem Rahmen fällt und dahinter ein Stalin-Bild zum Vorschein kommt. Eine Schlusspointe, wie sie sich nur Wilder hatte ausdenken können.

Mit Wilder zu arbeiten, war eine einzige Inspiration. Er überließ nichts dem Zufall, spielte den Schauspielern jede Szene selbst vor, wusste haargenau, was und wie er etwas wollte. Und dann hat man Wilder nachgespielt. Wir Schauspieler standen unter einer großen Anspannung, wir wussten, dass Wilder der zu der Zeit beste Regisseur der Welt war. Er ließ einen zwar auch machen, doch anders als Kurt Hoffmann hat Wilder die Szenen so lange gedreht, bis sie seinem Verständnis von Perfektion entsprachen. Auch als wir meine Tanzszene drehten, gab Billy mir klare Anweisungen. Jeder meiner Schritte, jede Drehung musste sitzen. Und jedes Requisit auf dem Tisch, Gläser, Flaschen, Teller, Bestecke, war millimetergenau ausgerichtet. Perfektion bis ins letzte Detail.

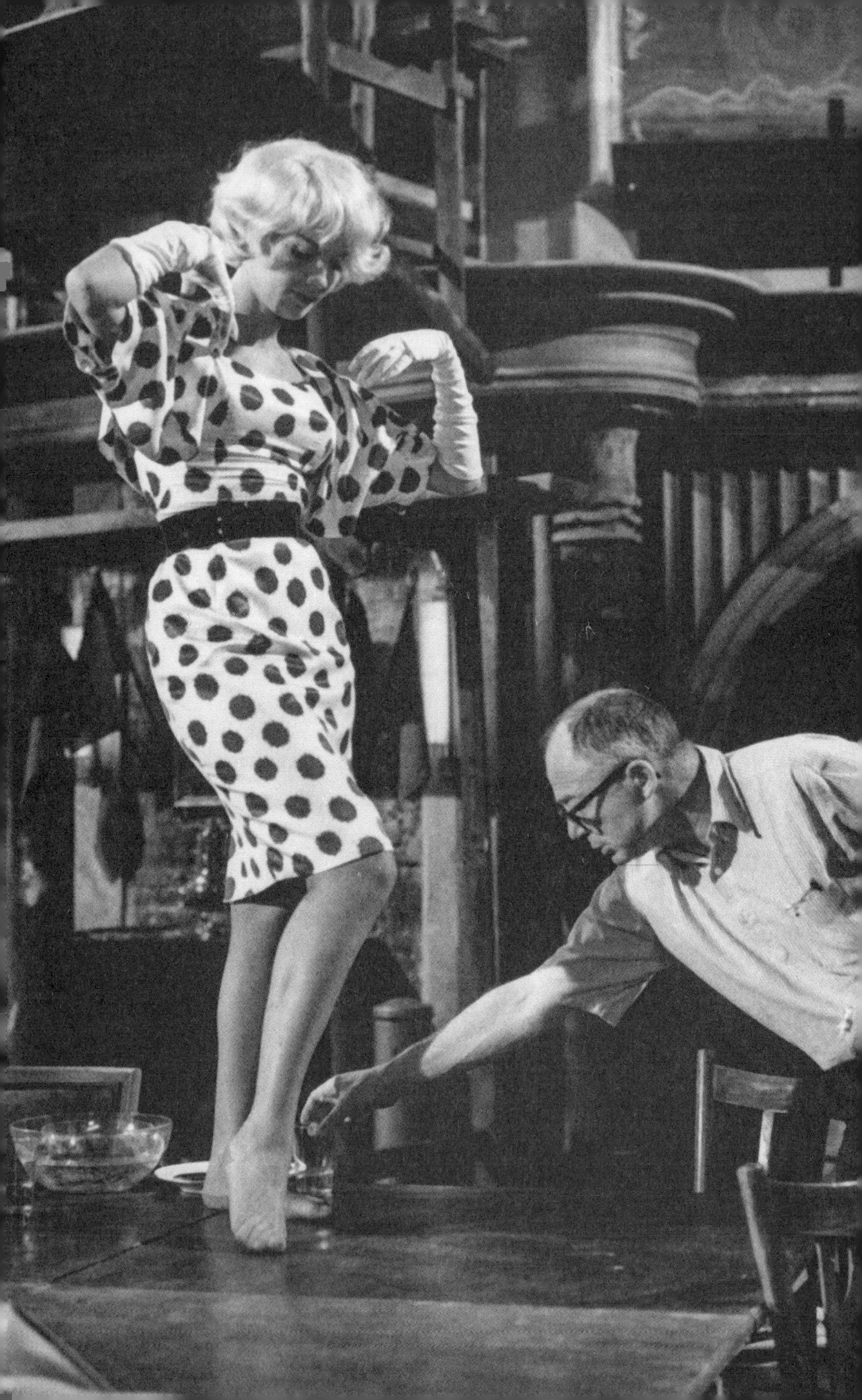

Wenn Billy etwas nicht gefiel, hat er uns Schauspieler nicht etwa getadelt, niemals hätte er laut geschimpft oder herumkritisiert. Aber er machte ein paar Anspielungen, und als Schauspieler merkte man sofort: Das hat ihm jetzt nicht gepasst. Es kam vor, dass wir eine Szene zehn-, zwölfmal oder noch öfter wiederholen mussten, bis sie saß und das richtige Tempo hatte. Der Satz, den wir während der Dreharbeiten am häufigsten zu hören bekamen, bestand aus zwei Wörtchen: »Once again.« Noch einmal! Und ganz wichtig: Bei Billy Wilder musste es immer rasant zugehen. In einer Pressemitteilung zum Film beschrieb er das Motto des Films treffsicher: »Das Stück soll molto furioso gespielt werden – mit Verve und halsbrecherischem Tempo. Vorgeschlagene Geschwindigkeit: 120 km/h in den Kurven, 160 km/h auf gerader Strecke.« Und über meine Rolle ist in der Pressemitteilung zu lesen: »Liselotte Pulver als MacNamaras Sekretärin Ingeborg, blond und wie ein Porsche gebaut: vorne zwei scharfe Scheinwerfer, hinten ein vibrierender Heckmotor.« Billy at his best!

Das weiße Kleid mit den dunklen Punkten, das ich als Ingeborg trug, hatte einen riesigen Wiedererkennungswert und wurde fast so etwas wie ein Markenzeichen von *Eins, zwei, drei*. Es spielte auch eine nicht unwesentliche Rolle im Film: Weil sie sich von ihrem Geliebten MacNamara vernachlässigt fühlt, kündigt Fräulein Ingeborg ihre Stellung bei ihm. MacNamara will sie zurückholen und ködert Ingeborg mit genau diesem gepunkteten Kleid, das in einem Schaufenster am Ku'damm hängt. Letztlich führt das Kleid dazu, dass sie sich wieder einstellen lässt.

Billy Wilder gibt mir Regieanweisungen
am Set von *Eins, zwei, drei*, 1961

Das Originalkleid existiert heute noch, besser gesagt, die Originalkleider. Drei Stück wurden damals angefertigt. Zwei für mich mit meinen Maßen – das war so üblich, damit man Ersatz hatte oder das Kleid während der Dreharbeiten reinigen konnte. Und eines für Hanns Lothar. Er spielte in dem Film die Figur Schlemmer, den Assistenten von MacNamara, und verkörperte in der Rolle das Klischee des korrekten Deutschen, der auch 15 Jahre nach Kriegsende noch im Nazidrill verhaftet ist. In einer späteren Filmszene tauschten Ingeborg und Schlemmer die Rollen, und Hanns Lothar schlüpfte in das gepunktete Kleid, das natürlich eine Spezialanfertigung für ihn war, mit anderen Maßen, an der Hüfte weiter geschnitten. Die drei Kleider galten jahrzehntelang als verschollen. Üblicherweise ist es so, dass Filmkostüme für andere Produktionen ausgeliehen und wiederverwendet werden. Das gepunktete Kleid aber tauchte nie wieder irgendwo auf. Etwa um das Jahr 2004 herum machte sich der Kurator und Graphikdesigner Sven Femerling für eine Ausstellung, die er damals plante, auf Spurensuche und sprach Evi Scherrer von der FTA an, der Film- und Theaterausstattung München auf dem Gelände der Bavaria Studios. Wenn jemand wusste, wo das Kleid abgeblieben sein könnte, dann Scherrer. Auch sie war ratlos, ihr detektivischer Ehrgeiz aber geweckt. Und tatsächlich, sechs

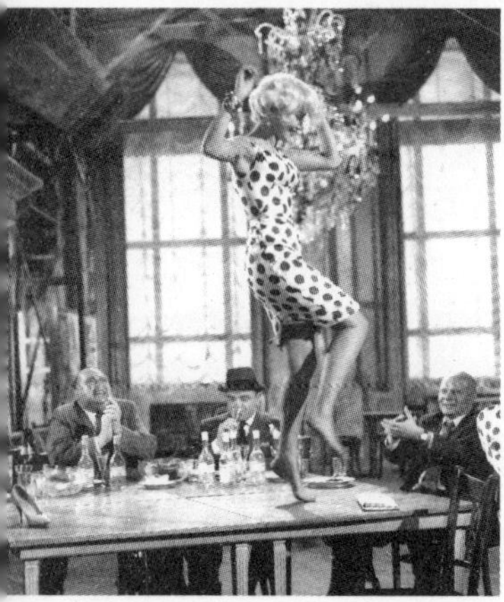

Mein legendärer Säbeltanz in Billy Wilders *Eins, zwei, drei*, 1961

Jahre später rief Scherrer ihn an und verkündete, sie habe die Kleider gefunden. Dabei war sie zeitweise auf einer falschen Fährte, da auf den mehrfarbigen Filmplakaten von *Eins, zwei, drei*, der ja ein Schwarz-Weiß-Film ist, die Punkte auf dem Kleid rot eingefärbt waren. Also suchte sie lange Zeit nach einem Kleid aus weißem Stoff mit roten Punkten.

Die Kleider lagerten gut verstaut in einer Kiste im riesigen Kostümfundus der FTA. Alle drei Modelle sind in sehr gutem Zustand, das von Lothar trägt innen noch ein Namensschild. Erhalten sind auch der Gürtel zum Kleid sowie der Schulterbolero. Unauffindbar blieb der passende breitkrempige Hut. Heute ist das Kleid ein Ausstellungsstück bei der Bavaria in München: *Filmstadt Atelier – 100 Jahre Film und Fernsehen*. Im Ausstellungskatalog wird es auf eine besondere Weise präsentiert, im sogenannten Hollow-Man-Verfahren, wodurch der Betrachter den Eindruck hat, als schwebe der Stoff.

Die Filmhandlung von *Eins, zwei, drei* wurde während unserer Dreharbeiten von der Realität eingeholt. Als wir im Juni 1961 zu drehen begannen, existierten noch die durchlässigen Sektorengrenzen in Berlin. Das ständige Pendeln zwischen Ost- und Westteil der Stadt war ganz wesentlich für die Handlung, es gab zum Beispiel Verfolgungsjagden mit Autos quer durch die Stadt. Als am 13. August 1961 die Mauer gebaut wurde, änderte sich alles schlagartig. Konnten wir an dem einen Tag noch durchs Brandenburger Tor fahren, so war das am nächsten Tag unmöglich. Die Lage in der Stadt spitzte sich zu und wurde zunehmend gefährlich. Wer wollte unter diesen Vorzeichen noch über eine

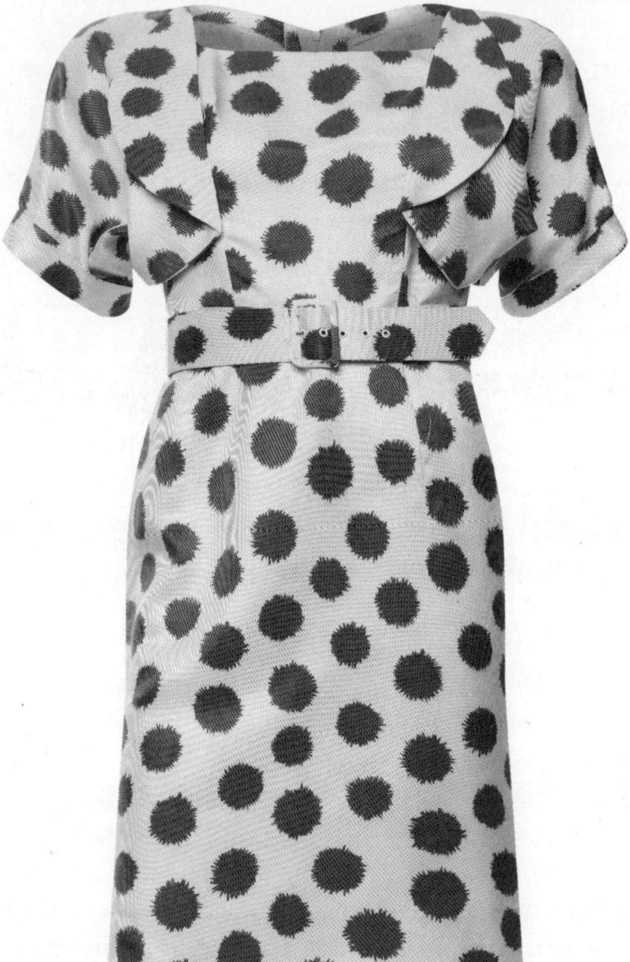

Das lange verschollene Originalkleid,
das ein Stück Filmgeschichte schrieb

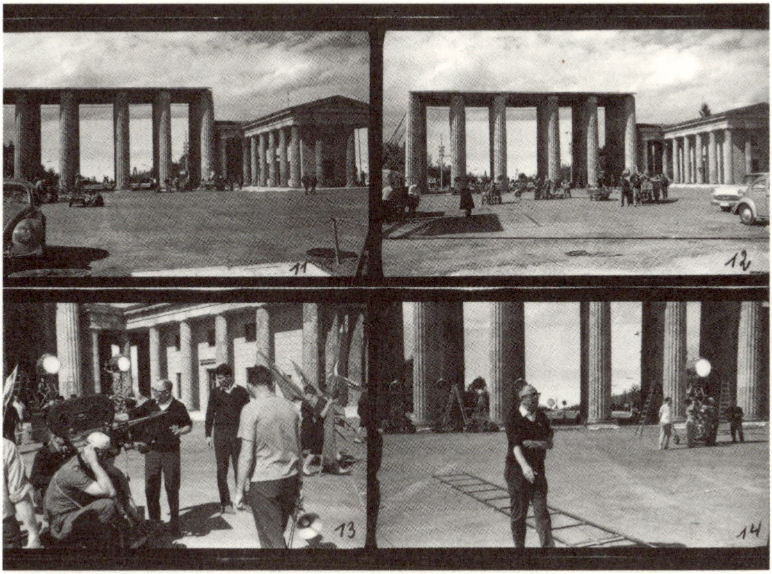

Nachbau des Brandenburger Tores auf dem Gelände der Bavaria in München

Ost-West-Komödie lachen? Der Film passte nicht mehr in die Zeit. Dennoch beschloss Wilder, die Dreharbeiten fortzusetzen, jedoch nicht in Berlin, sondern in München. Unser gesamtes Team zog also um ins Bavaria Studio in Geiselgasteig.

Billy ließ das Brandenburger Tor als Kulisse aufwändig nachbauen und auf dem Studiogelände auferstehen. Auf dem Bavaria-Gelände planierte man eine Freifläche und erschuf das Wahrzeichen aus Holz, Gips und Stahlträgern, nicht ganz in Original-, aber in Zweidrittel-Größe. Die Quadriga fehlte, man brauchte sie nicht, da sie ohnehin nie im Bild war. Als Fassade baute man die umliegenden zerstörten Häuser ums Brandenburger Tor auf. Um die Illusion eines tiefen Hintergrundes zu erzeugen, wurde die heutige Straße des 17. Juni als perspektivisches Modell umgesetzt. Und auch den Flughafen Tempelhof musste man in einer Halle nachbauen, denn nach dem Mauerbau wäre es wegen des hohen Flugaufkommens unmöglich gewesen, am Originalschauplatz drehen zu dürfen. Billy scheute weder Kosten noch Mühe. Und alles geschah in Windeseile: Nur acht Tage nach dem Berliner Mauerbau stand das verkleinerte Brandenburger Tor bei der Bavaria. Und wir konnten die Dreharbeiten fortsetzen. Davon zeugt die Dispo vom 21. August 1961, auf der nachzulesen ist, wer an diesem Tag drehte und welche Szenen anstanden.

> Außenaufnahme Gelände
> SET: BRANDENBURGER TOR
> LOCATION: BAVARIA STUDIO LOT
> SCENE: NO. 86

James Cagney, Horst Buchholz, Karl Lieffen, Ralf Wolter und ich waren für die Aufnahmen an diesem Morgen disponiert. Als einzige Frau in der Szene hatte ich die längste Maskenzeit – 7:45 Uhr bis 9:00 Uhr – musste also entsprechend früher vor Ort sein als die werten Kollegen. Und noch ein Name taucht auf der Dispo auf: Helmut Schmidt mit »dt«. Nein, nicht der Politiker, damals noch Senator in Hamburg, sondern natürlich, falsch geschrieben, mein Mann Helmut Schmid – ohne »t«, damals noch mein Verlobter. Helmut hatte mich eines Tages am Set besucht und Billy hatte ihn

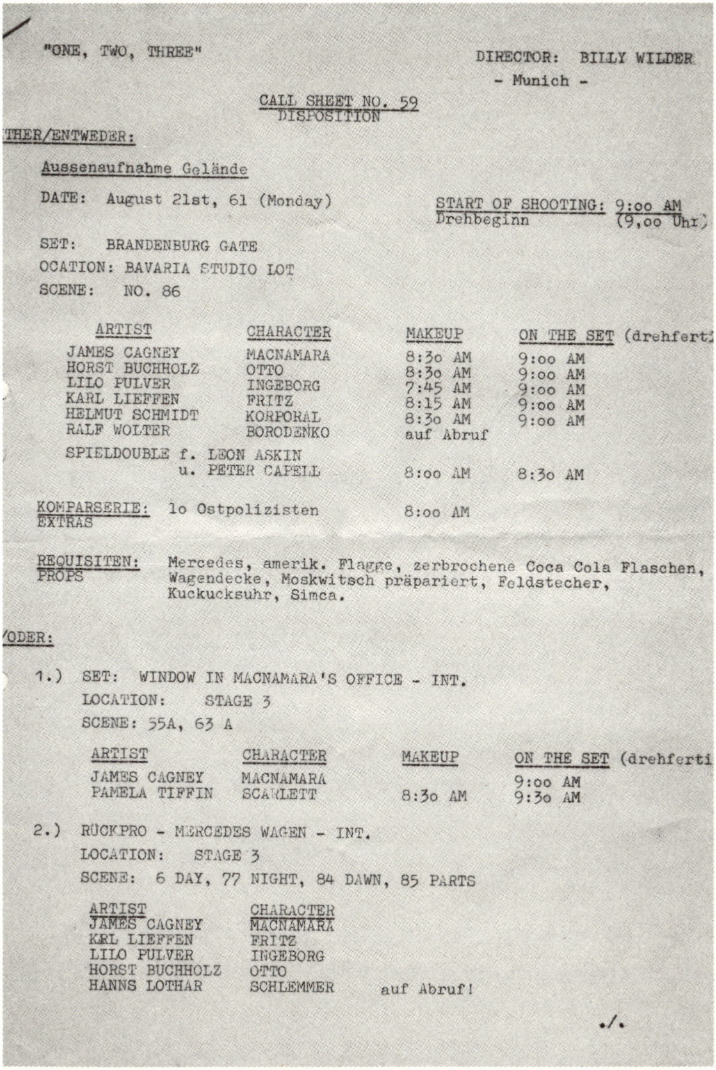

"ONE, TWO, THREE"

DIRECTOR: BILLY WILDER
- Munich -

CALL SHEET NO. 59
DISPOSITION

THER/ENTWEDER:

Aussenaufnahme Gelände

DATE: August 21st, 61 (Monday)

START OF SHOOTING: 9:oo AM
Drehbeginn (9,oo Uhr)

SET: BRANDENBURG GATE
OCATION: BAVARIA STUDIO LOT
SCENE: NO. 86

ARTIST	CHARACTER	MAKEUP	ON THE SET (drehfert
JAMES CAGNEY	MACNAMARA	8:3o AM	9:oo AM
HORST BUCHHOLZ	OTTO	8:3o AM	9:oo AM
LILO PULVER	INGEBORG	7:45 AM	9:oo AM
KARL LIEFFEN	FRITZ	8:15 AM	9:oo AM
HELMUT SCHMIDT	KORPORAL	8:3o AM	9:oo AM
RALF WOLTER	BORODENKO	auf Abruf	
SPIELDOUBLE f. LEON ASKIN u. PETER CAPELL		8:oo AM	8:3o AM

KOMPARSERIE: / EXTRAS — lo Ostpolizisten — 8:oo AM

REQUISITEN: / PROPS — Mercedes, amerik. Flagge, zerbrochene Coca Cola Flaschen, Wagendecke, Moskwitsch präpariert, Feldstecher, Kuckucksuhr, Simca.

/ODER:

1.) SET: WINDOW IN MACNAMARA'S OFFICE - INT.
LOCATION: STAGE 3
SCENE: 55A, 63 A

ARTIST	CHARACTER	MAKEUP	ON THE SET (drehferti
JAMES CAGNEY	MACNAMARA		9:oo AM
PAMELA TIFFIN	SCARLETT	8:3o AM	9:3o AM

2.) RÜCKPRO - MERCEDES WAGEN - INT.
LOCATION: STAGE 3
SCENE: 6 DAY, 77 NIGHT, 84 DAWN, 85 PARTS

ARTIST	CHARACTER	
JAMES CAGNEY	MACNAMARA	
KRL LIEFFEN	FRITZ	
LILO PULVER	INGEBORG	
HORST BUCHHOLZ	OTTO	
HANNS LOTHAR	SCHLEMMER	auf Abruf!

./.

Tagesdispo vom 21. August 1961 für die Dreharbeiten von *Eins, zwei, drei*

(CONT.)

REQUISITE: Reisedecke, Regenschirm, Aktentasche, Kuckucksuhr -
PROPS Mole Kran

3.) RÜCKPRO - MOSKWITSCH WAGEN - INT.

LOCATION: STAGE 3

SCENE: 85 PARTS, 86

ARTIST	CHARACTER	
LEON ASKIN	PERIPETCHIKOFF	auf Abruf
RALF WOLTER	BORODENKO	" "
PETER CAPELL	MISHKIN	" "

AUTODISPOSITION

Kapitän 1

8:oo AM Mr. Wilder
Mr. Diamond
Mr. Harrison
Mr. Mandell

Kapitän 2

7:5o AM Miss Tiffin
8:oo Mr. Cagney

Mercedes 1

8:oo Herr Buchholz

VW Bus

7:oo Herr & Frau Strack

7:45 Mr. Ryan
7:5o Mr. Cochran
7:55 Mr. Brommage
8:oo Mr. Fenton-Smith

----

vom Fleck weg für einen kurzen Auftritt in seinem Film engagiert – als DDR-Grenzsoldat. In »seiner« Szene kontrolliert Helmut die Limousine von Mr. MacNamara, als dieser das Brandenburger Tor in Richtung Osten passieren will, mit im Wagen sind unter anderem Schlemmer und Fräulein Ingeborg. Als Grenzsoldat lässt sich Helmut von MacNamara mit einem Sechserpack Coca-Cola bestechen und winkt die Limousine durch. Auf der Rückfahrt in den Westen gibt er MacNamara das Leergut zurück. Auch so ein wunderbares kleines Detail, mit dem Billy Wilder ein ganzes Bild kreierte. Für den Fall, dass das Wetter an diesem Tag bei der Außenaufnahme nicht mitgespielt hätte, gab es laut Dispo als Alternative verschiedene Innenaufnahmen – in MacNamaras Büro und in einem Mercedes.

Trotz des gigantischen Aufwands, der betrieben wurde, um den Film zu Ende zu bringen, trotz des Staraufgebotes und selbst trotz Billy Wilder: An der Kinokasse half am Ende alles nichts. Es war der falsche Film zur falschen Zeit. Erst Jahrzehnte später fand er die Anerkennung, die er verdiente. Und heute, ja, da gilt *Eins, zwei, drei* als ein Klassiker der Filmgeschichte, und ich bin schon ein bisschen stolz darauf, dabei gewesen zu sein. Wie alle Filme Wilders ist auch dieser vor allem eines: zeitlos. Oder wie der *Spiegel* vor ein paar Jahren treffend schrieb: »Der beste Spielfilm über den Kalten Krieg ist natürlich eine Komödie: Billy Wilders Berlin-Satire *Eins, zwei, drei* von 1961 hat bis heute nichts von ihrem Witz verloren. Nach diesem Prinzip funktioniert der gesamte Film: Die meisten Gags haben mehr historischen Tiefgang, als die Zuschauer damals anerkennen wollten.«

Erst 1985 wurde der Film wieder in den Kinos gezeigt und endlich als Meisterwerk wahrgenommen. Damals erhielt ich eine Einladung in den Berliner Delphi-Palast, um vor Ort den 100000sten Zuschauer zu begrüßen, was ich gern übernahm. Mittlerweile werden es einige Zuschauer mehr geworden sein, denn *Eins, zwei, drei* läuft immer noch regelmäßig in Programmkinos und wird im Fernsehen wiederholt.

13.
Zwei Frauen, eine Seele

Kohlhiesels Töchter

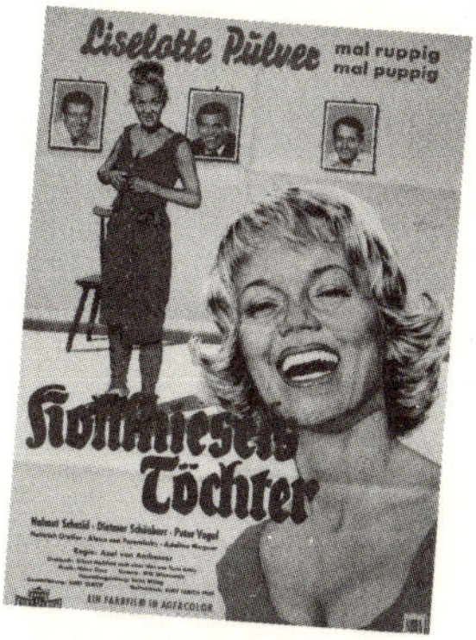

Was *Eins, zwei, drei* verwehrt wurde, gelang *Kohlhiesels Töchter* umso eindrücklicher – der Film wurde 1962 rasend schnell ein ganz großer Erfolg an der Kinokasse. Und während ich unter Wilders Regie meinen Traum von der Sexbombe realisieren durfte, ließ mich dieser Film eine ganz andere Seite zeigen, die mir ebenso lieb war: ein Trampel mit Herz. Die Geschichte verfolgte das Motiv zweier ungleicher Schwestern, angelehnt an Shakespeares *Der Widerspenstigen Zähmung*. Klassik traf Komödie, die Idee gefiel mir. Bei den Schwestern, die ich in einer Doppelrolle spielte, handelte es sich um die Töchter des Wirts Kohlhiesel, der einen Gasthof im Berner Oberland betreibt: die trampelige und unfreundliche Susi und die charmante und hübsche Liesel. Vater Kohlhiesel hat seiner verstorbenen Frau etwas geschworen: Die schöne Liesel dürfe erst dann heiraten, wenn auch die schwer vermittelbare Susi unter der Haube sei. Als Liesel mit Bestnoten von der Münchner Hotelfachschule heimkehrt, wird sie von Toni empfangen, der schwer verliebt ist und Liesel heiraten möchte. Vater Kohlhiesel gibt eine Annonce auf, um einen Heiratswilligen für Susi zu finden, was sich erwartungsgemäß als schwierig gestaltet. Fast alle Bewerber verschwinden von der Bildfläche, sobald sie Susi erblickt haben. Nur ein Mitgiftjäger bleibt übrig, doch dann taucht der verliebte Günter – Dietmar Schönherr – auf, der Liesel von München aus gefolgt ist und den ungeduldigen Toni zu einem Komplott überredet. Toni soll Susi zum Schein ehelichen, während sich Günter so lange um Liesel kümmert, bis Susi und Toni wieder geschieden sind. Nach der Hochzeit eskaliert die Situation. Toni betrinkt sich und lässt Susi in der Hochzeitsnacht allein. Am nächsten Tag klagt Susi der Schwester ihr Leid, die ihr nun dabei helfen will, aus dem unfrisierten Bauerntrampel einen Schwan zu machen. Gesagt, getan. In die neue Susi verliebt sich Toni nun tatsächlich. Er will gar nicht mehr zurück zur Liesel und bittet seinen bisherigen Widersacher Günter, diese selbst zu heiraten. In der Schlussszene sieht man die bisher so ungleichen Schwestern in identischer Aufmachung: Niemand weiß noch, wer die Liesel und wer die Susi ist.

Die Doppelrolle war schauspielerisch eine Herausforderung, weil ich fast in jeder Szene des Films zu sehen war und entsprechend viel Text zu lernen hatte. Beide Frauenrollen waren mir ans Herz gewachsen, ich fühlte mich ihnen gleich verbunden, so unterschiedlich sie auch sein mochten. Nein, gerade deswegen. Sie verkörperten die zwei Seelen in meiner Brust: auf der einen Seite selbstbewusst, zielstrebig, hübsch

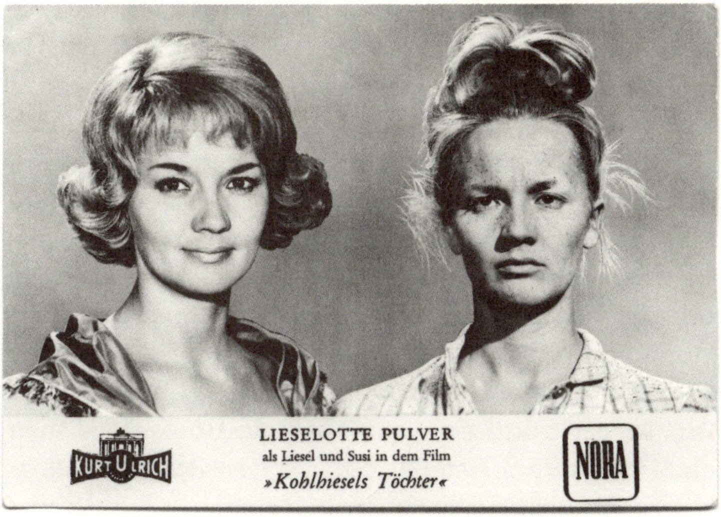

anzusehen, auf der anderen Seite Trampel und Clown. Mein Sohn hat einmal auf die Frage, welchen meiner Filme er am liebsten mochte, spontan *Kohlhiesels Töchter* genannt: »Weil er meine Mutter am ehesten so zeigt, wie ich sie gern sehe. Die Liesel und die Susi sind die beiden Gesichter meiner Mutter. Sie nimmt sich nicht immer so ernst und spielt gern den Clown. Sie kann sich über Kleinigkeiten kaputtlachen. Im Alltag kleidet sie sich einfach und schminkt sich nur wenig, aber wenn sie auftritt, erkennt man sie kaum wieder.«

Die männliche Hauptrolle in *Kohlhiesels Töchter*, den verliebten Toni, spielte mein Mann Helmut, unser erster gemeinsamer Film als Ehepaar. Helmut war es auch, der mich auf den Stoff aufmerksam machte. Das sei die Rolle meines Lebens, sagte er.

Das Jahr 1962 brachte viele Veränderungen mit sich. Die wichtigste und schönste: Unser Sohn Marc-Tell kam zur Welt. Plötzlich waren wir zu dritt! Während der Schwangerschaft hatte ich Theater gespielt, *Wie es euch gefällt* von Shakespeare. Wieder mal eine meiner geliebten Knabenrollen. Einen Monat nach der Geburt von Marc-Tell zogen wir um in unser neues Haus nach Perroy, wo wir viele gute Jahre verbringen würden. Wir hatten es nicht geschafft, alle Umbauarbeiten und Renovierungen vor unserem Einzug abzuschließen und lebten monatelang auf einer Baustelle. Helmut entwickelte in dieser Zeit ungeahnte Handwerkerfähigkeiten. In dem ganzen Tohuwabohu bereiteten Helmut und ich uns auf *Kohlhiesels Töchter* vor, lernten unsere Texte, hörten uns ab, probten unsere gemeinsamen Szenen und übten das Singen (denn wir beide hatten auch unsere kleinen Gesangseinlagen), bevor die Dreharbeiten im Oktober 1962 starten sollten. Damals machte ich mir wie immer in der Vorbereitungsphase Notizen zu dem, was mir beim Lesen des Drehbuchs auffiel. Was man ändern oder korrigieren sollte. Und in einem Aktenordner aus dem Jahr 1962 stieß ich auf Notizen, die ich mir schon zu einer früheren Version des Drehbuchs gemacht hatte, in der die Protagonisten noch andere Namen trugen, Corny und Rosi.

So viele Stunden wie bei diesem Film habe ich selten im Maskenraum verbracht. Am einen Drehtag war ich die Schöne, am anderen die Hässliche. Manchmal wurde morgens aus mir die Liesel und mittags wurde ich abgeschminkt, um am Nachmittag in die Susi verwandelt zu werden – oder umgekehrt. Ich hüpfte also von Figur zu Figur. Zwei Fotos,

Notizen Kohlhiesl's Töchter

1. 1. Szene: sehr gut, Wirtschaft kann bleiben mit Ausnahme einzelner Aussprüche.
2. Corny ist kein guter Name für die Hübsche.
3. 2. Szene ganz gut ausser Schlussatz
4. Chanson Walter unmöglich, S. 26
5. S. 27 = Idee mit den verwechselten Zwillingen ist sehr lustig. Aber es ist unmöglich, dass die alles erbt, die zuerst heiratet. Dann ist der ganze Witz dass zuerst die Hässliche untergebracht werden muss, dahin. Die Hübsche muss unbdingt in Walter verliebt sein, denn sonst heiratet Walter die Hässliche nur aus Erbschleicherei, statt um an die Hübsche zu kommen. Die Hübsche wäre dann eigentlich in der Geschichte völlig überflüssig, da es nicht herauskommt, warum sie aus der Stadt auf den Hof zurückkommt.
6. Es wäre gut, wenn Rosi am Anfang immer nur zu hören und nicht zu sehen ist, bis sie plötzlich unvermutet dasteht in ihrer ganzen Unmöglichkeit. Z.B. S. 43
6. Inserat ist gut.
7. Szenen mit Corny und Walter sind nicht brauchbar.
8. Chanson Kohlhiesl ist unmöglich S. 119. Ich habe überhaupt grösste Bedenken, wieder alle singen zu lassen ohne Grund. Diese Musicalsucht ist hier nicht angebra[cht]
8. Gespräch Rosy - Corny S. 140-141 vor Hochzeit ist nicht gut.
9. s.s50 Es darf auf keinen Fall vor der Hochzeit der Eindruck entstehen, dass Rosi [s]in Walter verliebt hat.
10. S. 157 Walter kann nie vor der Rosi sagen, dass er das Gut erheiraten muss.
11. S. 159 Die Scheidungsidee kann nicht vom Vater kommen.
12. Hochzeit sehr gut.
13. Wutausbruch Walters darf ~~XXXXXXX~~ nicht wegen Umwandlung der Wohnung erfolgen, so[n]dern weil er Rosy nicht leiden kann. Die Umwandlung der Wohnung bewirkt ja gerade seinen Umschwung. Warum wird mit Gewalt alles geändert?
14. Dieses unvermeidliche Kofferpacken!
15. Die ganze Sache in Düsseldorf ist undiskutabel.

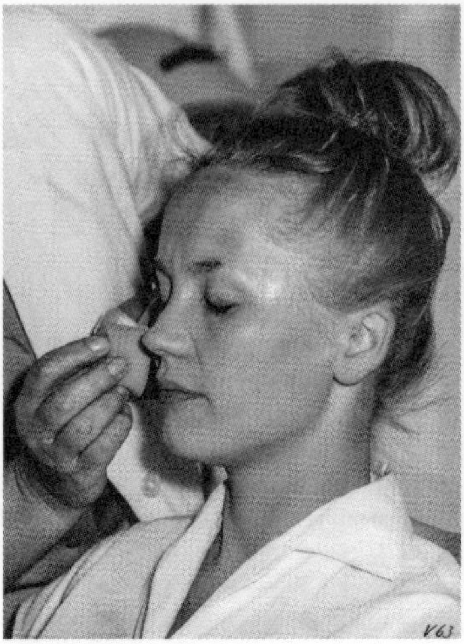

Hier wird aus Lilo …

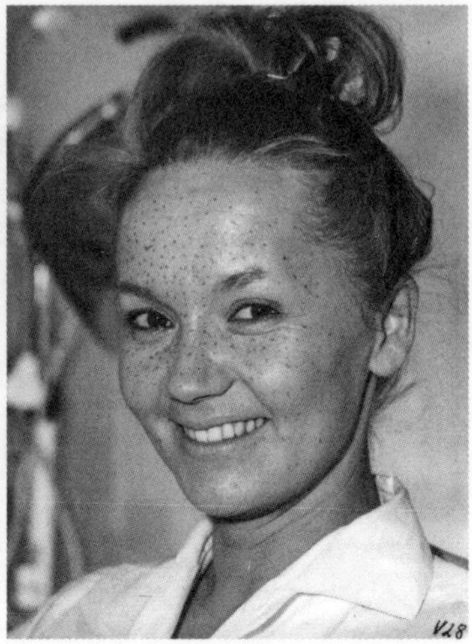

… die Susi in *Kohlhiesels Töchter*

die damals in der Maske aufgenommen wurden, dokumentieren, wie mit nur wenigen Mitteln die Liesel aus mir wurde. Die strähnigen Haare waren schnell hochgesteckt, das Auftragen der vielen Sommersprossen hingegen war ein kleines Meisterwerk und Geduldsspiel. Jede einzelne Sommersprosse musste schließlich exakt an der Stelle in meinem Gesicht aufgemalt werden, wo sie sich auch am Vortag befunden hatte.

Ich habe die Susi, wie viele andere auch, oft als die »Hässliche« bezeichnet. In Schlabberkleid und mit Strümpfen war sie auch alles andere als ein Hingucker. Aber wenn ich auf das Foto blicke, auf die falschen Sommersprossen, das Strahlen, finde ich, dass die »Hässliche« doch eigentlich ganz hübsch anzusehen war.

14.
Die Familie war immer dabei

Unsere Eltern, Germaine und Fritz Eugen, waren für uns Kinder immer da, wenn wir sie brauchten. Sie sorgten dafür, dass wir drei, Corinne, Buebi und ich, einen guten Start ins Leben erhielten. Jeder von uns ging seinen Weg, ohne die anderen aus den Augen zu verlieren. Papa starb schon mit 74, Mama wurde 96, sie verbrachte ihre letzten Lebensjahre bei Corinne. Die Geschwisterbande überstanden alle Krisen, auch die kommen in den besten Familien vor. Wenn es darauf ankam, hielten wir zusammen. Wir unternahmen viel gemeinsam, zeitweise wohnten Corinne und ich zusammen. Während ich meine Schauspielkarriere vorantrieb, wurde Buebi Ingenieur und Corinne machte sich als Journalistin und Filmemacherin beim Fernsehen einen Namen, erst in der Schweiz, später beim Süddeutschen Rundfunk. Durch ihren Beruf hatte sie einen anderen Blickwinkel auf die Medienwelt und konnte mir in vielen Situationen eine gute Ratgeberin sein. Manchmal habe ich aber auch genau das Gegenteil von dem getan, was sie mir empfahl, so sind Schwestern nun einmal. Das gehört dazu.

Allerdings hat es sich mit mir nie gut streiten lassen. Was vor allem an mir lag. Ich kann überhaupt nicht streiten, Konflikte sind mir unangenehm, zuwider. Streit bedeutete für mich immer Stress. Wenn ich merkte, dass ich mit jemandem nicht zurande kam, ließ ich die Beziehung einschlafen. So blieben diejenigen übrig, mit denen ich mich gut verstand.

Corinne und ich sehen uns gelegentlich – leider viel zu selten – aber wir telefonieren fast täglich, tauschen uns über alles Mögliche aus, berichten aus unserem Alltag und freuen uns, wenn es der anderen einfach nur gut geht. Das Bild von Corinne und mir entstand 1956 im Rahmen einer Fernsehproduktion des SDR.

Im Mai 1965 veröffentlichte die Zeitschrift *Meyers Modeblatt* einen Artikel unter dem Titel: »Das ist mein liebstes Foto – Was uns die Angehörigen schweizerischer Künstlerinnen sagten …« Da hieß es: »In den Nachkriegsjahren hat sich eine erstaunlich große Zahl von Schweizer Künstlern und Künstlerinnen im Ausland durchzusetzen vermocht, sei es im Film oder auf der Bühne. Erfreulich an diesen oft meteorhaften Karrieren ist nicht zuletzt die Tatsache, dass es in keinem Fall nur Eintags-Erfolge und damit lediglich Seifenblasen gerissener Reklameagenten waren. […] In den Fotoalben einiger dieser jungen Künstlerinnen hätten wir gern einmal geblättert. Da sie aber in New York, Paris, München und Wien und somit unerreichbar waren, haben wir uns an ihre nächsten Angehörigen in der Schweiz gewandt […].

Bei der Durchsicht ihrer Alben haben wir ihren Angehörigen die Frage gestellt: ›Welches ist nun Ihr liebstes Foto

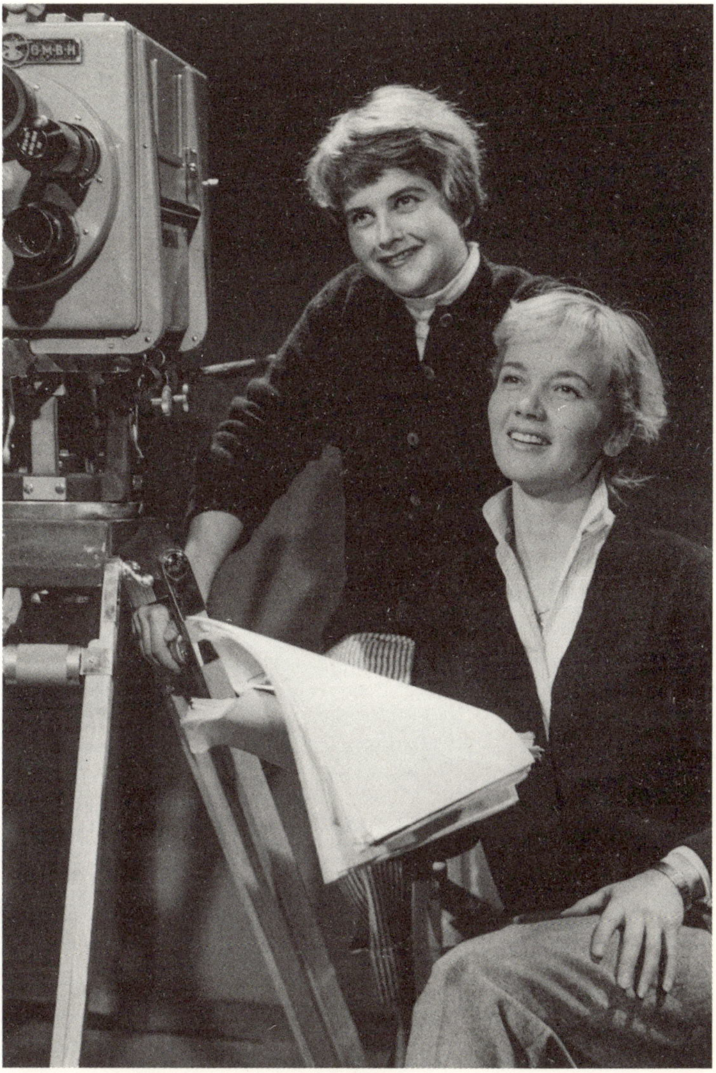

Mit meiner Schwester Corinne, 1956, die mir immer eine Stütze und wichtige Ratgeberin war

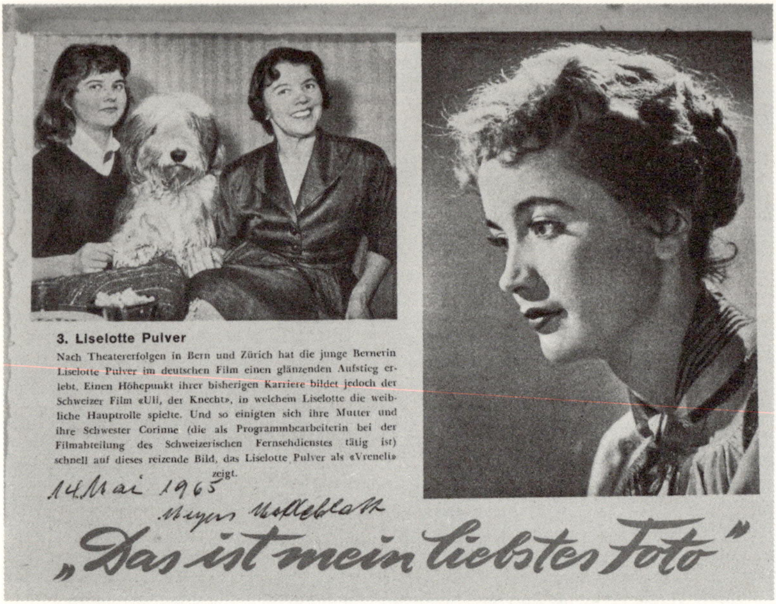

3. Liselotte Pulver

Nach Theatererfolgen in Bern und Zürich hat die junge Bernerin Liselotte Pulver im deutschen Film einen glänzenden Aufstieg erlebt. Einen Höhepunkt ihrer bisherigen Karriere bildet jedoch der Schweizer Film «Uli, der Knecht», in welchem Liselotte die weibliche Hauptrolle spielte. Und so einigten sich ihre Mutter und ihre Schwester Corinne (die als Programmbearbeiterin bei der Filmabteilung des Schweizerischen Fernsehdienstes tätig ist) schnell auf dieses reizende Bild, das Liselotte Pulver als «Vreneli» zeigt.

14. Mai 1965

Meyers Modeblatt

„Das ist mein liebstes Foto"

Artikel aus der Schweizer Zeitschrift *Meyers Modeblatt*, 1965

aus dem Filmatelier oder von der Bühne?‹ Und damit verursachten wir ihnen die Qual der Wahl, denn die Auswahl war naturgemäß groß.«

Die Redaktion von *Meyers Modeblatt* bat auch meine Familie darum, ihr Lieblingsfoto von mir auszuwählen. Mama und Corinne entschieden sich für ein Bild aus dem Jahr 1954, als ich die Vreneli in dem Schweizer Heimatfilm *Uli, der Knecht* spielte. In der Schweiz war der Film ein Kassenschlager, in Deutschland kaum bekannt, was auch daran liegt, dass wir – wenn auch später synchronisiert – die Originalfassung auf Berndeutsch drehten. Ein Jahr später entstand die Fortsetzung *Uli, der Pächter*.

Die beiden *Uli*-Filme sind in meiner Heimat fast noch populärer als meine deutschen Erfolge. In der Schweiz kennt jedes Kind den Uli und die Vreneli. Hannes Schmidhauser, der die männliche Hauptrolle spielte, und ich galten als das neue Traumpaar des Schweizer Films. Aber Leinwand-Traumpaare kommen und gehen. Das Haltbarkeitsdatum währt meistens nur bis zum nächsten Film. Ein Jahr später, als *Piroschka* herauskam, waren plötzlich Gunnar Möller und ich *das* neue Dream-Team.

Mit meinem Mann hätte ich gern noch viel öfter vor der Kamera gestanden. Aber die Filmangebote gaben das nicht immer her, und unsere jeweiligen Agenten zeigten sich auch nicht gerade begeistert, wenn man Helmut und mich als »Doppel« engagierte. Für die PR des Filmes war das Traumpaar »Pulver/Schmid« immer ein Gewinn, karrieremäßig schränkte es uns allerdings auch ein. Dafür gingen Helmut und ich zusammen auf lange Theatertourneen, insgesamt zehn Stück, allein mit *Der Regenmacher* spielten wir 87 Aufführungen in 80 Städten. Jeden Tag eine neue Stadt, von Hotel zu Hotel, über Wochen und Monate, das schlauchte gewaltig, aber wenigstens waren wir gemeinsam unterwegs. Vom Theater habe ich mich nie verabschiedet, auch wenn diese Arbeit von der Öffentlichkeit weniger wahrgenommen wurde als das Kino.

Als Dokument unserer Zusammenarbeit hier zwei Fotos aus Filmen, von denen ich bereits erzählt habe: der innige Kuss von Toni und Liesel in *Kohlhiesels Töchter* und unser strahlendes Lächeln hinter den Kulissen von *Eins, zwei, drei*.

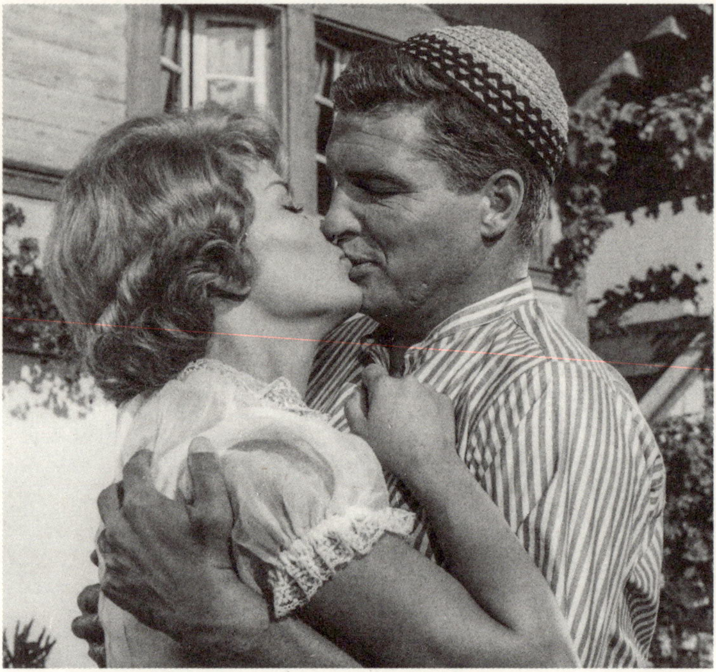

Mit Helmut am Set von *Kohlhiesels Töchter* …

… und von *Eins, zwei, drei*

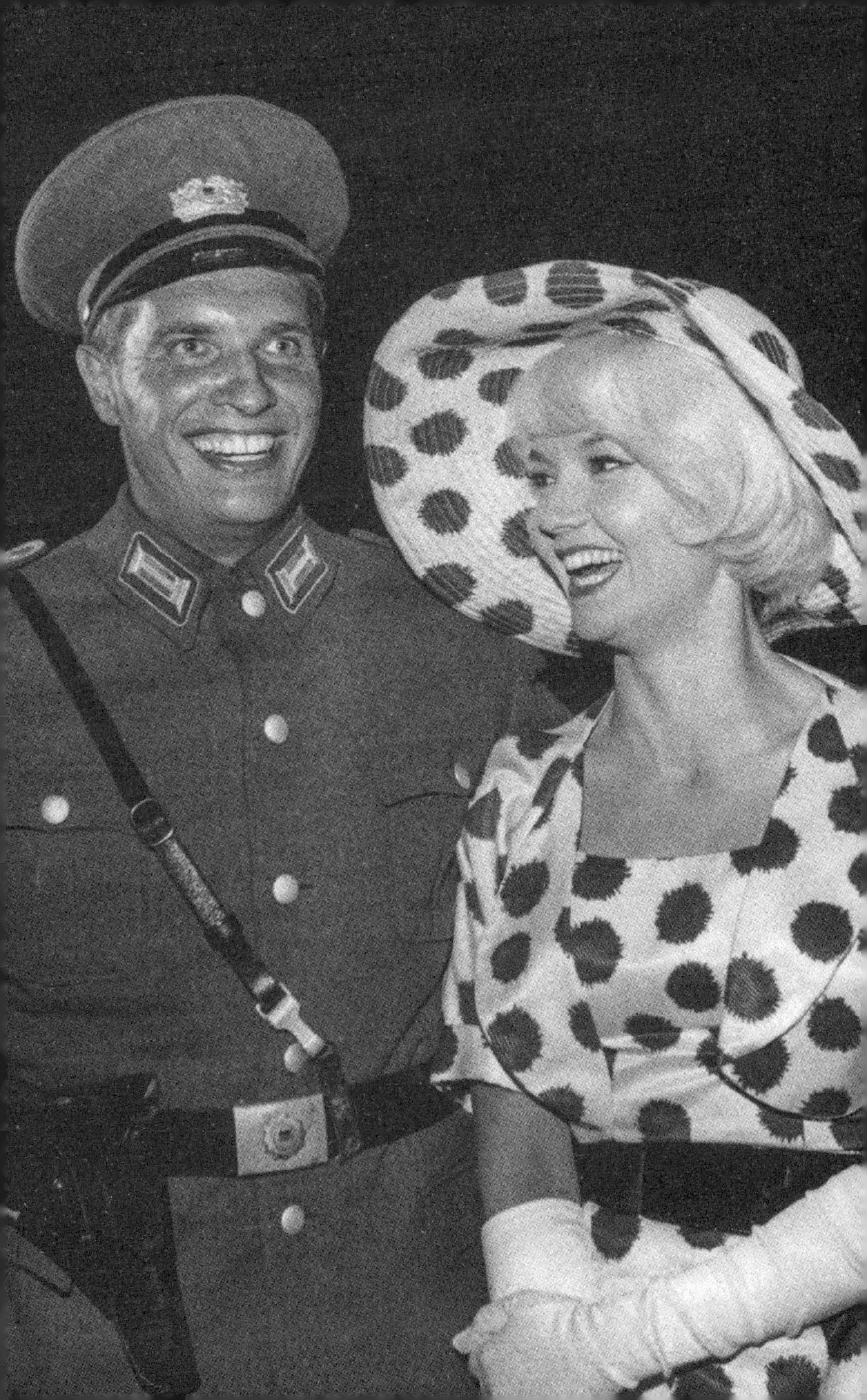

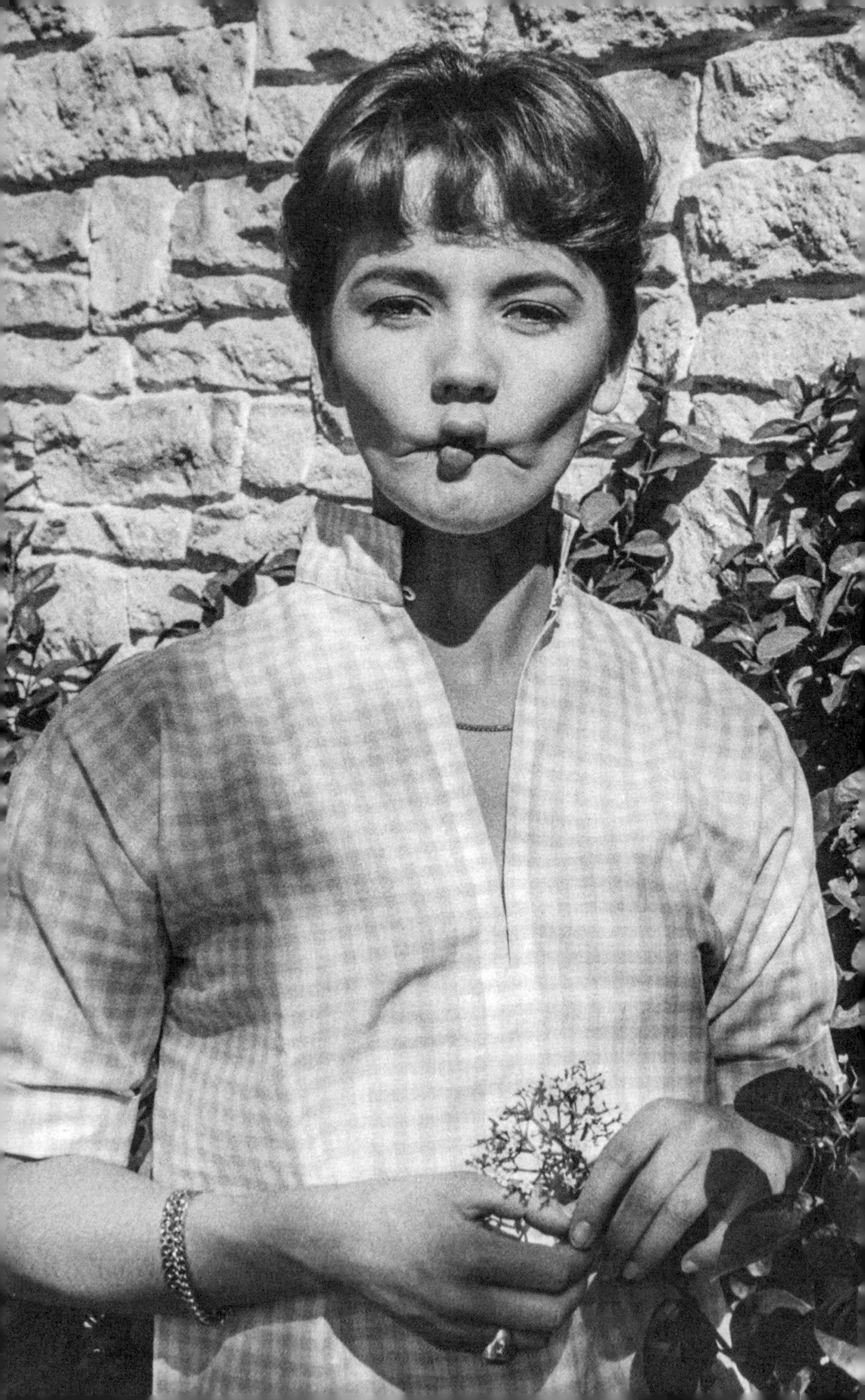

15.
Ernsthaft vorbereitet, aber niemals zu ernst am Set

Ich habe immer gern Grimassen geschnitten und Clownereien veranstaltet, und die Leute haben furchtbar gelacht. Das habe ich genossen. Einmal, bei einer Fernsehproduktion, zu Beginn der achtziger Jahre, gab mir der Regisseur die Anweisung: »Lach nicht immer, Liselotte, lach nicht!« Daran hielt ich mich und war prompt nicht gut. Weil man mir das Lachen verbot, war ich plötzlich nur noch ernst – und spielte schlecht.

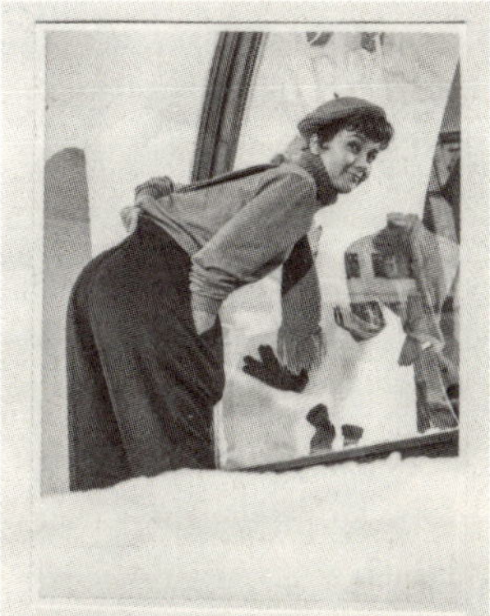

Hinteransicht, ohne Kommentar: beim Dreh von *Zürcher Verlobung*, 1957

Dass es auch hinter den Kulissen, trotz Zeitdruck und hoher Anforderungen an uns Schauspieler, nie todernst zuging, kann ja jeder behaupten, aber ich kann es mit Bildern belegen. Nachfolgend nur eine kleine Auswahl: Bei einem Fotoshooting in Hollywood 1957 machte ich einen ganz besonders hübschen Kussmund.

Immer zu Späßen aufgelegt war ich auch in Hollywood, 1957

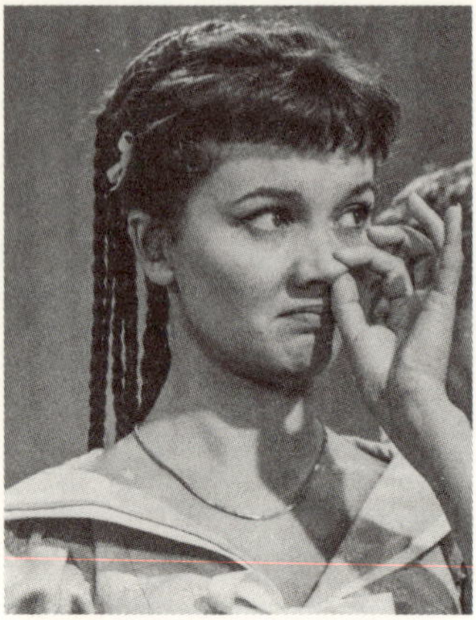

Ganz burschikos am Set von *Helden*, 1958

Meine Hinteransicht bei *Zürcher Verlobung* kommentierte ich in meinem Fotoalbum mit »ohne Kommentar«. Und bei *Helden*, einem Film mit O. W. Fischer, zupfte ich mir aus Spaß an der Nase herum oder präsentierte die niedliche Spitzenunterwäsche des 19. Jahrhunderts.

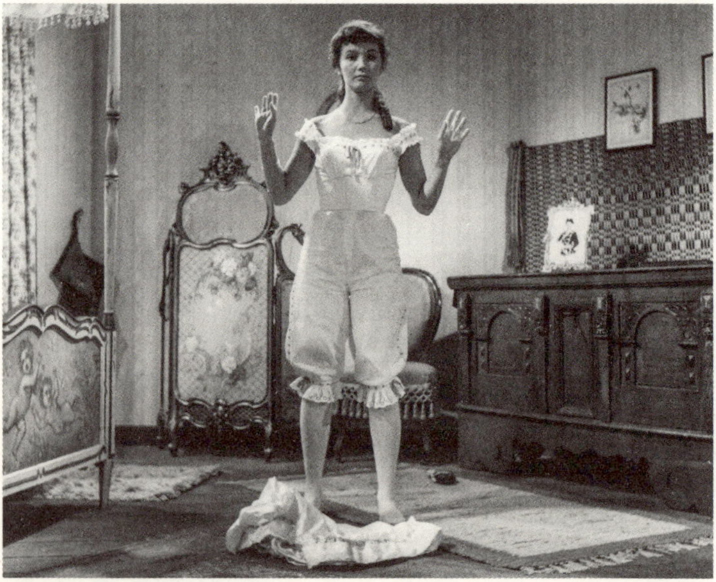

Auch in Unterwäsche lässt es sich posieren

16.
Was tut man nicht alles fürs Aussehen

Oder: Blondinen bevorzugt

Ich bin der Ansicht, wenn man gefallen will, und das wollen Schauspieler, muss man auch etwas dafür tun. 1953 drehte Marilyn Monroe den Filmklassiker *Blondinen bevorzugt*. Drei Jahre später konnte ich mich selbst davon überzeugen, dass Blondinen wirklich bevorzugt werden. Denn für meinen ersten Film in Frankreich, *Arsène Lupin, der Millionendieb*, 1956, musste ich mein Aussehen verändern und erblonden. *Arsène Lupin* war eine Diebesgeschichte mit Robert Lamoureux als Gauner und O. E. Hasse als Kaiser Wilhelm II. Meine Rolle war die der deutschen Adeligen Mina von Kraft. Sie sollte, so die Anweisung unseres Regisseurs Jacques Becker, rotblonde Haare haben. Als ich in Paris eintraf, schickte man mich als Erstes zum Friseur, meine Haare wurden gefärbt. Das Ergebnis war dann mehr ein Rot als das erwünschte Rotblond. Der Regisseur warf einen Blick auf meine Frisur, schüttelte nur genervt den Kopf und meinte, das sei die völlig falsche Farbe. Helles Blond, das sei viel passender für die Rolle der Gräfin. Also ging ich wieder zum Friseur und ließ umfärben. Meinen Haaren bekam die

Prozedur weniger gut, aber Becker war mit dem Ergebnis zufrieden. Und ich letztlich auch. Ich gefiel mir als Blondine.

Nach den Dreharbeiten in Frankreich bin ich wieder »erdunkelt«, aber irgendwann fiel die Entscheidung, dauerhaft auf Blond umzusteigen. Blond wurde zu meinem Markenzeichen. Das gängige Vorurteil, als Blondine käme man bei den Männern besser an, kann ich nicht bestätigen. Heutzutage gibt es einen Trend, der Natur ihren freien Lauf zu lassen, indem man nicht mehr färbt, und vielen Frauen steht das weiße Haar natürlich hervorragend. Für mich aber wäre das keine Option gewesen. Man muss ja nicht ohne Not älter aussehen, als man ist, also tut man, was man kann. »Unmittelbar vor der Erblondung, Arsène Lupin, im Aarebad 1956« – schrieb ich zu diesem Foto, das mich beim Sonnenbaden auf der Wiese an der Aare, dem Fluss durch Bern, zeigt. Ins Aarebad gingen wir schon als kleine Kinder, sobald sich die ersten Sonnenstrahlen zeigten.

Unmittelbar vor der
Erblondung Arsen Lupins
im Aarebad

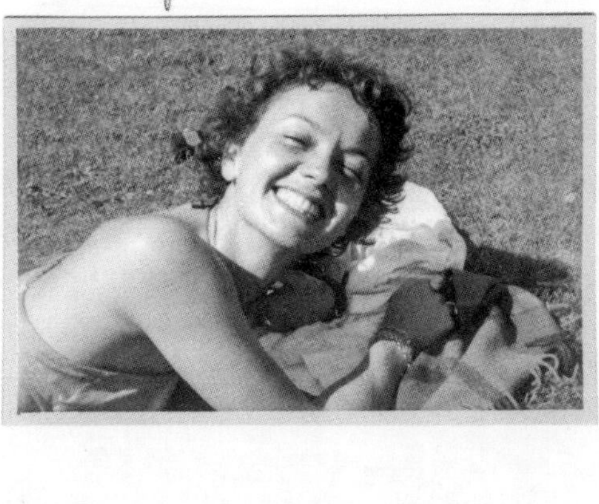

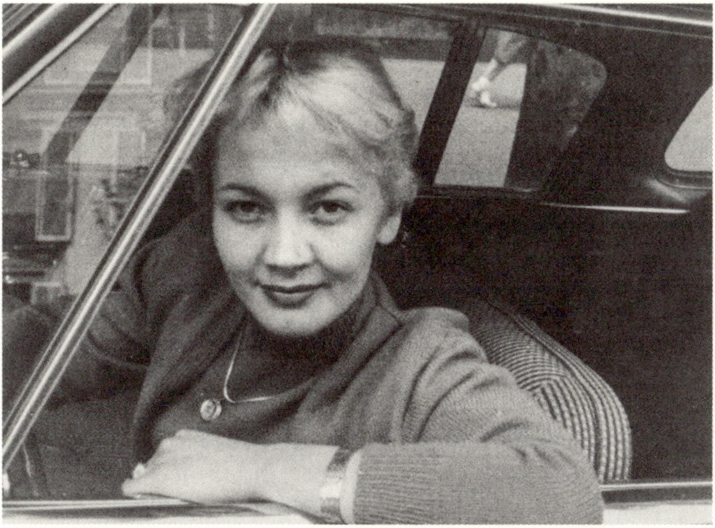

Für *Arsène Lupin* wurde ich erstmals zur Blondine, 1956 in Paris

Und hier das Ergebnis: unmittelbar nach der Erblondung in Paris in einem Auto sitzend. Plötzlich war ich ein anderer Typ, vorher noch eher jugendlich und mädchenhaft, jetzt femininer und reifer.

Weder fand ich mich früher besonders schön noch wollte ich ein Vorbild für andere Frauen sein, dennoch sagte ich nicht nein, als mich 1954 die *Star-Revue* für eine Beauty-Strecke in ihrem Magazin ansprach. »Schönheit leicht gemacht« lautete die Überschrift. Wenn es nur so einfach wäre. Ich sollte Tipps geben, wie man faltenfrei und frisch bleibt, was mit 25 Jahren, so alt war ich damals, dann doch eher leicht ist. Gesichtsgymnastik aber ist sicherlich eine gute Sache. »Beginnen Sie mit den Muskelspannungsübungen, wie sie

Liselotte Pulver hier auf den Fotos der oberen Reihe zeigt«, heißt es in dem Artikel. »Verfolgen Sie mit den Gedanken jede einzelne Bewegung jedes einzelnen Muskels, und bemühen Sie sich, es von Tag zu Tag besser zu machen.« Dann folgen zwölf Übungen, die ich vorführe und jeweils kommentierte – und die, wer mag, gern einmal nachmachen kann, denn »dieses Fehlen der Kontrolle über die Spannung des Gesichtes ist der Feind aus dem Hinterhalt, den Sie mit unseren Übungen für immer vertreiben können«. Dies ist eine Stelle im Text, die mir besonders gefällt: »Schauen Sie in den Spiegel und lächeln Sie sich zu. Sagen Sie zu Ihrem Spiegelbild: ›Ich bin dein Freund, ich mag dich gern.‹ Halten Sie eine Zeitung vor Ihren Mund und lachen Sie so, dass es durch den strahlenden Ausdruck Ihrer Augen sichtbar wird. Zum Vergleich sagen Sie nun zu Ihrem Spiegelbild: ›Ich hasse dich […] ich hasse dich‹, und Sie werden sehen, wie ein böser und gehässiger Gedanke sogleich von der Gesichtsmuskulatur wiedergegeben wird und den Ausdruck Ihres Gesichtes bis zur Fratze verhäßlichen kann.«

Und nun viel Vergnügen mit Lilos Gesichtsgymnastik aus dem Jahre 1954.

Wie schon gesagt, mich selbst als »schön« zu bezeichnen, wäre mir nie in den Sinn gekommen, aber ich bin mit meinem Aussehen immer zufrieden gewesen und habe getan, was ich tun konnte. Ich habe darauf geachtet, mich gesund zu ernähren, viel zu schlafen, in Bewegung zu bleiben. Leider gibt es weder ein Patent- noch ein Geheimrezept, um im Alter fit zu bleiben. Gute Gene helfen, und die haben uns unsere Eltern zum Glück mitgegeben.

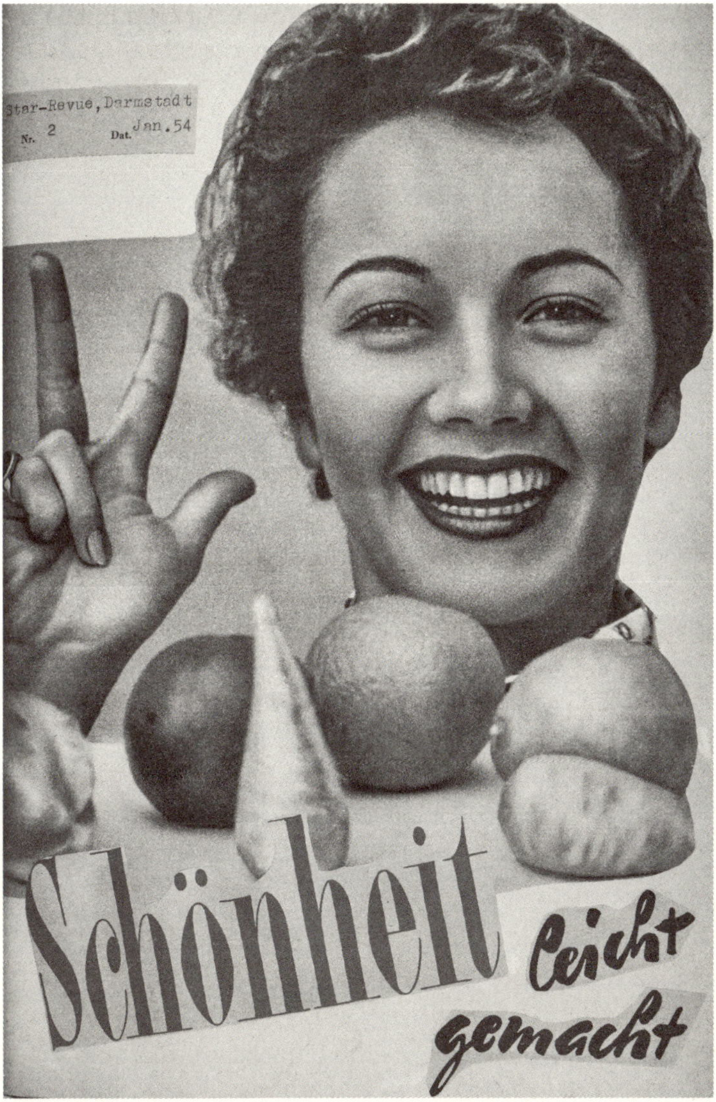

Meine Schönheitstipps in der *Star-Revue*, Januar 1954

Schönheit leicht gemacht

Was die Gedankengänge für den Rechenkünstler, das tägliche Training für die Eiskunstläuferin sind, sollte für Sie, verehrte Leserin, die tägliche Gesichtsgymnastik sein. Um die Sehnsucht nach ewiger Jugend und Schönheit kreisen heute die Gedanken fast aller Frauen; immer neue Mittel und Methoden werden gesucht, dem Gesicht solange wie möglich seine Straffheit zu erhalten. Sind die Muskeln bereits erschlafft, wendet man mannigfaltige und teure Prozeduren an, um die verblichene Schönheit aufzufrischen. Hilft gar nichts mehr, so stellt das Messer des Gesichtschirurgen für eine Weile eine „Pseudostraffung" her, die aber schon nach einiger Zeit die Erschlaffung der Gesichtsmuskulatur nicht mehr aufhalten kann. Der erschlaffte, hängende Muskel wird auch die gespannteste Haut langsam, aber sicher nach kurzer Zeit wieder dehnen und faltig machen. Nicht die Haut ist Ihr Gesicht, sondern der „Muskelgarten", der darunter liegt. In der Jugend liegen die Muskelbahnen lückenlos und straff nebeneinander. Mit der Zeit aber erschlaffen und schrumpfen Muskelpartien, die nie oder selten bewegt werden, und es entstehen Säcke, Vertiefungen und Falten. Sind die Muskelpartien erschlafft, nützt auch die rosigste Haut mit der besten Pflege und dem schönsten make-up nichts mehr; das Antlitz sieht doch wie ein altes Gesicht mit einem jugendlichen make-up aus.

Gesichtsmassage oder Packungen zur Belebung des Tonus vermögen, allein angewandt, ohne gymnastisches Training, die Straffheit der Muskulatur nicht zu erhalten oder wiederherzustellen.

Ehe Sie nun all die vielen angepriesenen Verjüngungsmethoden ausprobieren, sollten Sie, liebe Leserin, einmal der Reihe nach die durch Lieselotte Pulver
drucksvolle Mimik erläuterten M
übungen studieren, und es wird
sicher klarwerden, welche weser
Punkte des Gesichtes damit berüh
„aufgeweckt" werden. Nehmen S
täglich etwas Zeit dafür, beginn
langsam und steigern Sie innerha
drei Monaten die Trainingsdauer v
auf dreißig Minuten. Übertreibe
nicht zu Anfang, denn eine Übera
gung ist unzweckmäßig. Die dur
Übung abgestoßenen Schlacken
sonst nicht schnell genug ausgesc
werden, und ein übertrainierter
reagiert ähnlich wie ein Muskel,
Spannkraft durch Alterung herab
ist. Nur ein konsequentes, langsa
steigertes Training bringt allmähli
Erfolg.

Wählen Sie für die Übungen eine
zeit, zu der Sie ungestört sind. Lüft
das Zimmer und setzen Sie sich vor
Tisch mit einem kleinen Stehspie
dem Sie Ihr Gesicht gut beobachte
nen. Fetten Sie vorher die frisch ger
Haut mit einer guten Nährcreme ein
kern Sie Ihren Oberkörper und atm
ruhig und gleichmäßig. Machen Si
Übung bewußt: stellen Sie sich in G
ken vor, wie, an welcher Stelle und w
der Muskel reagiert. Er muß langsa
gespannt werden, was nicht mit
krampfen verwechselt werden darf.
jeder Übung sofort lockern und entsp
Machen Sie die Übungen aber nich
haft, sondern mit voller Kraft. Wer
merken, daß Sie sich nicht konzent
können und daß Ihre Gedanken ab
so hören Sie für diesen Tag ganz auf,
mechanisch und gedankenlos gem
Übungen sind kein Training. Sie

Star-Revue, Darmstadt
Nr. 2 . Dat. Jan. 54

durch regelmäßige Wiederholung der Übungen eine gewisse Routine im Training bekommen. Das können Sie nur, wenn Sie sich jeder Übung und jeder Ihrer Fortschritte bewußt sind.

Sollten Sie in der ersten Zeit der Übungen etwas angestrengt aussehen, so lassen Sie sich dadurch nicht entmutigen; das ist nur ein Zeichen dafür, daß das Gewebe gut reagiert. Beginnen Sie mit den Muskelspannungsübungen, wie sie Lieselotte Pulver hier auf den Fotos der oberen Reihe zeigt. Verfolgen Sie mit den Gedanken jede einzelne Bewegung jedes einzelnen Muskels, und bemühen Sie sich, es von Tag zu Tag besser zu machen. Dann gehen Sie zu den Druckübungen über, die die Fotos der unteren Reihe erläutern.

Zehn Sekunden lang drücken Sie auf die Stellen, an denen Sie die ersten Fältchen zu sehen glauben. Durch den Druck des Handballens oder der Fingerspitzen wird das Blut aus den Gewebeteilen unter der Haut verdrängt. Nach dem Loslassen strömt es frisch und kräftig in die Gewebeteile und Muskelpartien zurück. Halten Sie die drückende Hand ganz ruhig, damit die Haut nicht gezerrt wird. Achten Sie, wenn Sie mit dem Cremedöschen auf die Fältchen zwischen den Augenbrauen drücken, darauf, daß Sie die Stirn völlig lockern und daß Sie mit Zeigefinger und Daumen der linken Hand die Stelle zwischen den Brauen etwas spannen, ehe Sie mit der Rechten das Cremedöschen aufsetzen und zehn Sekunden lang festhalten. Versuchen Sie nun, gegen den Druck die Stirn senkrecht in Falten zu legen. Dann entspannen und anschließend den Druck wegnehmen.

Entspannen Sie überhaupt nach jeder einzelnen Übung immer einige Sekunden, ehe Sie mit der nächsten beginnen. Sie werden sich so an das tägliche Straffungstraining Ihres Gesichtes gewöhnen, daß es Ihnen schon nach kurzer Zeit deutlich bewußt wird, wenn Sie Ihre Gesichtszüge unkontrolliert „hängen" lassen. Dieses Fehlen der Kontrolle über die Spannung des Gesichtes ist der „Feind aus dem Hinterhalt", den Sie mit unseren Übungen für immer vertreiben können.

Schauen Sie in den Spiegel und lächeln Sie sich zu. Sagen Sie zu Ihrem Spiegelbild: „Ich bin dein Freund, ich mag dich gern!" Halten Sie eine Zeitung vor Ihren Mund und lachen Sie so, daß es durch den strahlenden Ausdruck Ihrer Augen sichtbar wird. Zum Vergleich sagen Sie nun zu Ihrem Spiegelbild: „Ich hasse dich ... ich hasse dich", und Sie werden sehen, wie ein böser und gehässiger Gedanke sogleich von der Gesichtsmuskulatur wiedergegeben wird und den Ausdruck Ihres Gesichtes bis zur Fratze verhäßlichen kann. Sind Sie nach dem Tageslauf müde und abgespannt, so versuchen Sie durch einige Minuten der Entspannung die Verkrampfungen zu lösen; Muskeln und Gewebe müssen ausruhen, wenn sie neue Kräfte sammeln wollen. Erfrischen Sie die Haut mit kühlender Gesichtsmilch, die Sie nicht abtrocknen. An Stelle der Verkrampfung, die Sie während Ihrer Arbeit unbewußt den Gesichtsmuskeln auferlegt haben, geben Sie dem Gesicht bewußt eine Spannung, die sich in einem strahlenden und positiven Ausdruck widerspiegelt. Um Jahre verjüngt werden Sie erscheinen und sich (Bild rechts bestätigt es) viel vergnügter fühlen. Denn Gesichtsgymnastik ist das natürlichste Schönheits- und Verjüngungsmittel der Welt.

Graciella

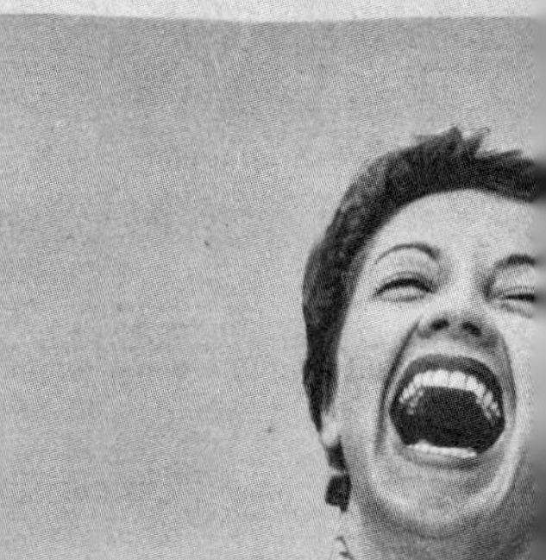

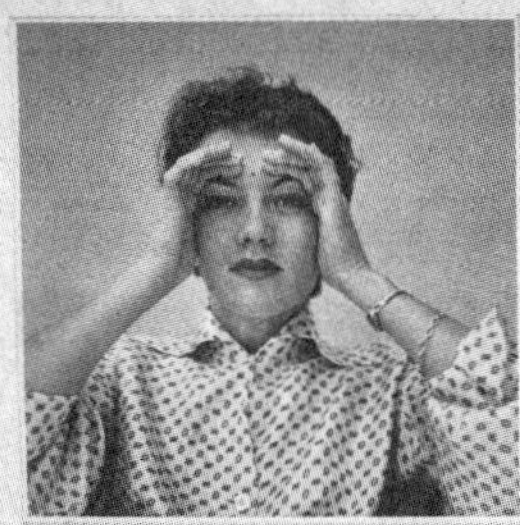

Die Augenbrauen sollen nicht hängen, die Stirn muß gestrafft werden. Also muß auch hier die Muskulatur richtig durchblutet sein. Bei der Druckmassage sieht Lieselotte im Spiegel, wie die Stirn sich glättet, und zählt dabei langsam bis zehn. Die Daumen pressen gleichzeitig die Wangenmuskeln unter den Ohrläppchen.

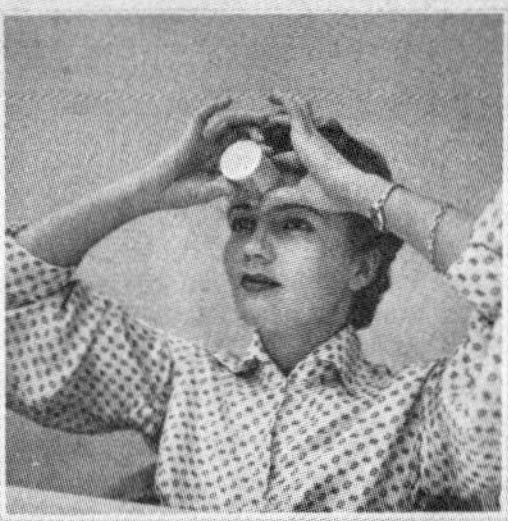

„Falten zwischen den Augenbrauen? Gibt's bei mir nicht ... und wird es auch nie geben! Aber man kann ja nicht wissen . . . und es dauert nur zwei Minuten. Her mit der Cremedose, und fest gedrückt!" Die bewußten zehn Sekunden. Nach dem Loslassen ist deutlich der rote Kreis der erhöhten Durchblutung zu sehen.

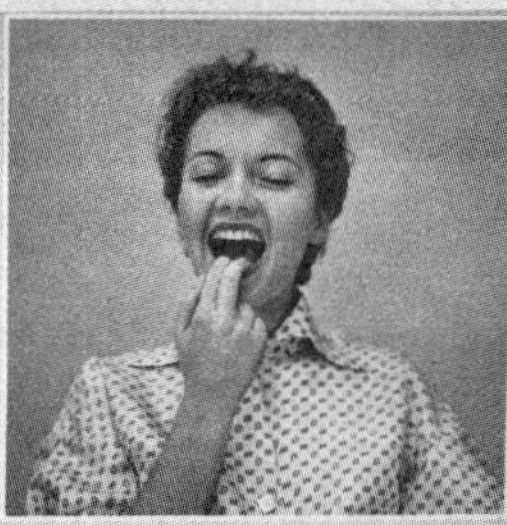

Zum Schluß noch die Kiefergegendruckübung, damit der Unterkiefer elastisch bleibt. Zeige- und Mittelfinger der Hand werden auf die untere Zahnreihe gelegt. Mund öffnen und gegen die kräftig herunterziehenden Finger mit dem Unterkiefer drücken. Mund auseinanderziehen, Wangenmuskeln zur Schläfe spannen.

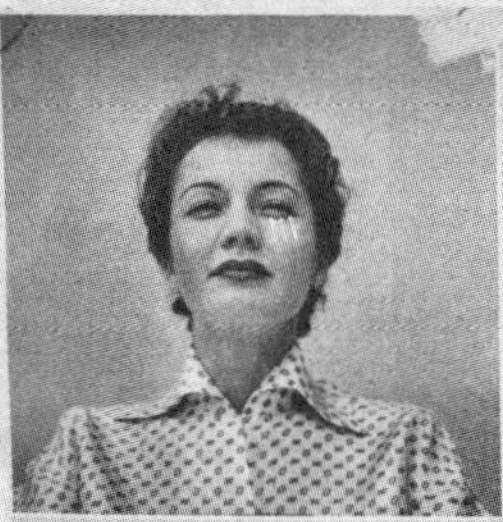

Tränensäcke und Augenringe dürfen nicht zu sehen sein — das weiß auch Lieselotte Pulver, denn sie ist ein kluges Persönchen. Wenn der Muskel unter dem Auge straff ist, wird die Durchsichtigkeit der Haut, das Grundübel der „Augenringe", gemildert. Die Augenpartie einfetten, den Muskel von der Wange zum Auge hin zehn Sekunden lang (unser Foto) spannen!

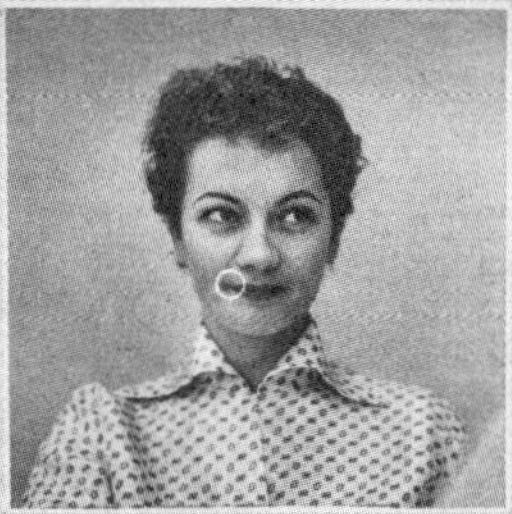

Nun preßt sie die Mundwinkelpartien, die Stellen, wo sich gern die ersten Fältchen zeigen, fest gegen die darunterliegenden Zahnreihen. Sie behält den Druck zehn Sekunden lang bei und verschiebt, in Gedanken darauf konzentriert, die Druckbewegung zum hinteren Unterkieferknochen. Langsam läßt sie die Bewegung wieder zum Mundwinkel zurückgleiten.

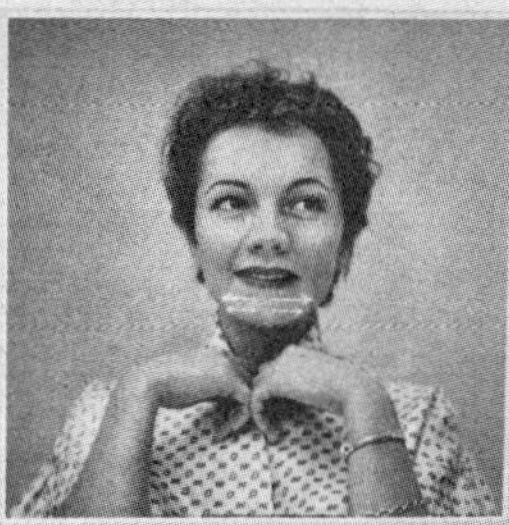

Lieselotte beißt die Zähne fest aufeinander und spreizt Unterlippe und Kinnpartie nach beiden Seiten auseinander. Sie ist konzentriert bei der Sache und stellt sich genau vor, wie der Muskel arbeitet. Seitlich hinaus soll die Bewegung gemacht werden, und nicht nach oben. Zehn Sekunden festhalten. Andere Muskelpartien dürfen bei der Übung nicht mitbewegt werden.

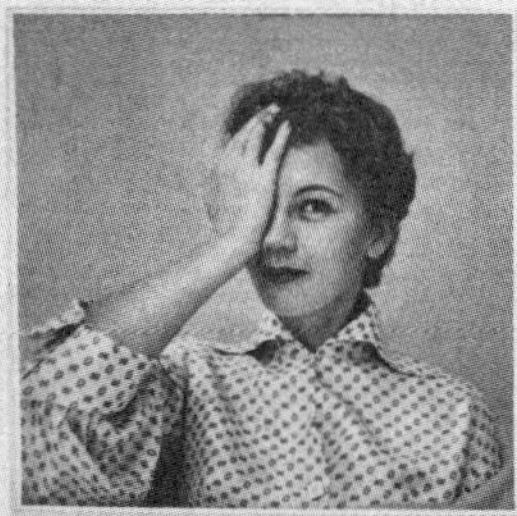

Wenn man mit dem Handballen auf die Knochenpartie unter den Augen drückt, wird das Blut durch den starken Druck von der Augenpartie weggepreßt, wo sich die ersten Fältchen zeigen könnten. Zehn Sekunden lang drückt Lieselotte. Nach dem Lockern des Drucks fließt das Blut kräftig in das Gewebe zurück.

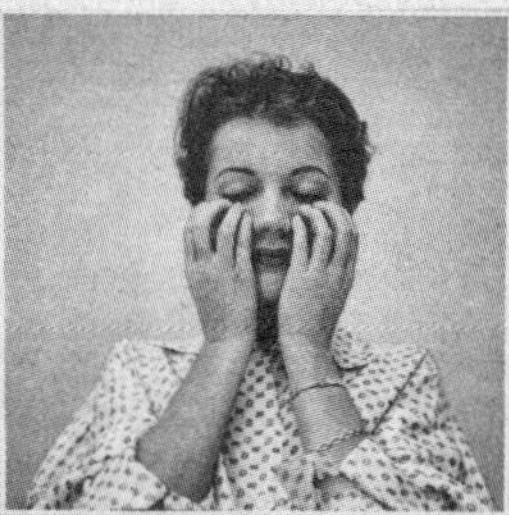

Und nun die Fingerkuppen fest auf die Knochenpartie unter den Augen drücken. Die Augen werden dabei zusammengekniffen, gegen den Widerstand der Finger. Das führt zur richtigen Durchblutung des Augenmuskels. Lieselotte beginnt sanft, steigert immer mehr und lockert wieder. Dann läßt sie das Blut zurückfluten.

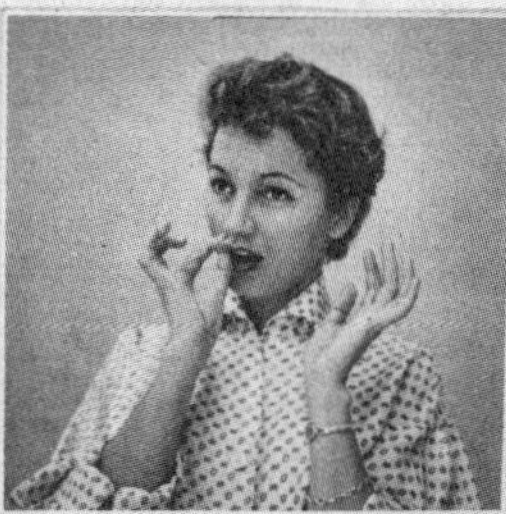

Eine Druckmassage der Oberlippe kann nicht schaden, denn auch da möchte Lieselotte keinerlei Fältchen sehen. Also fest zugepackt: mit Daumen und Zeigefinger wird ruckweise „die Front abgeschritten". Vorsichtig und nicht zu fest drücken, denn der Mund ist empfindlich, aber die Durchblutung macht ihn schöner.

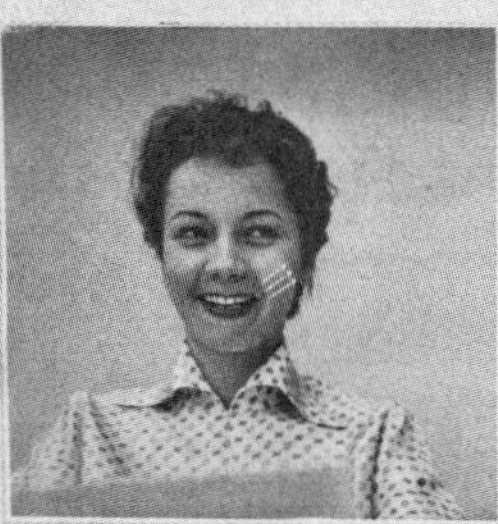

Nun kommen die Wangenmuskeln dran, die gern bei großer Ermüdung oder Überanstrengung die Mundwinkel hängen lassen; das ist der erste Anlaß zur Bildung der gefürchteten Fältchen um die Mundwinkel herum, die dann von Jahr zu Jahr tiefer werden. Konzentriert spannt Lieselotte Pulver die Muskeln von den Mundwinkeln zu den Ohren hinauf.

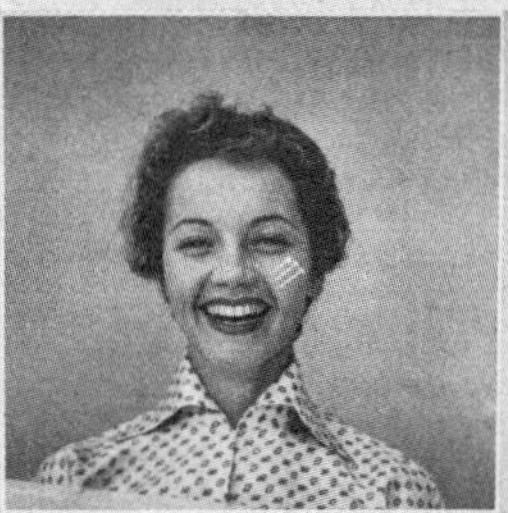

„Die Übung gefällt mir! Dabei sieht man wenigstens froh und munter aus." Ein heimlicher Beobachter aber würde über das erstarrte Lächeln erschrecken . . . denn Lieselotte zählt in Gedanken bis zehn, ehe sie die so wichtige Muskelspannung von der Oberlippe zur Schläfe hin wieder lockert. Diese so lustig aussehende Übung muß man aber mehrere Male wiederholen.

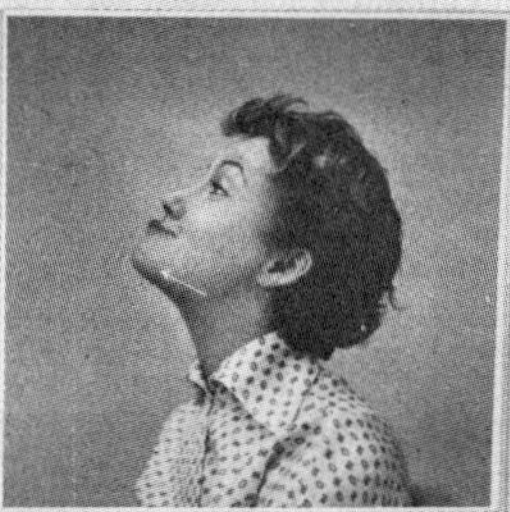

Ein bißchen komisch sieht das zwar aus, aber es ist eine unerläßliche Übung: der Unterkiefer wird so weit wie möglich nach vorn geschoben. Dadurch erreicht man die Dehnung der stark beanspruchten Kaumuskulatur, die dem Gesicht besonders gut tut. Übrigens werden durch diese einfache Übung alle anderen Partien des Kopfes vollständig entspannt. Fotos: Haenchen

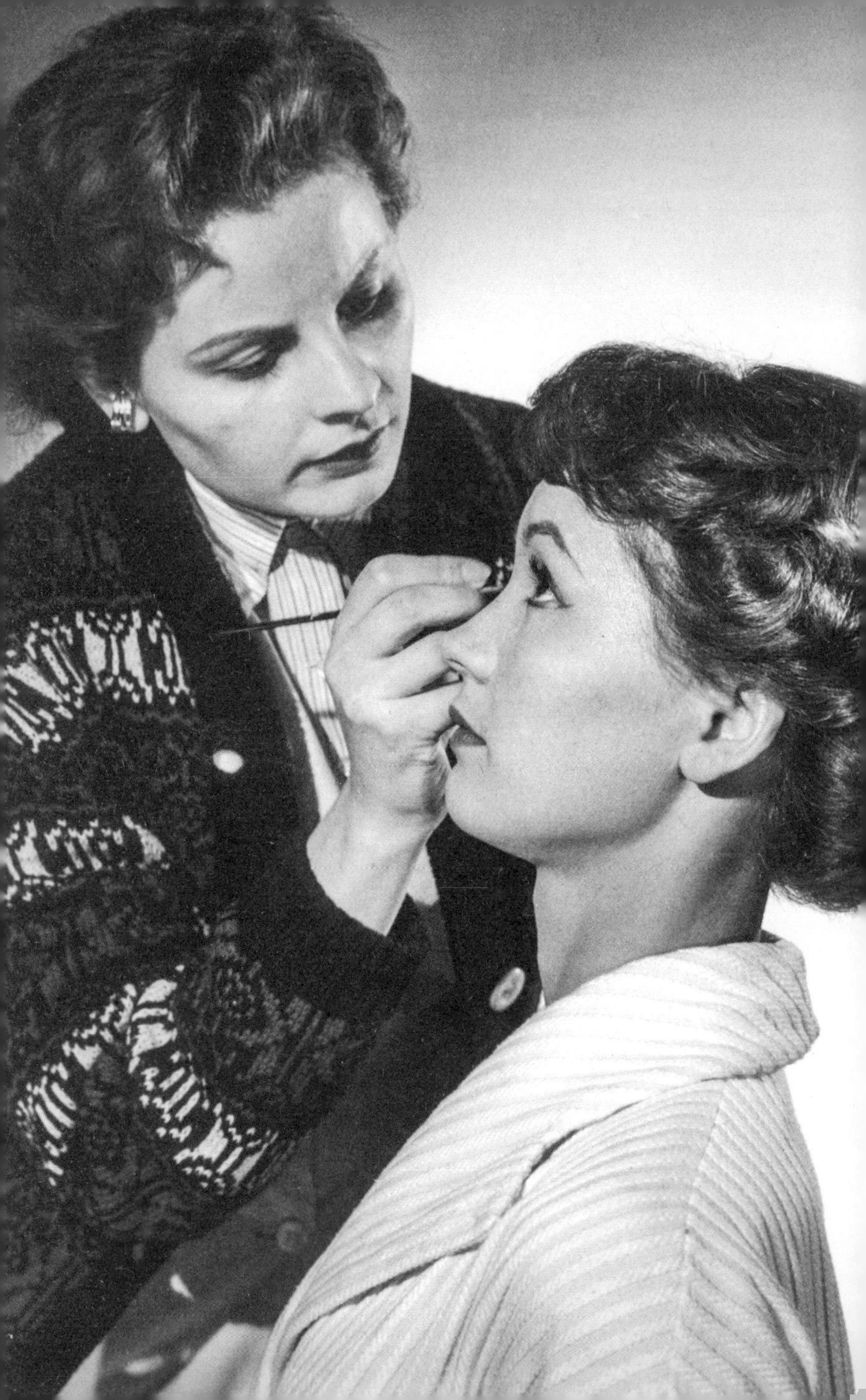

17.

Vor dem Dreh ist nach der Maske

Mal Femme fatale, mal Knabe

Der Akt der Verwandlung – die Beziehung zwischen Maskenbilder und Schauspieler ist eine besonders intensive. Ein Maskenbildner, der sein Handwerk versteht, kann dazu beitragen, dass sich der Schauspieler seiner Rolle näher fühlt. Er macht uns schön oder hässlich, alt oder jung.

Das eine Mal war mein Styling perfekt und meine Haare sahen aus wie gemeißelt – wie auf diesem Bild beim Schminken für *Heute heiratet mein Mann*, 1956.

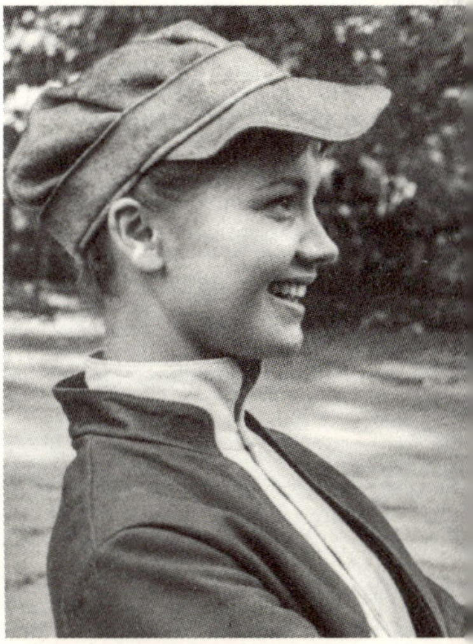

Verkleidet als Handwerksbursche im *Wirtshaus im Spessart*, 1958

Und das andere Mal machte die Maske aus mir einen Handwerksburschen für meine Rolle in *Das Wirtshaus im Spessart*, 1958, mit wenig Make-up, möglichst natürlich und mit Kappe statt Frisur.

In der Maske für *Heute heiratet mein Mann*, 1956

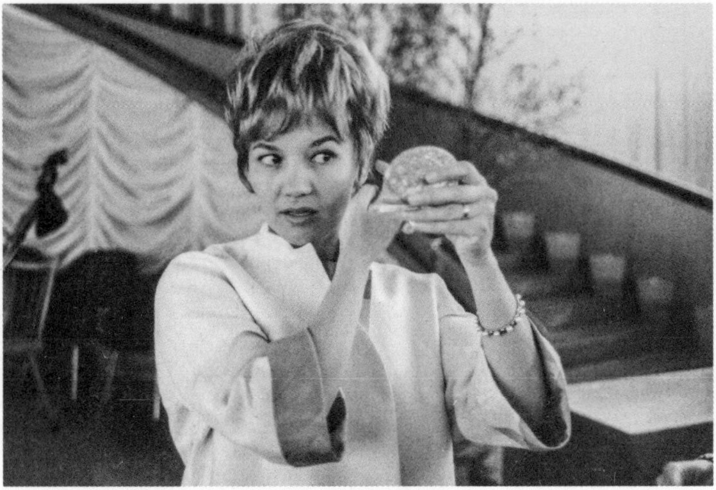

Selbst ist die Frau, Bambi-Verleihung 1963

Gelegentlich musste ich auch selbst Hand anlegen und mein Make-up kontrollieren. Mit Puderdose bewaffnet bei der Bambi-Verleihung 1963.

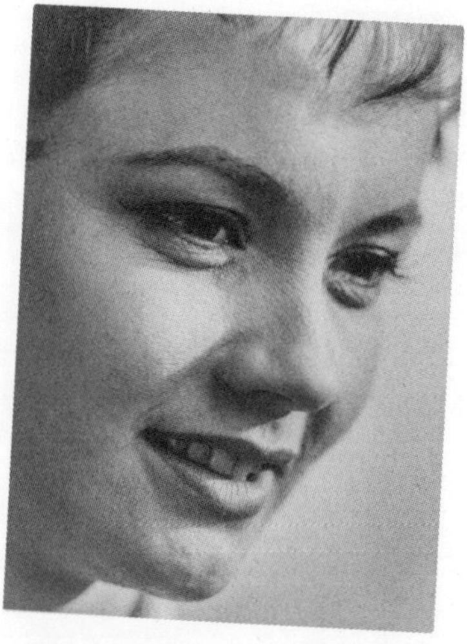

Und dann gibt es jene Momentaufnahmen, die vielleicht viel mehr sagen als manch gestyltes Porträt aus einem Fotoshooting. Zwei Motive, die am Rande von Dreharbeiten entstanden, 1957 und 1960.

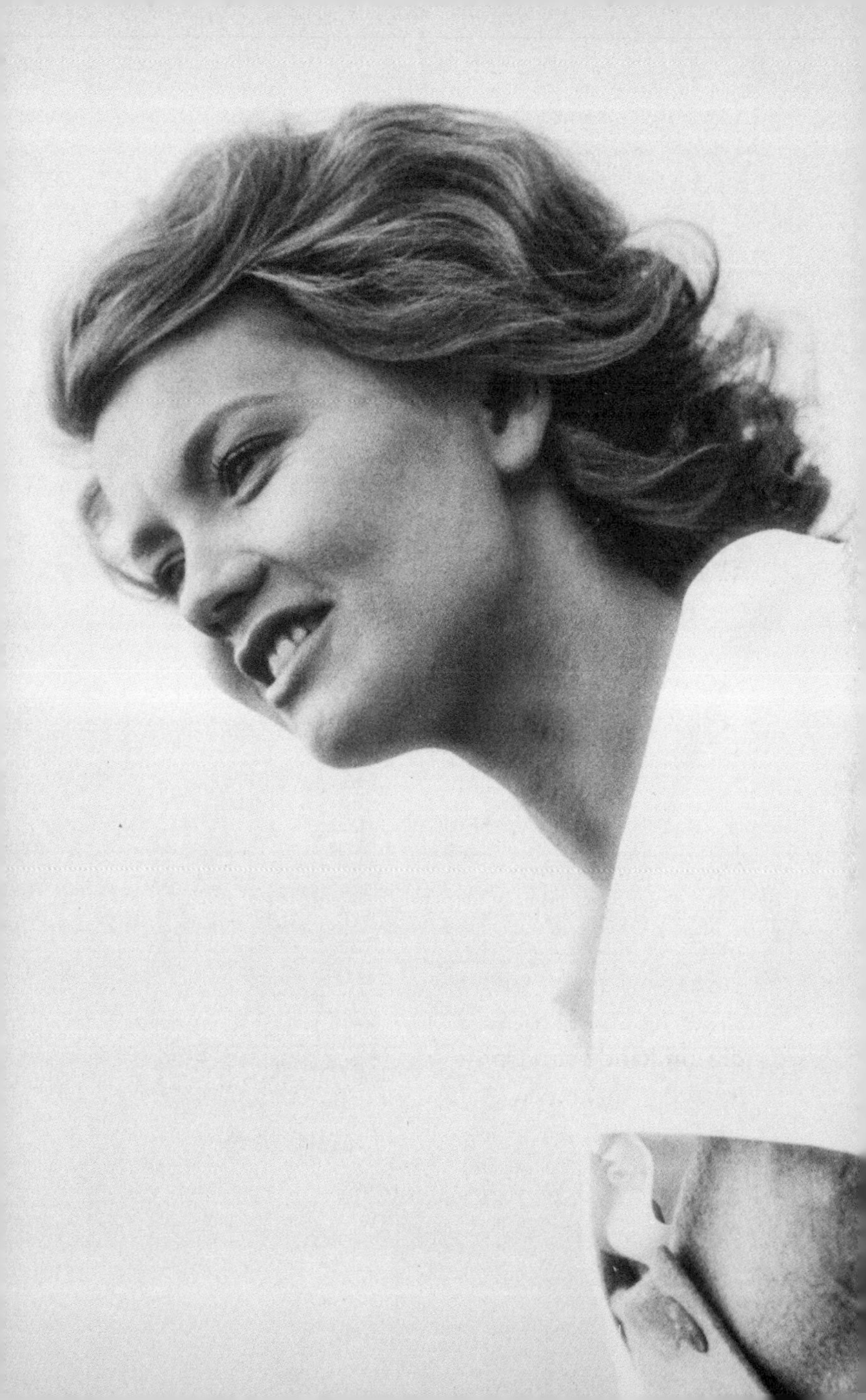

Liselotte aus der Schweiz

Von der Handelsschule zur Bühne und zum Film

Eine junge, seidenhaarige Jagdhündin ist diesem Wesen ähnlich, so wach beobachtend, so schnell und klug auf jeden Eindruck reagierend, so — etwas unbeholfen schlank, flink, verspielt und mit einem so ahnenden Auge ...

Sprechen wir einmal von den Sorgen eines jungen Mädchens. Der Onkel Doktor muß eine Diät ausarbeiten. Irgendwelche Früchte, Gemüse, Fleischsorten werden vom Küchenzettel gestrichen, auch, wenn der Appetit gerade darauf gerichtet wäre. Bei achtsamem Befolgen solcher Vorschrift verschwinden dann jene „Pickel" und Unreinheiten der Haut, die richtigen jungen Mädchen im Entwicklungsalter Kummer bereiten. Daß Liselotte Pulver sich mit Dingen von dieser Art plagen muß, zeigt an, wie jung sie mit ihren 22 tatsächlich ist — nämlich in Wahrheit noch einige Jahre jünger. Aber das, was viele junge Mädchen dieser Zeit für „das Erleben" halten, ist es trotzdem nicht, worauf sich ihr Lebenshunger richtet. Wildes Vergnügen, Night-Clubs, raffinierte Cocktailmischungen, Pariser Modellkleider, phantastischer Schmuck und das Nichtstun der Leute, die in Spielcasinos „große Welt" markieren, ist höchstens eine kleine Neugierde wert. Ihre große Neugierde richtet sich auf Landschaften, Menschen, Bücher, Musik.

Mit alledem beschäftigt sie sich auf eine drastische Art. Von der Nüchternheit der Handelsschule, auf der sie praktische Kenntnisse erworben hat, nahm sie eine Menge mit auch in ihren künstlerischen Beruf. Es war mit einem Mal da, daß sie spielen, schau-spielen mußte. Es kam von den Klassikern her. Nach mit heißen Wangen bestandener Schauspielprüfung bekam sie schon als Achtzehneinhalbjährige Rollen — die Diplom-Handelsschülerin Liselotte Pulver betrat in Bern in Goethes „Clavigo" zum ersten Mal die Bühne. Seitdem hat sie vielerlei gespielt, kann aber nicht erklären, warum es so sein muß. Eines aber weiß sie, und das spricht sie mit einem Zitat aus: „In deiner Brust sind deines Schicksals Sterne!" Und nun meint das überschlanke Mädchen mit Stupsnasen-Intelligenzgesicht und braunem Kurzhaar: „Wer was kann, schafft es auch — im Leben, in der Kunst. Nichtskönnern nützt auf die Dauer keine Protektion. Es gibt Gerechtigkeit. Die ist immer da, in allen Dingen. Ich glaub's. Wenn ich daran nicht mehr glauben könnte, möchte ich nicht leben." Außerdem spielt sie, mit mathematischer Sorgfalt, Mozart, ohne sich vor Fingerübungen am Flügel zu drücken: „Alles fängt einfach und klein an. Wer dabei mogelt, mit dem geht es nicht gut aus."

Leute, die Liselotte Pulver erst kennenlernten in ihrer Corry-Bell-Rolle im „Klettermaxe" und hören, daß sie wahrscheinlich in einer „Filmserie" als „Liselotte und der Schornsteinfeger", „Liselotte und der Feuerwehrmann" noch viel ähnlichen Unsinn treiben wird, können den Zusammenhang zwischen ihrem wilden Samba im Film und ihrem Wunsch, die „Luise Millerin" und die Ophelia auf der Bühne zu spielen, nicht entdecken. Und viele wirkliche Film-Freunde warten ab, schon im voraus bekümmert, was nun eigentlich aus dem Militärschwank „Fritz und Friderike" werden soll: darin spielt „Lilo" die Titelrolle. Immerhin, geben sie zu, „dieses Mädchen Corry Bell im ‚Klettermaxe' hat Charme — und wirkt durch die drollige Grazie mitreißend! Das ist schon eine schauspielerische Leistung, gewiß!" So ein leichter Film kann für die Darstellerin ganz nah beim klassischen Theater liegen: durch die Spielfreude, mit der er gemacht wird. Ich sah, wie Lilo „maulte", als Franz Tapper ihr für die artistischen Wurfszenen ein Double vor die Stupsnase setzte: Liselotte Pulvers Beinbruch hätte den ganzen Film gefährdet. Und Hans Albers, dessen „Föhn" als „Opfer des Dr. Krafft" jetzt wieder auf den Spielplänen erscheint, sagte damals von seiner jugendlichen Partnerin: „Die kleine Pulver muß man ernst nehmen!" Nun, Hans Albers pflegt sich in seinem Urteil über Frauen und Partnerinnen nie zu irren. Auf seinen Instinkt für menschliche Substanz kann man sich verlassen ...

Die einzige Spielerei, die Liselotte Pulver sich leistet, ist ihr Auto, das sie sich „erspielt" hat. Ihre große Liebe hat sie bisher nur im Film erlebt. „Heiraten?" fragt sie verwundert, und es sprüht aus ihren Augen dabei. „Wenn ich daran denke, kann ich nur lachen!" Denn sie schwärmt wie ein Backfisch für kühne Männer — Brückenbauer, Weltraumforscher, Segelschiffkapitäne, Rennfahrer und andere von der Art, die genau so wenig wie sie Zeit haben, sich in billige Gefühle zu verlieren. Trotzdem ist Liselotte Pulver sicher, einmal mit einem solchen Kometen zusammenzustoßen.

W. A. Persich

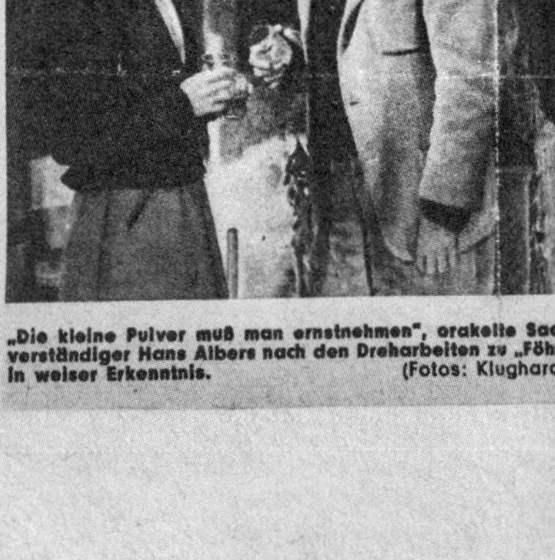

„Die kleine Pulver muß man ernstnehmen", orakelte Sachverständiger Hans Albers nach den Dreharbeiten zu „Föhn" in weiser Erkenntnis. (Fotos: Klughardt)

18.
Von der ersten Homestory bis zum Covergirl

Unter den Tausenden von Artikeln, die im Laufe von Jahrzehnten über meine Filme, meine Laufbahn, meine Familie, mein Styling, meine Erfolge und Krisen geschrieben wurden, fielen mir im Archiv zwei frühe Zeugnisse in die Hände. 1953 erschien eines der ersten Porträts über mich im Magazin *Film*: »Liselotte aus der Schweiz«. Manchmal wundert man sich, auf welche Stilblüten die Journalisten kamen: »Eine junge, seidenhaarige Jagdhündin ist diesem Wesen ähnlich, so wach beobachtend, so schnell und klug auf jeden Eindruck reagierend, so etwas unbeholfen schlank, flink, verspielt und mit einem so ahnenden Auge …« An dieser Stelle frage ich mich, meinte der Schreiber etwa wirklich mich? Und weiter ging es: »Sprechen wir einmal von den Sorgen eines jungen Mädchens. Der Onkel Doktor muss eine Diät ausarbeiten. Irgendwelche Früchte, Gemüse, Fleischsorten werden vom Küchenzettel gestrichen, auch wenn der Appetit gerade darauf gerichtet wäre. Bei achtsamem Befolgen solcher Vorschrift verschwinden dann jene ›Pickel‹ und Unreinheiten der Haut, die richtigen jungen

Mädchen im Entwicklungsalter Kummer bereiten. Daß Liselotte Pulver sich mit Dingen von dieser Art plagen muß, zeigt an, wie jung sie mit ihren 22 Jahren tatsächlich ist …«

Na ja, und in diesem Stil ging es weiter über die Liselotte aus der Schweiz. Gegen Ende des Artikels folgt ein Satz, den ich hingegen gern gelesen habe. Der Autor zitierte Hans Albers, mit dem ich 1950 in *Föhn* spielte: »Die kleine Pulver muss man ernstnehmen!« Diese Worte aus dem Mund des großen Albers waren für die »kleine Pulver« Ritterschlag und Ansporn zugleich.

Ebenso aus dem Jahr 1953 stammt meine erste Homestory, für die Illustrierte *Film- und Moderevue* aus Baden-Baden. Mein »Home« – das war damals noch mein Elternhaus in Bern. Und im Gegensatz zu anderen Artikeln über mich durfte ich diese Geschichte selbst schreiben: »Bei uns zu Haus – von Liselotte Pulver«. »Sie wollen kurz und bündig wissen, wes Geistes Kind ich sei …« So fange ich an und beschreibe, wie es bei uns zu Hause früher zuging, wie wir drei Kinder aufwuchsen und was aus uns wurde. »Meine Eltern mußten auf vieles verzichten und in den Hintergrund treten, um uns allen dreien die sorgfältige Ausbildung angedeihen zu lassen.«

Mir gefällt das Foto im Artikel: Corinne und ich – siebenjährig – auf dem Fensterrahmen sitzend, Buebi, der spitzbübisch von draußen hereinschaut. Mit meinen Zöpfen schaue ich ein bisschen aus wie die Schweizer Version von Pipi Langstrumpf.

»Doch mit diesen Rosinen aus dem Familienkuchen sind Sie wohl nicht zufrieden und möchten etwas näher ins Zim-

Bei uns zu Haus

Von Liselotte Pulver

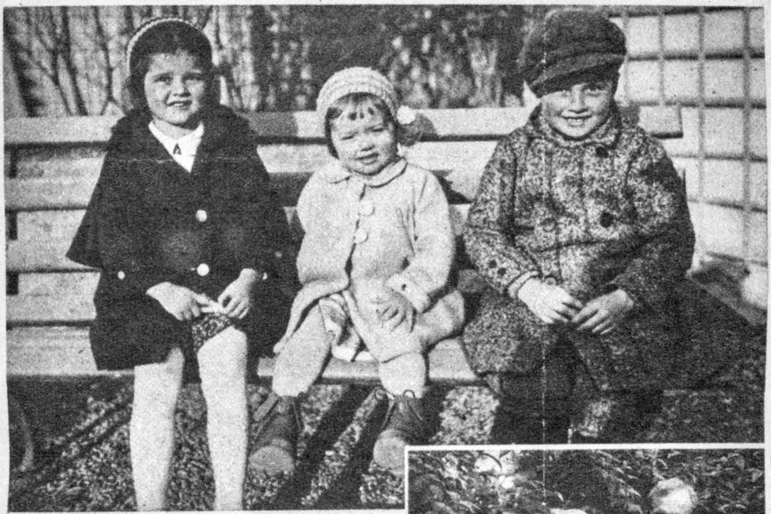

Die dreijährige Liselotte mit Schwester Corinne und Bruder Emanuel im Garten der Berner Wohnung, welche die Eltern vorübergehend bezogen. So sonnig Klein-Lilo schon damals war, in die Sonne schaute sie nicht gerne.

Sie wollen kurz und bündig wissen, wes Geistes Kind ich sei. Nun, da wäre einmal mein Vater, um dem Alter den Vortritt zu lassen. Kennzeichen: Bei Zugabfahrt befindet er sich zehn Minuten vorher vollständig reisefertig auf dem Bahnhof und kontrolliert an Hand seiner Liste die Lückenlosigkeit seiner Vorbereitungen. Mama dagegen erreicht ab und zu kurz nach Zugabfahrt den Bahnhof. Das sind so kleine Verschiedenheiten; gemeinsam ist meinen Eltern eine künstlerische Ader. Mama singt furchtbar gern, Papa wiederum malt in seiner Freizeit.

Doch mit diesen Rosinen aus dem Familienkuchen sind Sie wohl nicht zufrieden und möchten etwas näher ins Zimmer sehen können. So treten Sie bitte in unser kleines Haus in der Züricher Mühlebachstraße ein, in welchem ich in alten holzgetäfelten Stuben mit einem Bruder und einer Schwester aufgewachsen bin.

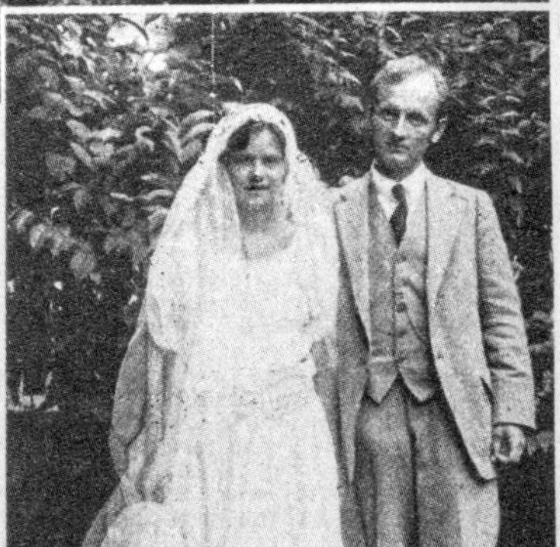

Das hübsche Hochzeitsbild zeigt Lilos Eltern, Papa Pulver, den korrekten Schweizer Staats-Ingenieur, und Mama Pulver, von der die quirlige junge Schauspielerin ihre Liebe zu Gesang, Lachen und Zuckerbrötchen geerbt hat.

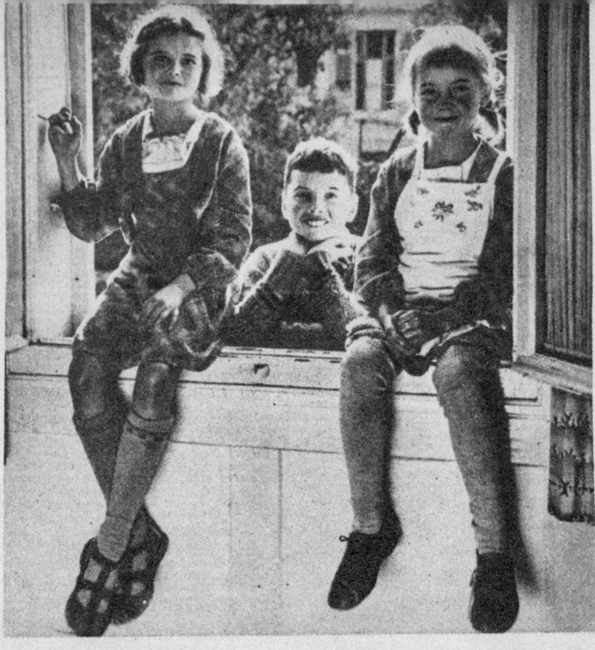

Mit sieben standen Liselottes kurze Haarschwänzchen in lustigem Kontrast zu den langen, dünnen Beinchen, die die ältere Corinne um einige Zentimeter an Länge schlagen. Pagenkopf Emanuel ist inzwischen ein tüchtiger Ingenieur geworden.

Beim Fenster an seinem Schreibtisch schreibt Papa meistens pfeiferauchend einen Bericht oder überprüft Projekte. Er hat als Staatsingenieur Wege zu legen und Landwirtschaftsverbesserungen zu planen. Das Konstruktionsprinzip der mehrfachen Sicherheit findet sich denn auch in meiner Erziehung: so hängen z. B. über Papas Schreibtisch zwei Uhren — sie zeigen allerdings nie ganz dieselbe Zeit an!

Als mein Entschluß, zur Bühne zu gehen, dem Herrn Papa eröffnet wurde, hieß es: „Einverstanden, aber erst mal bestehst du das Handelsschuldiplom!" Daß mir diese Wartepause nicht zu lange wurde, ist dem Optimismus meiner Mama zu danken. Sie war von meiner Leidenschaft für die Schauspielerei begeistert und half tüchtig mit, den reichlich ungewöhnlichen Weg zu gehen, der sich nach Abschluß der Schulzeit anbahnte. Natürlich hat mich Mama auch sonst nicht darben lassen. Denn das muß ich Ihnen noch verraten. Sie ist ein wahrer Zuckerbäcker und Feinschmeckerkoch! Sie werden vielleicht lächeln, wenn ich Ihnen sage, man esse nirgends so gut wie bei ihr. Es ist aber wirklich wahr, wer's nicht glaubt, bezahlt nicht einen Taler, sondern muß Mamas Kochkunst selbst versuchen kommen!

Zum Schluß dürfen Sie auch noch einen kleinen Blick in das Familienalbum werfen. Blättern wir zurück in die 1920er Jahre. Das hübsche Hochzeitspaar wird auch Ihr Interesse finden. Meine Mama war eine zweiundzwanzigjährige Buchhändlerin, als sie sich mit Papa verheiratete. Er hatte damals schon einige Jahre Tätigkeit in Dresden, Wien und in der Schweiz hinter sich; und als er mit uns Kindern rechnen mußte, sorgte er für solide selbstgezimmerte Möbelstücke, welche uns zu widerstehen hatten. Sie sehen, auch Bastlerfähigkeiten schlummern in unserer Familie! Allmählich drehte sich alles um meine Geschwister und um mich, so wie es auch im Leben gewesen ist. Meine Eltern mußten auf vieles verzichten und in den Hintergrund treten, um uns allen dreien die sorgfältige Ausbildung angedeihen zu lassen, welche wir genießen durften. Mein Bruder ist dem Papa in der Ingenieurlaufbahn nachgefolgt, die Schwester wendet als Graphikerin die Malergaben an, und mir endlich ist die Liebe zu Gesang und Lachen von der Mama zugedacht worden.

Nun beginnen die Geräusche, welche mir seit meiner Kindheit mit der Pünktlichkeit einer Uhr anzeigen, es sei Zeit, zu Bett zu gehen: Papa klopft seine Pfeife aus, gleich wird er den knarrenden Stuhl zurückrutschen und den abendlichen Rundgang des Uhrenaufziehens, Gashahn- und Schlüsselkontrollierens antreten. So bleibt auch uns nichts anderes übrig, als unsere Plauderei auf ein anderes Mal aufzuschieben ... Kommen Sie doch bald wieder auf ein Stündchen zu uns!

mer sehen können …« – auch diesen Satz schrieb ich in meiner Homestory 1953. Damals konnte ich nicht ahnen, wie viel näher manche Journalisten in späteren Jahren »ins Zimmer sehen« wollten und dabei Grenzen überschritten. Gerade in Zeiten, in denen es mir nicht gut ging und ich mich lieber aus der Öffentlichkeit zurückgezogen hätte, war das nur schwer zu ertragen. Damit meine ich die schwarzen Schafe der schreibenden Zunft, die es gibt und immer gab. Was mich ärgerte, waren Geschichten in der Presse, an denen kein Fünkchen Wahrheit war. Und dennoch: Mit den meisten Journalisten kam ich gut aus, sie behandelten mich fair. Jeder brauchte schließlich den anderen.

Meine Homestory endete mit einer Einladung: »Kommen Sie doch bald wieder auf ein Stündchen zu uns!«

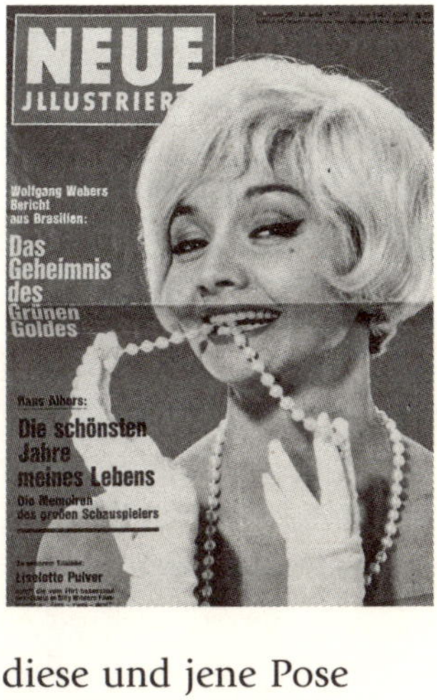

Kaum zu glauben, dass zwischen dem »Liselotte aus der Schweiz«-Porträt und der *Neuen Illustrierten* mit mir als Covergirl nur acht Jahre liegen. Inzwischen war viel geschehen, der Rummel um mich hatte zugenommen. Die Presse schaute genau hin: mein nächster Film, mein Filmpartner und so weiter.

Das Fotoshooting im *Eins, zwei, drei*-Kleid 1961 habe ich noch recht gut in Erinnerung. Weil ich bei den Aufnahmen nur Quatsch machte und diese und jene Pose ausprobierte. Da durfte ich noch einmal die Sexbombe à la Monroe geben. Das Parodieren, Übertreiben und Zuspitzen

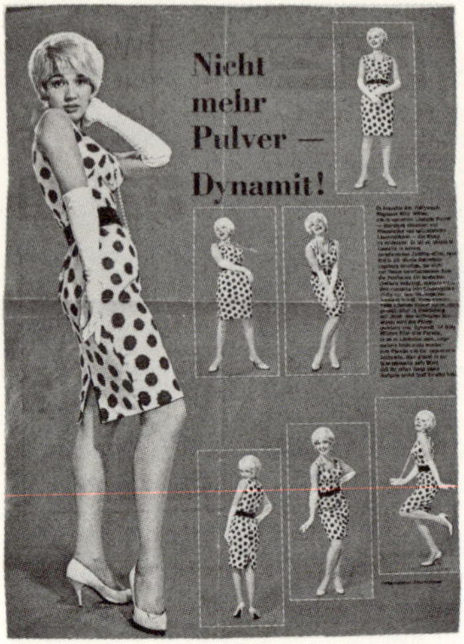

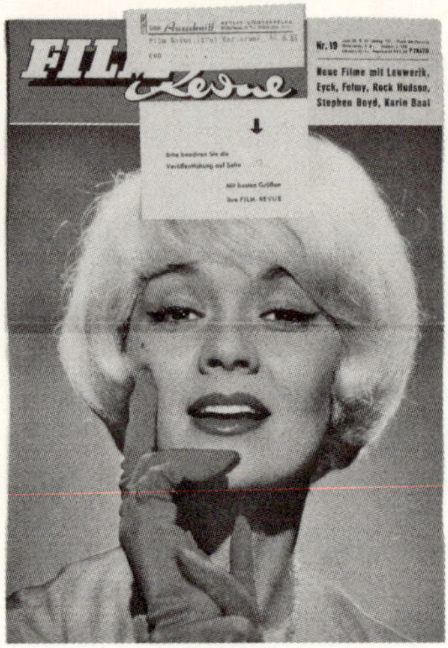

war immer meine Leidenschaft. Schön ist auch die Überschrift: »Nicht mehr Pulver – Dynamit!« Es habe den Hollywood-Regisseur Billy Wilder gebraucht, heißt es in dem zugehörigen Artikel, »um in ›unserer‹ Liselotte […] den Vamp zu entdecken«.

In ähnlicher Pose sah man mich auch auf dem Titelbild der *Film Revue*. Ein Zettelchen verunziert leider meine Frisur, ich bitte ihn zu entschuldigen, aber ihn abzureißen, hätte das hauchdünne und jahrzehntealte Papier zerstört.

19.
Wer schreibt, der bleibt

Post von lieben Freunden

Mein Leben lang habe ich geschrieben. Mit dem Tagebuchschreiben ging es los, als ich zwölf Jahre alt war. Seitdem füllten sich viele, viele Seiten. Ich notierte meine Erlebnisse und Gedanken, Wünsche und Pläne; was mich auch umtrieb, ich vertraute es meinem Tagebuch an. Das Schreiben ist für mich bis heute ein gute Möglichkeit, Dinge zu verarbeiten. Beim Schreiben überdenkt man alles noch einmal in Ruhe. An manchen Tagen gibt es nicht viel zu vermerken, an anderen kann ich kaum noch aufhören mit dem Schreiben. Neben meinen Tagebüchern finden sich unendlich viele Briefe, Postkarten und Telegramme gut sortiert nach Jahreszahlen in meinem Archiv. Korrespondenz mit Freunden und Kollegen, mit meiner Agentin, mit meinen Eltern und Geschwistern. Wir Pulvers waren allesamt eine schreibfreudige Familie. Ich fand zum Beispiel seitenlange Briefe, die mein Vater an mich verfasste, auf ganz dünnem Pergamentpapier und mit Füller geschrieben, in winziger Schrift und kaum zu entziffern, das Blatt Papier so gut ausnutzend wie nur möglich. Typisch Papa, immer sparsam.

Bei der Durchsicht des Korrespondenzordners von 1956 stieß ich auf einen Brief, von dem ich im ersten Moment annahm, dass er von mir selbst stammte. Die Schrift ist meiner sehr ähnlich, nur viel schöner. Dann schaute ich auf die letzte Seite, die Unterschrift: »Blacky«. Mein guter Freund Joachim Fuchsberger, ein langjähriger Weggefährte, der leider schon verstorben ist. In dem Jahr, in dem er mir diesen Brief schickte, 1956, lernten wir uns kennen. Die Freundschaft hielt ein Leben lang.

Smaragden-Geschichte war der Titel eines Fernsehspiels, das uns zusammenbrachte. Es war die Anfangszeit des Fernsehens. Fernsehfilme, wie man sie heute kennt, gab es damals eigentlich noch nicht, sondern die sogenannten Fernsehspiele, die den Charakter eines abgefilmten Theaterstücks hatten. Bei der *Smaragden-Geschichte* handelte es sich um eine Kriminalkomödie, die live gespielt und ausgestrahlt wurde. Im Vorspann war zu lesen: »Die Geschichte ist bestimmt nicht wahr, spielt aber in London und Umgebung«. Ein charmanter Juwelendieb, gespielt von Blacky, treibt seit einiger Zeit sein Unwesen. Scotland Yard ist ihm auf der Spur. Sein neuestes Opfer ist die junge Jennifer, dargestellt von mir, der er ein kostbares Smaragdcollier stiehlt. In Blacky war ich anfangs ganz verschossen, aber natürlich wurde daraus nichts, denn er war bereits mit seiner großen Liebe Gundel verheiratet. Stattdessen freundeten wir drei uns an und blieben auch in Kontakt, nachdem das Fernsehspiel ausgestrahlt worden war. Unsere Wege kreuzten sich immer wieder, zusammen einen Film gedreht haben wir aber nie mehr. Eines unserer letzten Treffen fand anlässlich meines 75. Geburtstags statt, damals äußerte Blacky einen

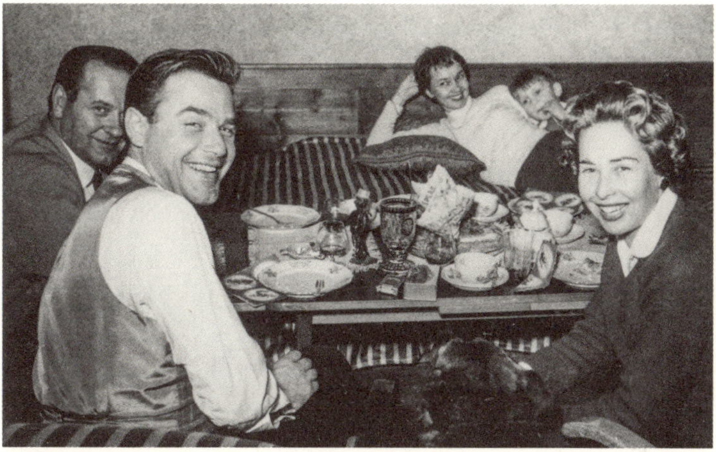

Weihnachtsfeier bei Fuchsbergers, 1956

großen Wunsch: Noch einmal wolle er mit mir vor einer Kamera stehen. Ich sagte ja, leider aber klappte es dann doch nicht mehr. Es kommt im Leben meistens anders, als man es sich wünscht.

In unserer Anfangszeit, Mitte der fünfziger Jahre, waren wir, Gundel, Blacky und ich, ein unschlagbares Trio, wir unternahmen viel gemeinsam. Weihnachten 1956 luden mich Gundel und Blacky zu sich nach Hause ein. Auf dem Foto lachen wir gesättigt und bester Stimmung in die Kamera. Das Abendessen hatten wir gerade hinter uns gebracht, wie man dem überbordenden Tisch ansieht. Und ich fläzte mich gemütlich aufs Sofa.

Blacky nahm in jungen Jahren Judounterricht, was ich eines Tages ganz zufällig erfuhr, als Gundel erzählte, dass er sie regelmäßig – spaßeshalber – mit einer besonderen Technik über seine Schulter werfe. Das könne er auch mal an mir ausprobieren, sagte ich spontan. Im nächsten Moment griff er mich, und ich landete – sanft – auf dem Boden. Was bei mir einen meiner legendären Lachanfälle auslöste. Daraufhin sagte Blacky, er verspreche mir, ab sofort werde er mich, wann und wo auch immer wir uns begegnen sollten, mit dem Schulterwurf begrüßen. Das solle ich mir gut merken – und damit für die Zukunft gewappnet sein. Denn Blacky hielt sein Versprechen. Und es war ihm egal, ob wir uns bei einer Fernsehsendung, im privaten Rahmen oder in Abendkleidung auf einer Gala trafen. Als Erstes wirbelte er mich durch die Luft. Daraus wurde unser ganz persönliches Ritual, das wir 50 Jahre pflegten. Bei unseren letzten Begegnungen fiel der Wurf dann nicht mehr ganz so beschwingt und locker aus wie zu unseren Anfängen.

Blacky verfügte über einen wunderbaren Sprachwitz, von dem auch seine Briefe durchdrungen waren. Wir flachsten immer herum. Bestes Beispiel ist sein Brief, den er mir nach Abschluss unserer Fernsehproduktion auf dem Weg zu den Dreharbeiten für *Symphonie in Gold* schrieb. In Schönschrift und in Reimform! Eine kleine Liebeserklärung mit Augenzwinkern an unsere frisch entstandene Freundschaft:

700 Kilometer – und inzwischen etwas später –
aus den Augen immerhin,
aber mitten drinn im Sinn.
Draußen Stürme und kalter Regen –
innen warm – nur deinetwegen.
Hab' im Auto halb geträumt –
deshalb Zug beinah versäumt –

Auszug aus einem Brief meines guten Freundes Joachim Fuchsberger, 1956

»700 Kilometer – und inzwischen etwas später –
aus den Augen immerhin,
aber mitten drinn im Sinn.
Draußen Sturm und kalter Regen –
immer warm – nur Deinetwegen.
Hab' im Auto halb geträumt –
deshalb Zug beinah versäumt –
[...]
München – Frankfurt – Koblenz – Bonn –
siehst wohl, das kommt davon!
Spiel mit Pulver stets gefährlich –
mir inzwischen unentbehrlich!
Müssen Fernsehen wiederholen –
Du hast mir viel mehr gestohlen –
liebes [unleserlich], bleib mir hold.
Morgen »Symphonie in Gold« –
ich soll auch noch konferieren,
kluges Wort spazieren führen,
leider völlig außerstand,
da ver-pulvert der Verstand.
Bin jetzt müde, geh ins Bett.
[...]
Lass mich auf Anerkennung hoffen,
bedenk' ich bin schon halb besoffen.
Blacky.

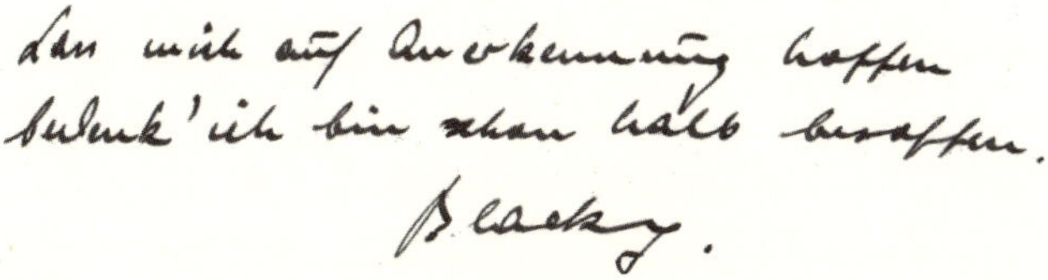
Lass mich auf Anerkennung hoffen
bedenk' ich bin schon halb besoffen.
Blacky.

Wenn es früher eilig war und der Postweg zu langwierig, dann schickte man sich Telegramme. Heutzutage, da die Menschen rund um die Uhr per Mail erreichbar sind, wirkt die Kommunikation per Telegramm wie aus der Zeit gefallen. Im Gegensatz zu epischen Briefen musste man sich bei einem Telegramm kurz fassen, jedes Wort kostete Geld. Dies sei für jene gesagt, die nach dem Ende des Telegramms zur Welt kamen.

Im März 1958 versuchte Will Quadflieg, mich dringend zu kontaktieren, wie man in dem Telegramm nachlesen kann, das mich schließlich im Hotel Lancaster in Paris erreichte. Erst hatte er es erfolglos bei meiner Mutter in Zürich versucht, dann im Münchner Hotel Königshof, aus dem ich bereits ausgecheckt hatte. Die Schnitzeljagd endete in Paris, wo ich zu der Zeit den Film *Le Joueur* mit Gérard Philipe drehte.

»Lieselottchen rufe mich bitte an 86 03 54 Hamburg Grüsse Will Quadflieg« – lautete die Nachricht an mich.

Mit Quadflieg hatte ich meine ersten Bühnenerfahrungen gesammelt. Als ich 1949 die Chance bekam, am Schauspielhaus Zürich zu spielen, griff ich sofort zu, auch wenn es nur eine kleine Rolle war, besser gesagt zwei. Für *Faust II* suchte man die Besetzung für zwei Knabenrollen, Euphorion und ein Wagenlenker. Zum Ensemble gehörte neben Gustav Knuth auch Will Quadflieg, damals schon ein großer Schauspielstar, der mir, dem Neuling, der Anfängerin, Mut machte, wenn etwas schiefging, und mir gute Ratschläge gab, wenn ich mal nicht weiterwusste. Bei den Proben zu *Faust II* kam es zu der schon legendären Anekdote, die ich

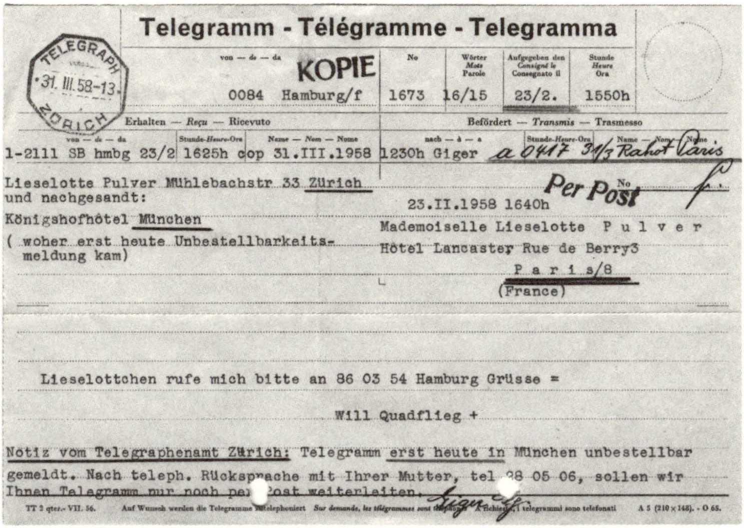

Telegramm - Télégramme - Telegramma

TELEGRAPH ZÜRICH 31. III. 58-13

KOPIE

von — de — da	No	Wörter Mots Parole	Aufgegeben den Consigné le Consegnato il	Stunde Heure Ora
0084 Hamburg/f	1673	16/15	23/2.	1550h

Erhalten — Reçu — Ricevuto / Befördert — Transmis — Trasmesso

1-2111 SB hmbg 23/2 1625h cop 31.III.1958 1230h Giger a 0417 31/3 Rahot Paris

Lieselotte Pulver Mühlebachstr 33 Zürich
und nachgesandt:
Königshofhôtel München
(woher erst heute Unbestellbarkeitsmeldung kam)

Per Post

23.II.1958 1640h
Mademoiselle Lieselotte Pulver
Hôtel Lancaster Rue de Berry3
Paris/8
(France)

Lieselottchen rufe mich bitte an 86 03 54 Hamburg Grüsse =

Will Quadflieg +

Notiz vom Telegraphenamt Zürich: Telegramm erst heute in München unbestellbar gemeldt. Nach teleph. Rücksprache mit Ihrer Mutter, tel 28 05 06, sollen wir Ihnen Telegramm nur noch per Post weiterleiten.

TT 2 qter.- VII. 56. Auf Wunsch werden die Telegramme telephoniert Sur demande, les télégrammes sont téléphonés A richiesta, i telegrammi sono telefonati A 5 (210 × 148). - O 65.

Telegramm von Will Quadflieg, 1958

gern erzähle. Regie führte Leonard Steckel, Stecki genannt, der wegen seiner cholerischen Anfälle gefürchtet wurde. Manche nannten ihn »Stecki der Schreckliche«. Man konnte es ihm nur schwer recht machen. Als ich einmal während einer Probe nicht sofort das umsetzte, was Stecki verlangte, brüllte er aus dem Zuschauerraum: »Merken Sie sich das endlich mal, Sie Arschloch! Ein Wahnsinn, dass man Sie engagiert hat!« Das saß. Schweigen. Und ich seelenruhig: »Zu meinem Arschloch können Sie du sagen!« Und er fiel vor Lachen fast vom Stuhl. Im Sommer 1957 spielte ich erneut mit Will Quadflieg Theater, *Emilia Galotti*, bei den Salzburger Festspielen. Was genau der Grund war, warum mich Will im März 1958 so dringend sprechen wollte und mir dieses Telegramm schickte, kann ich mit Gewissheit nicht mehr sagen. Aber ich glaube, er wollte mich damals für ein weiteres Theaterprojekt gewinnen, welches jedoch letztlich nicht zustande kam.

Dass Telegramme nicht rechtzeitig beziehungsweise viel zu spät und über Umwege ihren Empfänger erreichten, war keine Seltenheit, in meinem Fall besonders, weil ich ständig unterwegs war und wichtige Nachrichten ausgerechnet dort landeten, wo ich mich gerade nicht aufhielt. Umso ärgerlicher, wenn durch fehlgeleitete Post eine gute Rolle flöten ging. So geschah es, als mich Gustaf Gründgens fürs Theater engagieren wollte, was mein großer Traum war. Fast hätte es geklappt …

Gründgens lernte ich 1960 kennen. 18 Jahre lang hatte er vor keiner Filmkamera gestanden. Jetzt sollte Helmut Käutner mit Gründgens in der Hauptrolle *Das Glas Wasser* verfilmen. Gründgens war eine lebende Legende, eine Ikone, Schauspieler, Regisseur, Intendant in Personalunion. Und ich durfte neben ihm die Königin Anna von England spielen, die weibliche Hauptrolle. *Das Glas Wasser* war die Verfilmung des fünfaktigen französischen Lustspiels *Le Verre d'Eau* von Eugène Scribe, ein Ränkespiel am englischen Hof zu Beginn des 18. Jahrhunderts während des Spanischen Erbfolgekriegs. Das Besondere an dem Film waren die reduzierten Bühnenbilder, die an ein Theaterstück erinnerten. Gründgens war besetzt als Sir Henry St. John, Politiker, Journalist und Ratgeber der Königin. Hilde Krahl gab die Herzogin von Marlborough, und der junge attraktive Horst Janson spielte einen Offizier, in den sowohl Königin als auch Herzogin ganz vernarrt waren. Sir Henry und die Herzogin lassen nichts unversucht, um jeweils gegen den anderen zu intrigieren und um meine Gunst, die der Königin, zu gewinnen. Am Ende trägt Sir Henry den Sieg davon. *Das Glas Wasser* war auch ein Musical. Als Königin Anna singe ich in einer Szene, ganz in Weiß gekleidet, in einem weißen Saal des Schlosses, traurig das Lied »Schöne Queen, arme Queen, du hast alles, nur nicht ihn«.

Mit Gründgens zu arbeiten, machte mich schon ein wenig nervös, ja, ich hatte wirklich Lampenfieber vor meinen Szenen mit ihm. Der Text war anspruchsvoll, es handelte sich um lange Passagen. Um neben Gründgens zu bestehen, musste ich besser denn je vorbereitet sein und lernte so intensiv wie selten zuvor. Gedreht wurde zwei Monate lang in Hamburg, von Februar bis März 1960. Als ich einmal einen Tag drehfrei hatte, schickte mir Gründgens einen großen Blumenstrauß ins Hotel. Auf der Karte, die er dazu geschrieben hatte, stand nur ein Satz: »Filmen ohne Sie ist halb so lustig!« Bedauerlicherweise habe ich diese Karte in meinem Archiv nicht wiedergefunden. Weiß der Himmel, was aus ihr wurde. Stattdessen fiel mir der dreiseitige handschriftliche Entwurf eines Briefes in die Hände – inklusive Verbesserungen und Streichungen –, in dem ich mich auf seine Karte mit dem schönen Kompliment berief.

»Sehr verehrter lieber Herr Gründgens«, schrieb ich im Januar 1961, »›Filmen ohne Sie ist halb so lustig!‹ Nun ist es ein ganzes Jahr her seit dem Glas Wasser, leider bekam ich Sie nie mehr in natura zu Gesicht und schlug mich halb so lustig allein durch die verschiedenen Ateliers. Als Entschädigung verschlang ich Ihren Faust-Film und fiel von Erstaunen in Bewunderung, von Bewunderung in Verzückung über Ihren Mephisto. Ich habe Sie unglücklicherweise nie in dieser Rolle auf der Bühne gesehen. Aber meine Erwartungen wurden himmelhoch übertroffen. Es gibt wohl nichts Allgemeingültigeres als Ihren Mephisto. Einfach phantastisch! Nur das Traurige ist, dass an dem Tag, da ich den Faust in Baden-Baden sah, ein Telegramm von Will Quadflieg in meiner Münchner Wohnung sang- und klanglos verscholl. Ein stupider Hausmeister hatte es vergessen nachzuschicken. Als ich es endlich nach 14 Tagen erhielt, konnte ich Will nicht erreichen und als ich ihn endlich erreichte, war es zu spät, an Ihrem Theater Pygmalion zu spielen. So was kann nur mir passieren. Kann nur mit Lessing sagen: ›Ein Schritt vorm Ziel oder es niemals erreichen, ist es nicht im Grunde dasselbe?‹ Ich war natürlich untröstlich – bitte vergessen Sie nie, dass es für mich das Höchste wäre, unter Ihrer Regie an Ihrem Theater zu spielen. Zum Schluss wünsche ich Ihnen noch von Herzen toi toi toi für Ihr Gastspiel in New York. Sie werden in New York eine Sensation auslösen. Ich sende Ihnen meine besten Wünsche und verbleibe in tiefer Verehrung, Ihre arme Queen Pulver.«

Eine weitere Gelegenheit, unter Gründgens' Regie zu spielen, bot sich mir nicht mehr. Was ich zutiefst bedauerte. Nur zwei Jahre später starb Gründgens in der Nacht vom 6. auf den 7. Oktober 1963 in einem Hotel in der philippinischen Hauptstadt Manila an einer Überdosis Schlaftabletten. »Ich habe, glaube ich, zu viel Schlafmittel genommen, mir ist ein bisschen komisch. Lass mich ausschlafen«, lauteten seine letzten Worte, niedergeschrieben auf einem Luftpost-Briefumschlag.

 Entwurf eines Briefes an Gustaf Gründgens, 1961

München, Ohmstr. 6, 25. Jan. 1961
~~Rom, Bali~~

Sehr verehrter lieber Herr Gründgens,

„Filmen ohne Sie ist halb so lustig!" Nun ist es ein ganzes Jahr her, seit dem Glas Wasser; ~~und ich~~ leider bekam Sie ~~bitte~~ nie mehr in natura zu Gesicht und schlug mich halb so lustig allein durch die verschiedenen Ateliers. ~~Dafür saß ich nicht halb, sondern völlig erschlagen in Ihrem Film, von ihm~~ Als Entschädigung verschlang ich Ihren Faust Film und fiel vom ~~einem~~ Erstaunen in Bewunderung von der Bewunderung in Verzückung über Ihren Mephisto. Ich habe Sie unglücklicherweise noch

2.

wie ich diese Rolle je auf der Bühne gesehen. Aber meine Erwartungen wurden himmelhoch übertroffen. Es gibt wohl nichts Allgemeingültigeres als den Mephisto. Einfach phantastisch!

Das Traurige ist, dass am Tag, da ich den Faust in Baden-Baden sah, ein Telegramm von Will Quadflieg in meiner Münchener Wohnung sang- und klanglos verscholl. Ein stupider Hausmeister hatte es vergessen nachzuschicken. Als ich es endlich nach vierzehn Tagen erhielt, konnte ich Will nicht erreichen und als ich ihn endlich erreichte, war es zu spät – an seinem Theater Pygmalion zu spielen. So was kann nur mir passieren. Da kann ich nur mit Lessing sagen: Ein Schritt vom Ziel, oder es

3.

niemals erreichen, ist es nicht im Grunde dasselbe?"

Ich war natürlich untröstlich – ~~hoffentlich~~ bitte vergessen Sie nie, dass es für mich das Höchste wäre, unter Ihrer Regie ~~[illegible]~~ und an Ihrem Theater zu spielen.

Zum Schluss wünsche ich Ihnen noch von Herzen toi-toi-toi für Ihr Gastspiel in New York, Sie werden in New York eine Sensation auslösen.

Ich sende Ihnen meine besten Grüße und verbleibe in tiefer Verehrung

Ihre ~~Ihre schöne~~, arme [illegible] [illegible]

Will Quadflieg nannte mich »Lieselottchen«, für Otto – O. W. Fischer – war ich die »Mamma Lisa«. Das gefiel ihm besser als Lilo. Otto nannte mich immer Lisa. Als er mir im Oktober 1962 einen Brief schrieb, bereitete Artur Brauner gerade unseren nächsten gemeinsamen Film vor, *Frühstück im Doppelbett*, der im folgenden Jahr gedreht werden sollte. Wer die Regie übernehmen sollte, war noch nicht entschieden. Axel von Ambesser war im Gespräch und Brauners Favorit. Und auch ich wollte unbedingt mit ihm arbeiten, hatte ich doch gerade erst *Kohlhiesels Töchter* mit ihm gedreht und die besten Erfahrungen gemacht. Otto sah das völlig anders und präferierte Rudolf Jugert, einen damals ebenfalls sehr bekannten Regisseur, mit dem Otto bereits gearbeitet hatte.

Wie ich schon sagte, Otto war ein Freigeist, konnte aber auch ein Querkopf sein, der mit seiner Meinung nicht hinter dem Berg hielt. Er schrieb mir: »Ich lehne Ambesser ab (was Brauner ausdrücklich bekannt war). Ich mag Ambesser nicht, ebenso wenig wie er mich mag und für so eine charmante Seifenblase müsste doch gute Stimmung im Atelier sein. [...] Ich habe mehr als guten Willen gezeigt, d. h. mich wochenlang bereits mit meinen Texten sowie denen des ›Naturburschen‹ beschäftigt, der auch eine sehr gute Rolle werden müsste. [...] Wenn Du eine Lösung siehst, ruf mich an [...].« Und versöhnlich endet Otto mit »in alter Bewunderung bin ich Dein, Mütter respektvoll liebender Otto«.

Am Ende setzte sich von Ambesser durch, und unter seiner Regie entstand eine wunderbar beschwingte Komödie. Ganz Profi ließ sich Otto bei den Dreharbeiten nichts von seinem Ärger im Jahr zuvor anmerken.

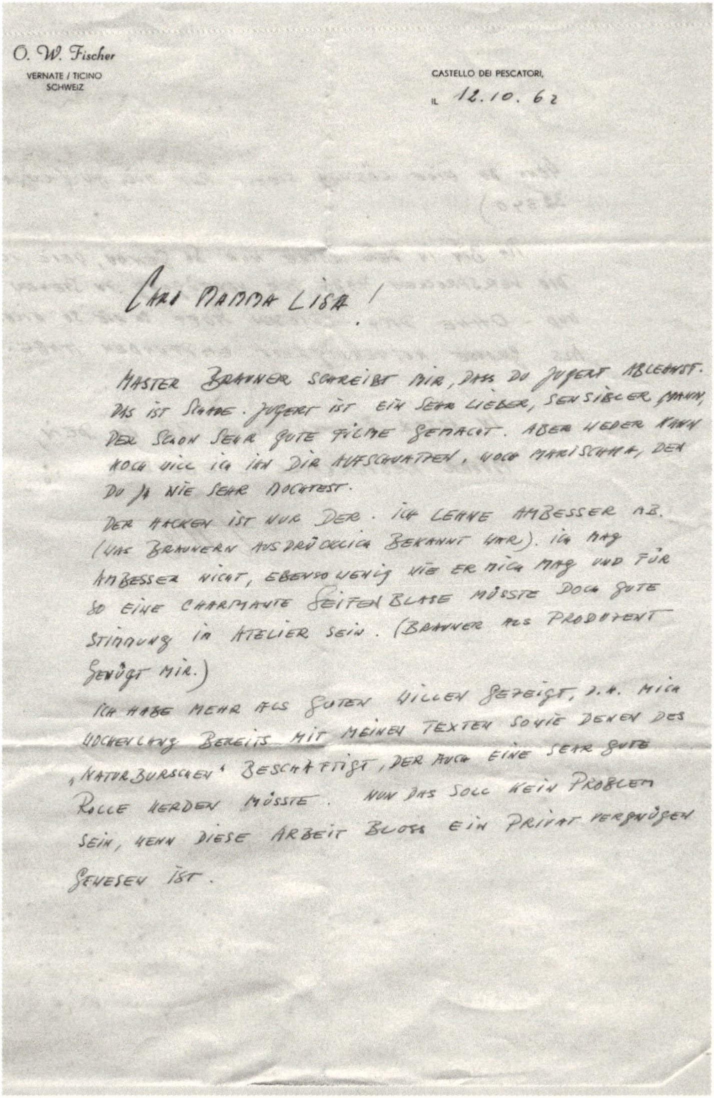

O. W. Fischer
VERNATE / TICINO
SCHWEIZ

CASTELLO DEI PESCATORI,
IL 12.10.62

Cara Mamma Lisa!

Master Brauner schreibt mir, dass du Jugert ablehnst. Das ist schade. Jugert ist ein sehr lieber, sensibler Mann, der schon sehr gute Filme gemacht. Aber weder kann noch will ich ihn dir aufschwatzen, noch Marischka, den du ja nie sehr mochtest.
Der Haken ist nur der. Ich lehne Ambesser ab. (was Braunern ausdrücklich bekannt war). Ich mag Ambesser nicht, ebensowenig wie er mich mag und für so eine charmante Seifenblase müsste doch gute Stimmung im Atelier sein. (Brauner als Produzent genügt mir.)
Ich habe mehr als guten Willen gezeigt, d.h. mich wochenlang bereits mit meinen Texten sowie denen des „Naturburschen" beschäftigt, der auch eine sehr gute Rolle werden müsste. Nun das soll kein Problem sein, wenn diese Arbeit bloss ein Privatvergnügen gewesen ist.

Brief meines geschätzten Kollegen O. W. Fischer, 1962

WENN DU EINE LÖSUNG SIEHST, RUF MICH AN (LUGANO 32340)

ICH BIN IN DER SACHE NUR SO GENAU, WEIL ICH DIR VERSPROCHEN HABE, ZUR VERFÜGUNG ZU STEHEN UND – OHNE DICH – DIESEN STOFF SO WIE SO NICHT ALS GROSSE NOTWENDIGKEIT EMPFUNDEN HABE.

IN ALTER BEWUNDERUNG BIN ICH DEIN,
MÜDER RESPEKTVOLL LIEBENDER

Otto

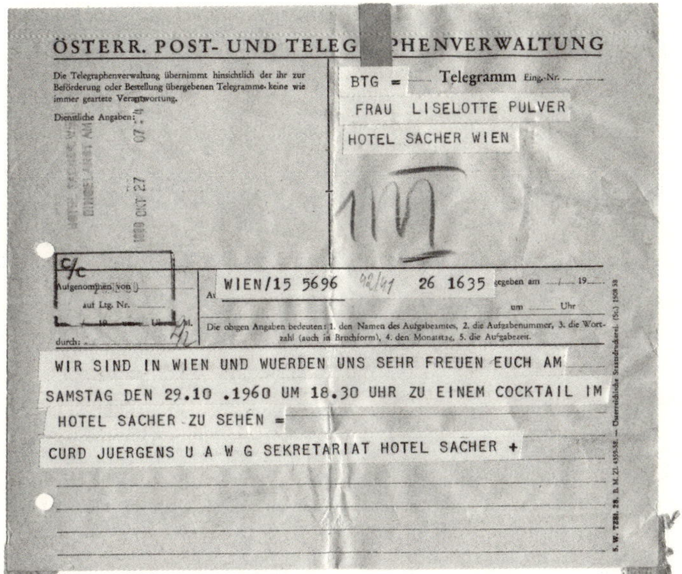

ÖSTERR. POST- UND TELEGRAPHENVERWALTUNG

Die Telegraphenverwaltung übernimmt hinsichtlich der ihr zur Beförderung oder Bestellung übergebenen Telegramme keine wie immer geartete Verantwortung.

Dienstliche Angaben:

BTG = Telegramm Eing.-Nr.

FRAU LISELOTTE PULVER

HOTEL SACHER WIEN

Aufgenommen von / auf Ltg. Nr. / durch:

WIEN/15 5696 42/41 26 1635 gegeben am 19 um Uhr

Die obigen Angaben bedeuten: 1. den Namen des Aufgabeamtes, 2. die Aufgabenummer, 3. die Wortzahl (auch in Bruchform), 4. den Monatstag, 5. die Aufgabezeit.

WIR SIND IN WIEN UND WUERDEN UNS SEHR FREUEN EUCH AM SAMSTAG DEN 29.10 .1960 UM 18.30 UHR ZU EINEM COCKTAIL IM HOTEL SACHER ZU SEHEN =

CURD JUERGENS U A W G SEKRETARIAT HOTEL SACHER +

Einladung von Curd Jürgens per Telegramm, Oktober 1960

Einen regen Austausch von Briefen und Telegrammen gab es mit Curd Jürgens, von ihm und unserer Freundschaft habe ich bereits erzählt. Beide waren wir ständig in der Welt unterwegs, er noch viel mehr als ich. Aber wann immer wir wussten, dass der andere gerade in derselben Stadt war, haben wir uns verabredet. Nachdem die Außenaufnahmen für *Gustav Adolfs Page* beendet waren, zog das komplette Team nach Wien, wo im Atelier weitergedreht wurde. Mich hatte man im Hotel Sacher eingebucht. Dort erhielt ich ein Telegramm von Curd mit einer Einladung zu Cocktails um 18:30 Uhr im Sacher. UAWG – um Antwort wird gebeten. Ich sagte natürlich zu.

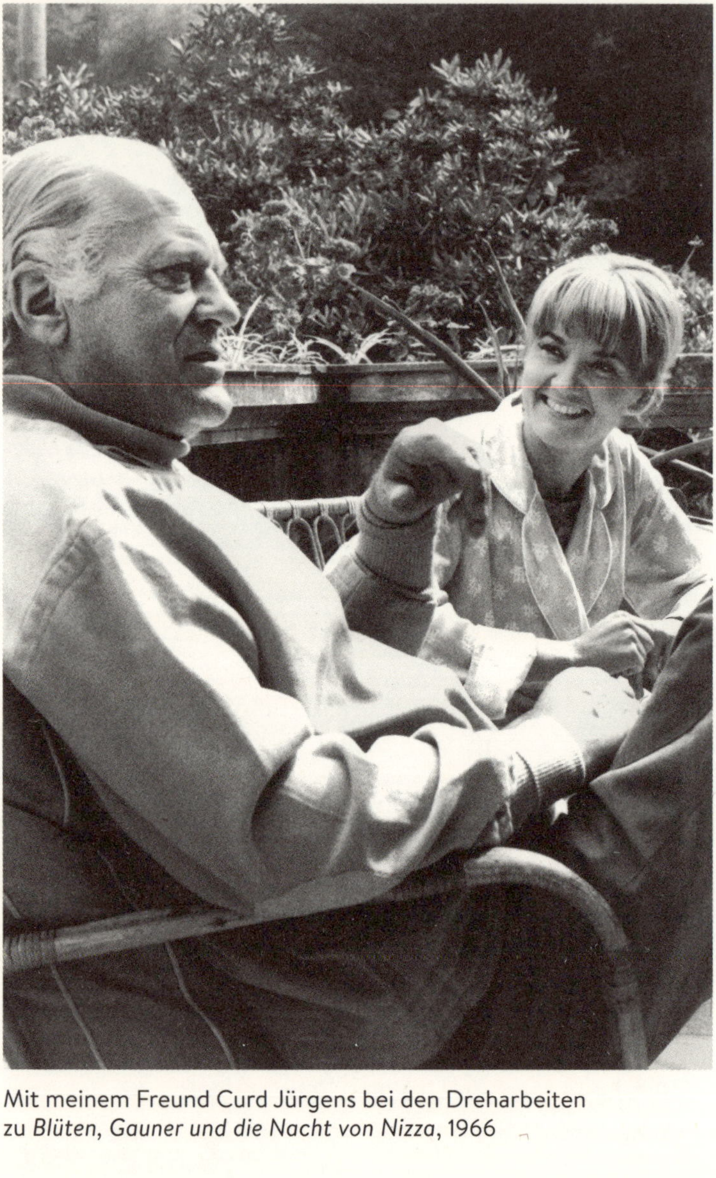

Mit meinem Freund Curd Jürgens bei den Dreharbeiten
zu *Blüten, Gauner und die Nacht von Nizza*, 1966

Oftmals diktierte Curd seine Korrespondenz einer Sekretärin, die diese dann in seinem Auftrag verschickte. »Von Herrn Jürgens diktiert in seiner Abwesenheit, von seiner Sekretärin signiert«, war auf dem Briefkopf zu lesen. Handschriftliche Briefe von Curd waren daher etwas Besonderes, und sie waren immer ungewöhnlich, enthielten versteckte Andeutungen, Verklausulierungen, waren mit Chiffren und Zeichnungen gespickt. Wie der folgende Brief, den zu entschlüsseln tatsächlich nur möglich war, wenn man Curd gut kannte.

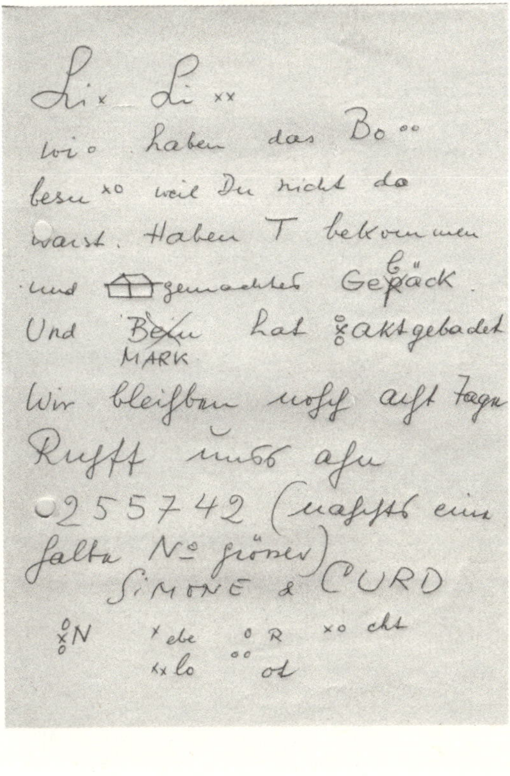
Li× Li××
wi∘ haben das Bo∘∘
besu×∘ weil Du nicht da
warst. Haben T bekommen
und gemachtes Gepäck.
Und Bexu (MARK) hat ×aktgebadet
Wir bleifben wohf auft Tage
Rufft muss afu
025742 (machts ein
falta No größer)
SIMONE & CURD
×N ×ebe ∘R ×∘cht
××lo ∘∘ot

Brief von
Curd Jürgens

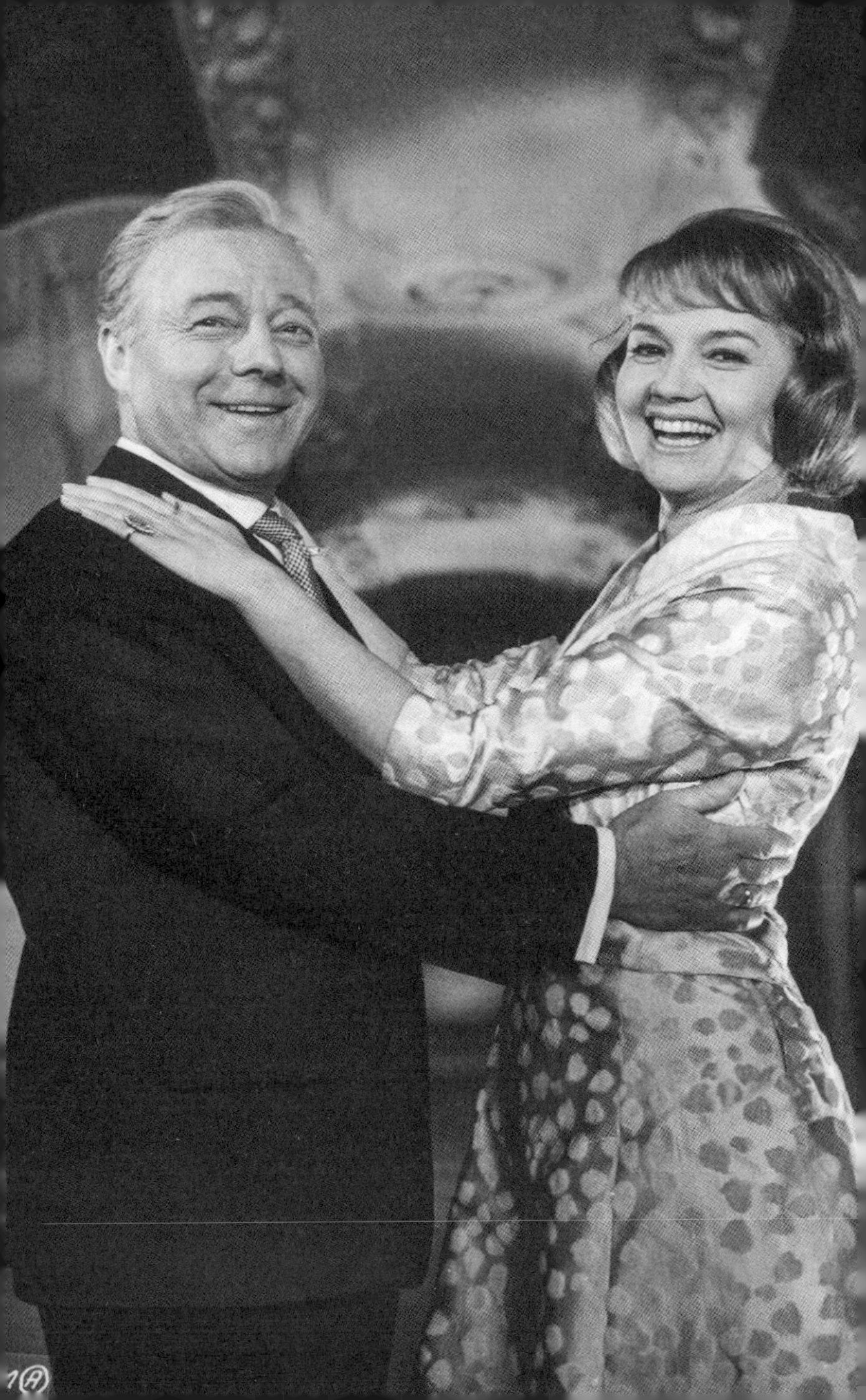

Ach, Heinz … Wie sehr habe ich ihn gemocht, diesen wunderbaren Menschen, einzigartigen Schauspieler und lebensklugen Mann.

Mit seinem pfiffigen Blick brachte er Generationen von Kinogängern zum Lachen. Er war von kleiner Statur, füllte aber jeden Raum, egal welcher Größe, sobald er ihn betrat. Das ist es, was einen »Star« wirklich ausmacht. Wenn man ihn selbst fragte, was in unseren Beruf wichtig sei, worauf es wirklich ankomme, lautete seine Antwort: »Disziplin! Ohne Disziplin geht nichts.«

Über Jahrzehnte standen wir in Kontakt und schrieben uns regelmäßig. Von Heinz kamen zumeist Karten mit nur wenigen Sätzen, aber jedes Wort hatte Gewicht. Bestes Beispiel sind die Zeilen, die er mir im Juni 1989 schrieb, damals war er bereits 87 Jahre alt.

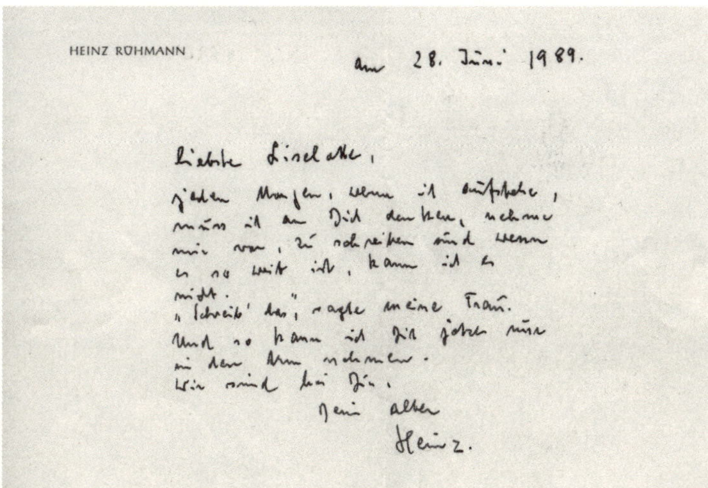

HEINZ RÜHMANN

am 28. Juni 1989.

Liebste Liselotte,

jeden Morgen, wenn ich aufstehe, muss ich an Dich denken, nehme mir vor, zu schreiben und wenn es so weit ist, kann ich es nicht.

„Schreib' das", sagte meine Frau.

Und so kann ich Dich jetzt nur in den Arm nehmen.

Wir sind bei Dir.

Dein alter

Heinz.

»Liebste Liselotte, jeden Morgen, wenn ich aufstehe, muss ich an Dich denken, nehme mir vor, zu schreiben, und wenn es so weit ist, kann ich es nicht. ›Schreib das‹, sagte meine Frau. Und so kann ich Dich jetzt nur in den Arm nehmen. Wir sind bei Dir, Dein alter Heinz!«

Im Juni 1989 war unsere Tochter Mélisande gestorben. Die Worte des Freundes taten mir gut.

Zum Jahreswechsel 1988/1989, am 28. Dezember, erhielt ich eine Karte mit diesen Worten: »Liebe Lachwurzen, liebste Liselotte, ich bin zweimal abgestürzt und konnte nicht weiterfliegen, weil die Maschine kaputt war! Aber ich mußte sofort mit einer anderen weiterfliegen, das macht man so! Alles Liebe und bald wieder, über die Welt und überhaupt, Dein alter Heinz.« Auch das war Rühmann, seine Wünsche fürs neue Jahr. Weiterfliegen, auch wenn man abgestürzt ist. Nicht aufgeben …

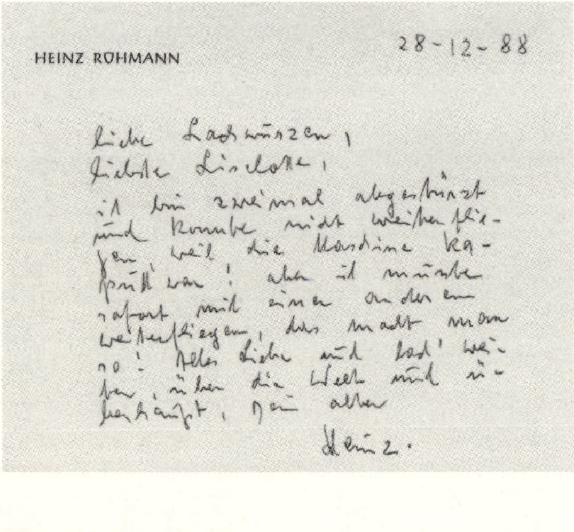
HEINZ RÜHMANN
28-12-88

Liebe Lachwurzen,
liebste Liselotte,
ich bin zweimal abgestürzt
und konnte nicht weiterflie-
gen weil die Maschine ka-
putt war! aber ich mußte
sofort mit einer anderen
weiterfliegen, das macht man
so! Alles Liebe und bald wie-
der, über die Welt und über-
haupt, Dein alter
Heinz.

Grußkarte von Rühmann zum Jahreswechsel 1988/1989

Fliegen – das war Rühmanns große Leidenschaft. Bis ins hohe Alter saß er im Cockpit, und erst mit 80 Jahren gab er seinen Flugschein ab. Sein erstes eigenes Flugzeug hatte er sich von seiner Gage für *Die Drei von der Tankstelle* gekauft. Fliegen, sagte er, das bedeute für ihn das Losgelöstsein von der Erde, das Erhobensein in eine Atmosphäre, in der man sich frei fühle, zugehörig zu den Elementen.

Aus der Politik hielt ich mich zumeist raus und vermied es, mich öffentlich politisch zu äußern. Nicht weil ich keine Meinung hatte, aber ich fühlte mich nicht dazu berufen. Dennoch gab es hier und da Begegnungen mit Politikern und Politikerinnen. Mit Hans-Dietrich Genscher waren mein Mann und ich gut befreundet, aber das hatte keine politischen Hintergründe. Hans-Dietrich und wir verstanden uns einfach gut. Nur einmal suchte ich von mir aus die Nähe zu einem Staatsmann. Und das war Konrad Adenauer. Damals war er aber schon nicht mehr im Amt. Adenauers Persönlichkeit, seine Geschichte, sein Werdegang faszinierten mich. Am 20. Juli 1966 empfing uns der ehemalige deutsche Bundeskanzler in seinem Bonner Büro. Er war damals schon über 90 Jahre alt, strahlte aber eine ungeheure Jugendlichkeit aus. Eingefädelt hatte das Treffen der damalige Fraktionschef Rainer Barzel, der Adenauer auf meinen Wunsch, ihn kennenzulernen, ansprach und dessen Einwilligung erhielt. Am 12. Juli schrieb Barzel mir: »Er ist gern bereit, Sie zu empfangen und Ihnen seine Memoiren mit seiner Widmung zu überreichen. Sein Büro hat die Anweisung, alles zu arrangieren, wenn Sie sich melden, gnädige Frau.«

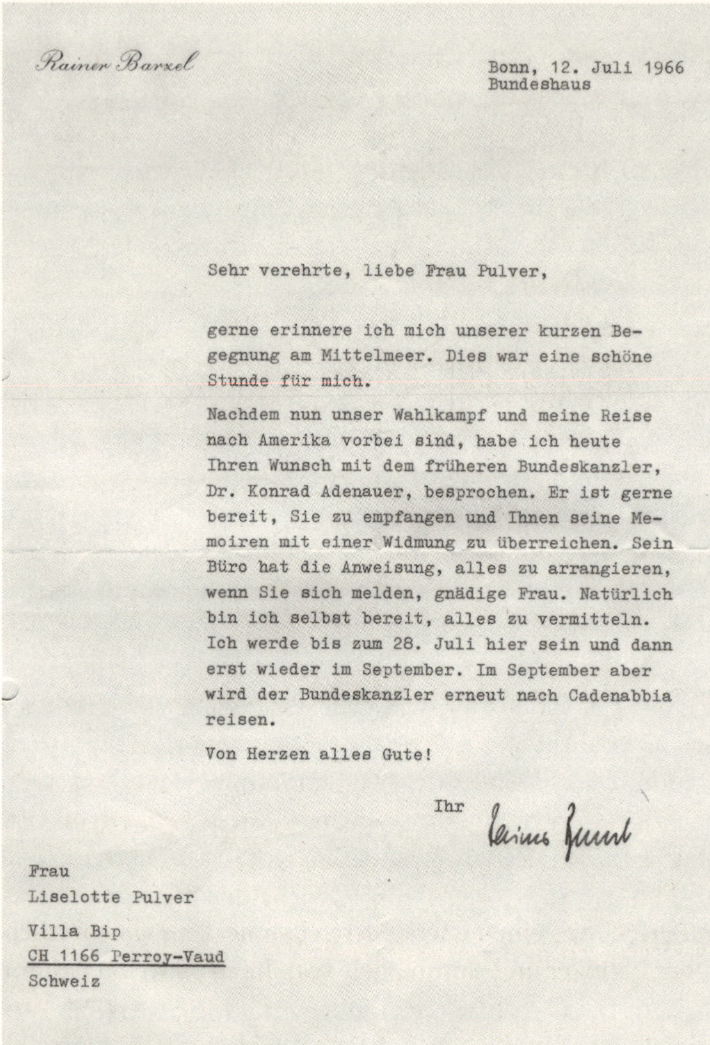

Rainer Barzel

Bonn, 12. Juli 1966
Bundeshaus

Sehr verehrte, liebe Frau Pulver,

gerne erinnere ich mich unserer kurzen Begegnung am Mittelmeer. Dies war eine schöne Stunde für mich.

Nachdem nun unser Wahlkampf und meine Reise nach Amerika vorbei sind, habe ich heute Ihren Wunsch mit dem früheren Bundeskanzler, Dr. Konrad Adenauer, besprochen. Er ist gerne bereit, Sie zu empfangen und Ihnen seine Memoiren mit einer Widmung zu überreichen. Sein Büro hat die Anweisung, alles zu arrangieren, wenn Sie sich melden, gnädige Frau. Natürlich bin ich selbst bereit, alles zu vermitteln. Ich werde bis zum 28. Juli hier sein und dann erst wieder im September. Im September aber wird der Bundeskanzler erneut nach Cadenabbia reisen.

Von Herzen alles Gute!

Ihr

Frau
Liselotte Pulver

Villa Bip
CH 1166 Perroy-Vaud
Schweiz

Post aus Bonn – Rainer Barzel schrieb mir im Juli 1966 anlässlich meines geplanten Besuchs bei Konrad Adenauer

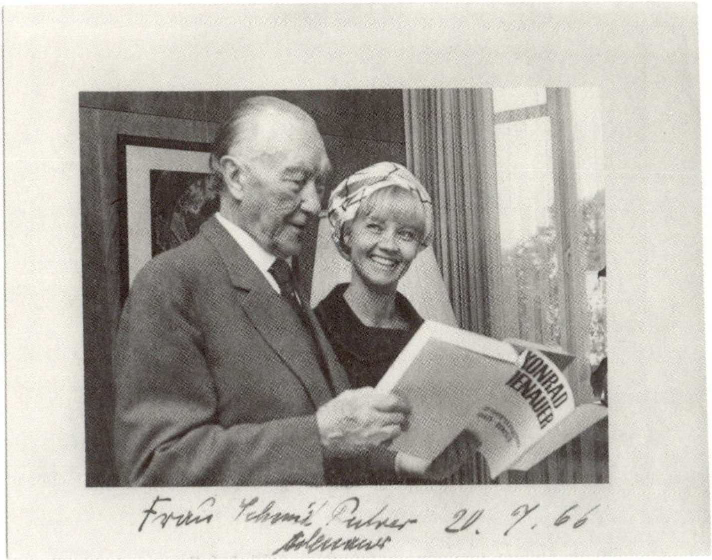

Besuch bei Adenauer. Mit persönlicher Widmung des Altkanzlers

Acht Tage später war alles arrangiert. Worüber redet man mit einem Bundeskanzler a. D., wenn nicht über Politik? Zum Beispiel über die Schweiz. Adenauer berichtete von seinen früheren Urlauben in meiner Heimat. Die Eidgenossen hätten es aber nicht gern gesehen, wenn er von dort aus als Kanzler seine Regierungsgeschäfte tätigte, wegen ihrer Neutralität. Wir unterhielten uns über meine Filme, von denen Adenauer den einen oder anderen kannte. Und wir sprachen über Politiker und warum viele von ihnen so wenig Humor hätten. Dabei lachte Adenauer selbst am meisten. Ich war von ihm sehr beeindruckt, voller Respekt vor seiner Lebensleistung. Ein knappes Jahr später, im April 1967, hörte ich im Radio die traurige Nachricht von seinem Tod.

Später lernte ich auch Bundeskanzler Helmut Schmidt kennen. Ihm und seiner Frau Loki begegnete ich gelegentlich bei öffentlichen Veranstaltungen. Loki war eine Frau, die über die Gabe verfügte, mit ihrer natürlichen Art die Herzen der Menschen zu öffnen. Für viele Frauen wurde sie zu Recht zu einem Vorbild. Als Helmut Schmidt 1974 die Nachfolge von Willy Brandt antrat, schickte ich ihm meine besten Wünsche für seine Amtszeit. Und aus dem Bonner Kanzleramt kamen prompt ein paar Dankesworte.

Es kam immer wieder zu nicht ganz ernst gemeinten Verwechslungen von Helmut Schmidt, dem Kanzler, mit Helmut Schmid, meinem Mann. Einmal, bei einem Empfang, standen mein Mann und ich gleich neben dem Bundeskanzler, und die anderen Anwesenden klopften Sprüche. Wer denn nun wer sei bei den beiden Helmuts… Der Bundeskanzler grinste in die Menge und sagte im schönsten Hamburgisch: »Schmidt mit ›t‹! Das ist der Unterschied!«

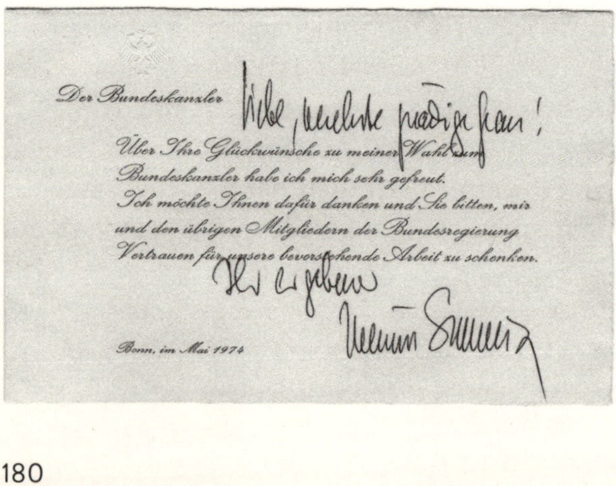

Der Bundeskanzler

Über Ihre Glückwünsche zu meiner Wahl zum Bundeskanzler habe ich mich sehr gefreut.
Ich möchte Ihnen dafür danken und Sie bitten, mir und den übrigen Mitgliedern der Bundesregierung Vertrauen für unsere bevorstehende Arbeit zu schenken.

Ihr ergebener
Helmut Schmidt

Bonn, im Mai 1974

Post von Bundeskanzler Schmidt, 1974

20.
So viele wunderbare Begegnungen

Beim Blättern durch meine alten Fotoalben begegne ich so vielen großartigen Persönlichkeiten wieder, an die ich lange nicht mehr gedacht habe, Erinnerungen kommen hoch, an Kollegen, die mich auf meinem Weg begleiteten, die meisten von ihnen sind nicht mehr unter uns, andere erfreulicherweise noch immer aktiv im Film- und Fernsehgeschäft – und das im hohen Alter.

Auch wenn sich Romy Schneiders und meine Wege beruflich nie kreuzten, so sind wir uns im Laufe der Jahre doch immer wieder begegnet. Wie auch bei einer Veranstaltung im Jahr 1958, auf der Romys Mutter Magda Schneider ebenfalls zu Gast war, die, selbst Schauspielerin, die Karriere ihrer Tochter von Beginn an gefördert hatte. Romy Schneider war neun Jahre jünger als ich, gerade mal 20 Jahre alt auf der Aufnahme. Eine wunderschöne Frau. Kaum zu glauben, dass sie damals schon so viele Filme gedreht hatte. Mit 14 spielte sie ihre erste Rolle in *Wenn der weiße Flieder wieder blüht*, mit 16 stand sie im ersten *Sissi*-Film vor der Ka-

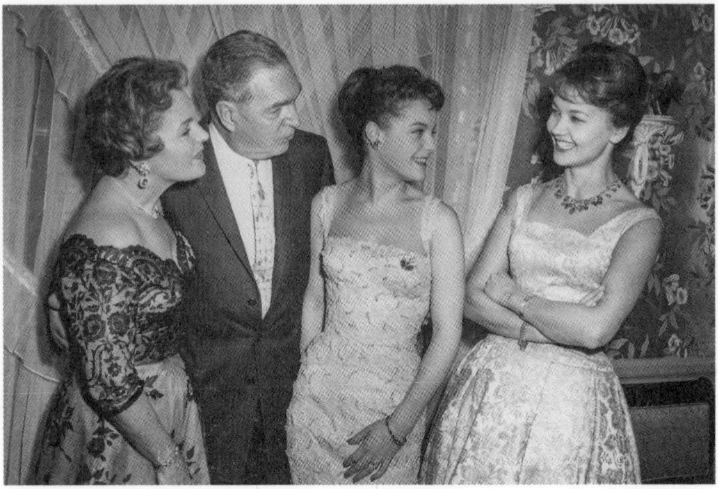

Begegnung mit Romy Schneider und ihrer Mutter Magda, 1958

mera und schrieb Kinogeschichte. Sissi, die Rolle ihres Lebens, die sie am Ende wohl mehr als Fluch denn als Segen empfunden haben mag. Die *Sissi*-Filme fanden auch in den USA ein großes Publikum, und Romy erhielt Angebote aus Hollywood. Gearbeitet hat sie dort aber letztlich nie. Als wir uns 1958 trafen, befand sie sich auf dem Sprung nach Frankreich, wo sie ebenso große Erfolge feiern sollte wie im deutschsprachigen Raum.

Romy und ich – wir waren völlig unterschiedliche Typen, wir hätten nie um die gleichen Rollen konkurriert. Und doch gab es einige Parallelen. Auch ich wagte früh den Sprung nach Frankreich, aber nicht, um mich vom deutschen Kino zu distanzieren, sondern um international bekannter zu werden. Auch Romy war gut mit Curd Jürgens befreundet, so saßen wir auf Einladung von Curd das eine oder andere

Mal gemeinsam bei einem Essen am Tisch. Als ich Anfang 1958 mehrere Wochen in Los Angeles verbrachte, gab Walt Disney einen Empfang zu Romys Ehren. Auch Curd und seine spätere Frau Simone besuchten diese Veranstaltung, die ich allein deswegen nie vergessen werde, weil Curd im Laufe des Abends zu mir kam und mir ins Ohr raunte: »Du hast einen Scheißfilm gemacht. Mach schnell einen anderen hinterher.« Dann lachte er und ging weiter. Dass Curd mein kritischer Geist war, habe ich schon erzählt. Der Film, der ihm nicht gefallen hatte, war meine US-Produktion *Zeit zu leben und Zeit zu sterben*. Curd behielt oftmals recht mit seiner Meinung, auf sein Urteil war Verlass, aber nicht in diesem Fall. Ich halte *Zeit zu leben und Zeit zu sterben* bis heute für einen meiner besten Filme. Als er mir auf Romys Empfang diesen Tadel zuflüsterte, war ich geschockt.

Ich erinnere mich an eine weitere Begegnung mit Romy, Jahre später bei einem Fest der deutschen Filmförderung. Viele Schauspieler und Filmschaffende ebenso wie Vertreter der Politik waren geladen. Willy Brandt, bereits deutscher Bundeskanzler, flog ein und ich wurde ihm vorgestellt. Beim Essen saßen Artur Brauner, Curd Jürgens und Romy Schneider mit an meinem Tisch. Damals, Anfang der siebziger Jahre, war es en vogue, offen über private Themen wie Abtreibung zu sprechen. Und jemand am Tisch fragte mich tatsächlich, wie oft ich bereits abgetrieben hätte. »*Jamais*«, antwortete ich völlig perplex – die Konversation an unserem Tisch verlief auf Französisch. Romy lächelte mich an und meinte nur: »Nun ja, Sie halten sich da raus!« Das tat ich dann auch für den Rest der Diskussion. Anschließend gingen wir auf eine Rheinfahrt, das Fest endete spätabends in der Bar des Steigenberger Hotels. Bei dieser Veranstaltung lernte ich auch Hans-Dietrich Genscher kennen, damals Bundesinnenminister der sozialliberalen Koalition, und Fan meines *Piroschka*-Films, wie er mir anvertraute. Wir waren schnell per Du und tanzten bis drei Uhr nachts.

Am 29. Mai 1982 endete das Leben von Romy Schneider auf tragische Weise und viel zu früh. Die Nachricht war für uns alle ein Schock. Im Jahr zuvor war Romys Sohn mit 14 Jahren bei einem Unfall tödlich verunglückt. In meinen Memoiren schrieb ich damals den Satz: »Sie war am Tod ihres Buben zerbrochen.« Wie unendlich schwer es ist, an einem solchen Verlust nicht zu zerbrechen, wer weiß das besser als ich.

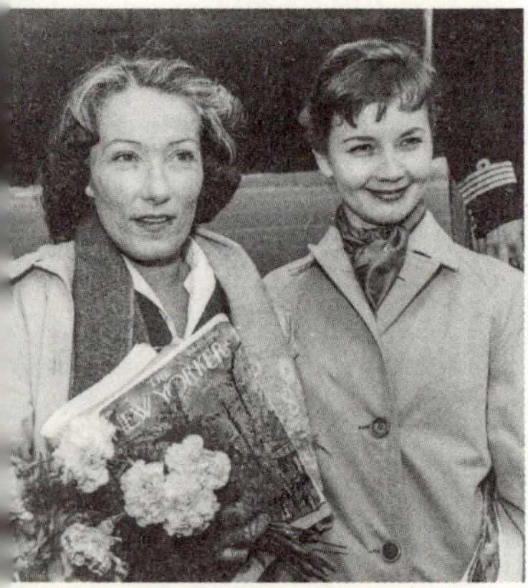

Ein kurzes, aber schönes Wiedersehen mit Brigitte Horney, 1958

Brigitte Horney – Grande Dame des Films und des Theaters. Eine couragierte Frau. Vier Jahre vor dieser Aufnahme, die 1958 auf einem Flughafen entstand, hatten wir uns bei den Dreharbeiten zu *Der letzte Sommer* kennengelernt – einer meiner beiden Filme mit Hardy Krüger. Eine mutige Frau, so nenne ich Brigitte Horney, weil sie sich während der Nazidiktatur für jüdische Kollegen einsetzte. 1945 gelangte sie in die Schweiz, wo sie an verschiedenen Bühnen Engagements fand. Ihr Fach, das waren die starken, selbstbewussten Frauen. Anfang der fünfziger Jahre übersiedelte sie in die USA und pendelte seitdem zwischen neuer und alter Heimat. Möglicherweise war sie bei unserem Treffen 1958 gerade aus Amerika kommend in Deutschland gelandet, denn sie trägt den *The New Yorker* unter ihrem Arm. In ihren späteren Jahren wurde sie ein beliebter Serienstar im deutschen Fernsehen, eine ihrer Paraderollen war die der Adele in der ARD-Reihe *Jakob und Adele* oder auch die der alten Gräfin in *Das Erbe der Guldenburgs*. Noch während der Dreharbeiten der zweiten Staffel der ZDF-Serie im Juli 1988 starb Horney in Hamburg.

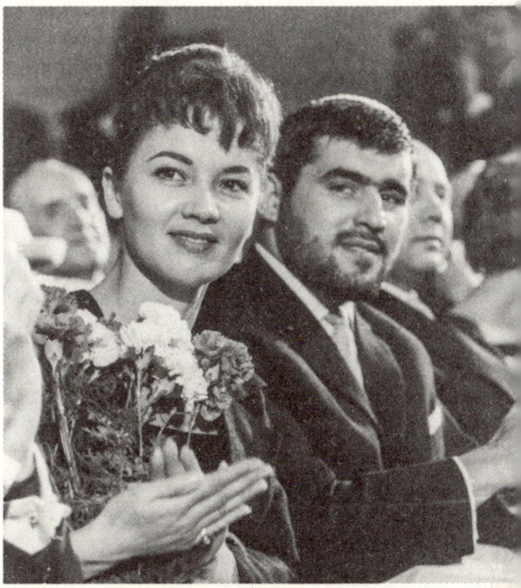

Neben mir der grandiose Mario Adorf

Hier sieht man Mario Adorf und mich 1960 bei der Verleihung des Bundesfilmpreises – heute heißt er Deutscher Filmpreis –, der renommiertesten Auszeichnung für Filmschaffende in Deutschland. Seit 1951 wird er verliehen. Ich war 1960 für meine Rolle in dem Zweiteiler *Buddenbrooks* nominiert und konkurrierte mit Ruth Leuwerik, Nadja Tiller und Vera Tschechowa um den Preis als beste Hauptdarstellerin. Tiller nahm ihn an diesem Abend mit nach Hause. Sie wurde für ihre Rolle in *Labyrinth* ausgezeichnet, einer deutsch-italienischen Co-Produktion. Ich war ein bisschen, aber nicht zu sehr enttäuscht, hatte ich doch erst zwei Jahre zuvor einen Filmpreis für *Das Wirtshaus im Spes-*

sart erhalten. Bei den männlichen Hauptdarstellern setzte sich Walter Giller durch, mit seiner Rolle in *Rosen für den Staatsanwalt*. Der Filmpreis blieb in jenem Jahr also quasi in der Familie: Nadja und Walter waren damals schon seit vier Jahren verheiratet. Auch Heinz Rühmann war 1960 nominiert – für seine Paraderolle in *Der brave Soldat Schwejk*. Zu dem Zeitpunkt kannten wir uns aber nur flüchtig, hatten noch nicht zusammen gedreht. Und: Bernhard Wicki wurde für *Die Brücke* zum besten Regisseur gekürt, noch ein Werk aus der Zeit, das deutsche Filmgeschichte schrieb. Götz George, einer der wichtigsten Darsteller der vergangenen Jahrzehnte, erhielt 1960 den Nachwuchspreis. Er war gerade 22 Jahre alt. Mario Adorf, der bei der Gala neben mir im Publikum saß, war in dem Jahr selbst nicht nominiert. Leider ergab es sich nie, dass wir zusammen einen Film drehten. Adorf ist ein Jahr jünger als ich, Jahrgang 1930, und immer noch sehr aktiv, er steht auf der Bühne, vor der Kamera, spielt anspruchsvolle Rollen, schreibt nachdenkliche Bücher. Ich wünsche ihm viel Kraft, auf dass er uns noch lange mit seiner großen Schauspielkunst unterhalten werde.

Auch Dieter Hallervorden ist einer, der im Alter noch einmal zu Höchstform aufläuft. Wenn sie seinen Namen hören, denken viele Fernsehzuschauer zuallererst an seine komödiantischen Auftritte als Didi in *Nonstop Nonsens*, an Palim Palim und an die Kuh Elsa. Dass Hallervorden aber immer auch mehr war, nämlich Kabarettist, Theatermacher, Schauspieler, das rückte oft und zu Unrecht in den Hintergrund. In den vergangenen Jahren jedoch hat sich diese Wahrnehmung verändert. Man denke nur an seine Rolle als

Zwei großartige Schauspieler geben mir einen Kuss: mein Mann Helmut und Dieter Hallervorden

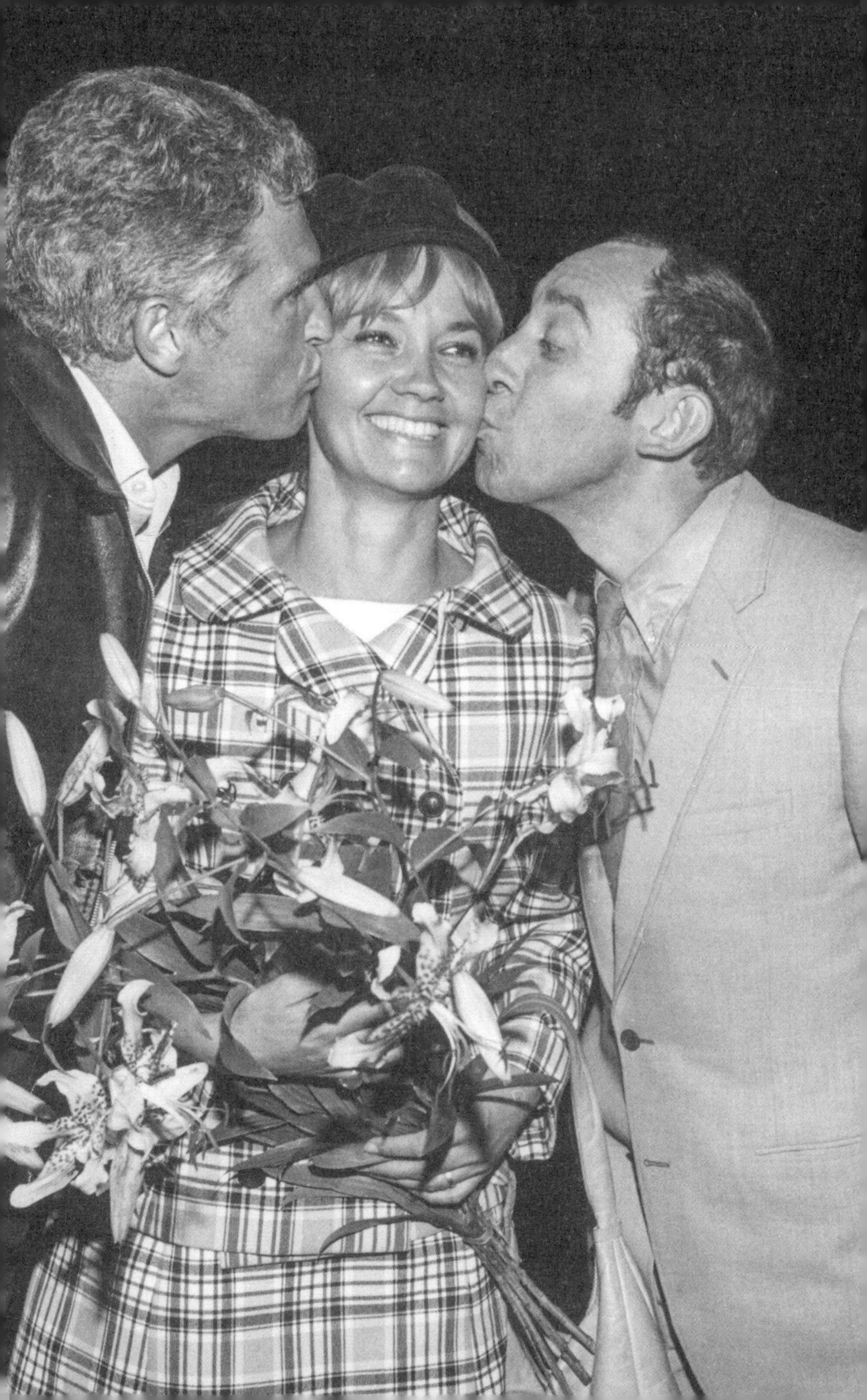

an Alzheimer Erkrankter in Til Schweigers Film *Honig im Kopf*.

Ende der sechziger Jahre entstand dieses entzückende Foto, auf dem ich gleich von zwei außergewöhnlichen Männern geküsst werde. Links drückt mir mein Mann Helmut, rechts Dieter Hallervorden ein Küsschen auf die Wange.

1969 drehte ich mit Hallervorden die Komödie *Die Hochzeitsreise*, eine Artur-Brauner-Produktion. Das Angebot kam für mich damals gerade zum richtigen Zeitpunkt, denn die Kinolandschaft war im Umbruch. »Opas Kino ist tot«, hieß es. Der Neue Deutsche Film setzte zum Siegeszug an. Regisseure wie Rainer Werner Fassbinder, Wim Wenders, Volker Schlöndorff und Werner Herzog waren gefragt, sie waren die Zukunft und lösten Leute wie Kurt Hoffmann ab. Auch für mich brachen schwierige Zeiten an. Ich war bei den Machern des Neuen Deutschen Films nicht die erste Wahl. Zudem nahm die Bedeutung des Kinos insgesamt ab, die des Fernsehens stetig zu. Umso mehr freute ich mich 1969 auf meine Kinorolle neben Hallervorden. Gedreht wurde in Italien. Vorweg sei gesagt: Der Film zählt sicher nicht zu meinen besten Werken und lockte am Ende nur wenige Zuschauer ins Kino. Hallervorden und ich spielten ein Ehepaar, das gerade das verflixte siebte Ehejahr durchlebt und nach Rom fährt, um die Hochzeitsreise nachzuholen. Unterwegs geht alles schief, was schiefgehen kann. Klamauk ohne Ende. Zu viel Klamauk und ein zu schlechtes Drehbuch – das muss man im Nachhinein kritisch eingestehen. Bei den Dreharbeiten in Rom aber verstanden Hallervorden und ich uns trotzdem gut und hatten eine Menge Spaß.

21.
Der Heimat verbunden

Zwischen Bern und dem Genfer See

In Bern wurde ich am 11. Oktober 1929 geboren, hier bin ich aufgewachsen, als das Nesthäkchen der Familie, besuchte erst die Schule, dann ab 1945 die Handelsschule, in Bern stand ich zum ersten Mal auf einer Bühne. Hier kenne ich jede Ecke, jeden Straßenzug, alles ist mir vertraut. Früher lebte ich eine Weile in München, dann zogen wir an den Genfer See, ich verbrachte Monate in fremden Städten, wenn ich einen Film drehte, aber ich bin immer wieder gern nach Hause, nach Bern, gekommen. 1958 entstand ein – leider leicht unscharfer – Schnappschuss von mir, wie ich übers Kopfsteinpflaster der Kramgasse flaniere. Die Berner Altstadt ist seit einigen Jahren Weltkulturerbe der UNESCO. Hinter mir zu sehen ist der Zytglogge, der Zeitglockenturm, Wahrzeichen des historischen Berner Stadtkerns. Links und rechts der Straße befinden sich die Lauben aus Steinarkaden, die das Bild der berühmten Kramgasse prägen. Das Schöne ist, würde man das gleiche Motiv heute wieder aufnehmen, die Umgebung, die Häuserfassaden, alles sähe noch genauso aus wie damals. Nur ich wäre ein bisschen älter und der

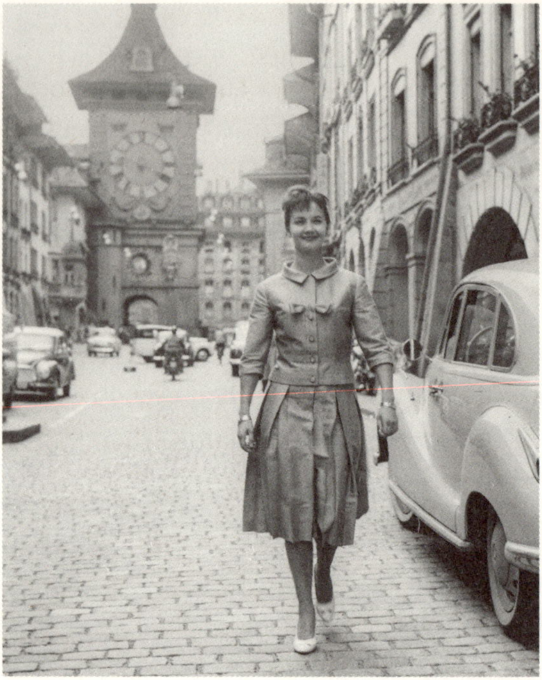

Flanierend durch die Berner Altstadt

Verkehr ruhiger, denn die Kramgasse dürfen heutzutage nur Fahrzeuge mit Sondergenehmigung nutzen, ansonsten ist sie Radfahrern und Fußgängern vorbehalten.

Ich frage mich: Was mir wohl damals, als ich lächelnd auf die Kamera zulief, durch den Kopf gegangen sein mag?

Als ich vor bald 15 Jahren wieder nach Bern zog, schloss sich ein Kreis. Ich lebe wieder an dem Ort, wo alles seinen Anfang nahm. Die Entscheidung, in eine Altersresidenz zu ziehen, war das Ergebnis eines langen Prozesses, der damit anfing, dass ich irgendwann allein lebte und darüber nachdachte: Wo möchte ich mich am Ende meines Lebens niederlassen? Wo kann ich selbstständig meinem Alltag nachgehen? Und wenn ich eines Tages Hilfe benötige oder auf medizinische Versorgung angewiesen sein sollte, was wäre dann die beste Lösung? Ich entschied mich für eine Altersresidenz am Rande Berns, mit Blick über die Stadt, nah an Wald und Feldern, wo ich gern spazieren gehe und mich über die galoppierenden Kühe amüsiere. Wenn eine Kuh anfängt zu rennen, dann tut sie etwas, was sie gar nicht kann: sie galoppiert. Aus dieser Ungeschicklichkeit entsteht eine irre Komik, ich muss jedes Mal lachen, wenn ich das beobachte.

Mein Apartment bietet alles, was ich für ein gutes Leben heute brauche. Bei schönem Wetter ist es sonnendurchflutet, von meinem Schreibtisch blicke ich in den Garten. Und ich habe eine eigene kleine Küche, der wohl am wenigsten genutzte Bereich meiner Wohnung. Ich hatte in meinem Leben viele Hobbys und Leidenschaften, nur das Kochen zählte nie dazu. Mir machte es keinen Spaß, also habe ich es lieber denen überlassen, die darin besser waren als ich. Ein gutes Schweizer Rösti oder ein Steak habe ich allerdings schon hinbekommen, wenn ich mich dann doch mal an den Herd stellte. Gerichte, die mir selbst gut schmecken!

Nur eines fehlt mir manchmal, wenn ich in Bern bin: das Wasser, der See. Von klein auf war es mein Traum, an einem See zu leben. Als Kinder verbrachten wir fast jedes Jahr die großen Ferien bei unserer Großmutter väterlicherseits. Sie lebte in einem Anwesen am Genfer See, das den Namen »Vieux Clos« trug. Ich erinnere mich an traumhafte Sommer, liebte die Landschaft, das Wasser.

1962 kauften Helmut und ich uns ein Haus am Genfer See. Mein Traum wurde wahr. Vor wenigen Jahren hat mein Sohn das Haus übernommen und lebt dort mit seiner Frau und seinem Sohn. Ich selbst bin noch viele Jahre zwischen dem Genfer See und Bern gependelt, bis ich mich entschied, ganz in Bern zu bleiben. Die ständige Fahrerei mit dem Auto, immer wieder Koffer packen und je nach Jahreszeit die Garderoben auswechseln – das alles wurde mir zu viel. Damals fiel auch die Entscheidung, meinen Vorlass dem Archiv des Frankfurter Filmmuseums zu übergeben.

Wenn ich heute gefragt werde, wo ich mich zu Hause fühle, was für mich Heimat bedeutet, dann lautet meine Antwort dennoch nicht Bern, auch wenn ich mich hier sehr wohlfühle. Das Gefühl des Zuhauseseins wird für immer untrennbar mit unserem Haus am See verbunden sein. Einfach weil es die glücklichsten Jahre waren, die wir dort als Familie verbrachten.

Mein Mann und ich waren echte Wasserratten. Ich liebte es zu schwimmen und Wasserski zu fahren. Helmut war ein leidenschaftlicher Segler. Oder wir saßen einfach auf unserem Steg. Unsere Kinder sind am Wasser groß geworden, ein echtes Privileg, und sie haben das Wasserratten-Gen geerbt. Anfang der sechziger Jahre war es ein Riesenglück, dass wir dieses Haus überhaupt fanden und es zum Verkauf stand. Seitdem haben wir natürlich viel umgebaut, renoviert und modernisiert. Aber der Blick aufs Wasser, die Ruhe am See – daran hat sich nichts verändert. Ich bin glücklich, dass ich mein Zuhause bei Tell und Kerstin in guten Händen weiß.

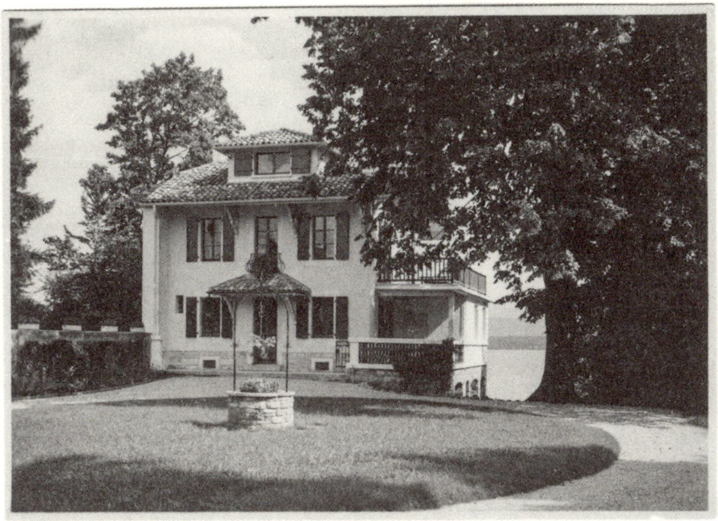

Unser Haus am Genfer See – Heimat!

Weihnachten, Familienfeste oder Geburtstage verbringe ich weiterhin bei meinem Sohn und seiner Familie. Dann packe ich meinen Koffer ins Auto und mache mich auf den Weg ins 120 Kilometer entfernte Perroy, eine Strecke, die ich mit verbundenen Augen meistern könnte, so oft bin ich sie hin- und hergefahren. Auch im Sommer verbringe ich gern ein paar Tage in meinem früheren Haus, es ist die schönste Zeit am See. Größere oder längere Touren plane ich nicht mehr, auch wenn ich gern noch mal in den Fernen Osten gereist wäre, fremde Kulturen haben mich immer fasziniert. Aber allein der Flug wäre mir mittlerweile zu weit, zu anstrengend.

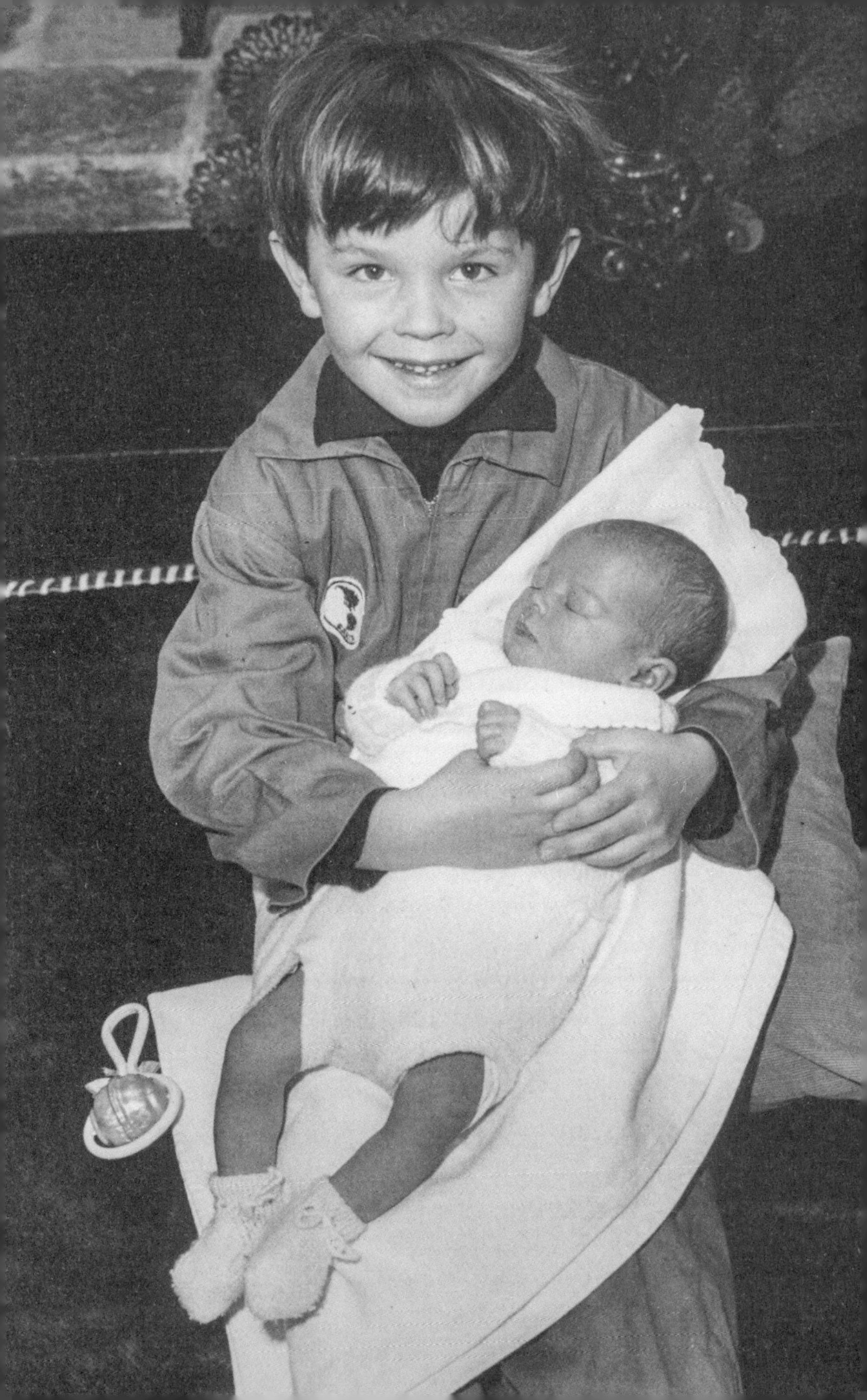

22.
Die schönsten Jahre

Ein Blick ins Fotoalbum der jungen Familie Pulver-Schmid. Es sind Momentaufnahmen aus den Tagen, als unsere Kinder noch ganz klein waren.

Marc-Tell kam 1962 auf die Welt, unsere Tochter Mélisande sechs Jahre später. Voller Stolz hält der kleine Tell sein Schwesterchen, kurz nach der Geburt im Genfer Maternité, in den Armen und strahlt der Welt entgegen.

Unser Sohn wurde am 1. August, dem Schweizer Nationalfeiertag, geboren. Das Erste, woran ich mich nach seiner Geburt erinnern kann, war ein ebenso freudiger wie stolzer Ausruf des jungen Vaters: »Es ist ein Junge!« Damit hatte ich eine Wette gewonnen, die Helmut und ich während der Schwangerschaft abgeschlossen hatten. Die 1 000 Franken, der Wetteinsatz, waren mir in dem Moment aber völlig egal. Ich war nur glücklich und erschöpft. Die Taufe von Tell wurde dann generalstabsmäßig von Buebi organisiert. Wir hatten sogar doppelten Grund zu feiern: Tell erhielt zusammen mit Georg Hieronymus, Buebis drittem Kind, das

Kurz nach Mélisandes Geburt: Marc-Tell hält sein Schwesterchen im Arm, 1968

Sakrament der Taufe. Jedes Jahr am 1. August schmückten wir unseren Garten mit Lampions, Fahnen, bunten Papierschlangen und Ballons und feierten die Geburtsstunde der Schweiz, vor allem aber die von Tell.

Als wir kurz nach der Geburt in unser Haus in Perroy gezogen waren, mussten wir unser Leben neu organisieren, beide waren wir berufstätig und jetzt auch eine kleine Familie. Wir blieben natürlich so oft wie möglich in unserem neuen Nest. Und wenn Helmut und ich doch einmal gleichzeitig beruflich unterwegs sein mussten und unsere Kinder nicht mitnehmen konnten, war auf eine liebevolle Kinderfrau und eine patente Haushaltshilfe zu hundert Prozent Verlass. Die beiden hatten alles fest im Griff: Schwester Rösli aus dem Emmental und die Hanneli, sie war die Bauerntochter des Hofes, auf dem wir *Kohlhiesels Töchter* gedreht hatten. Nach den Dreharbeiten hatte Hanneli bei uns angeheuert.

Zwischen dem Ende der Dreharbeiten des dritten Spessart-Films *Herrliche Zeiten im Spessart* und dem Beginn einer weiteren Theatertournee spürte ich eine Übelkeit, die nicht verschwinden wollte, und ging zum Arzt. Mein Verdacht wurde bestätigt, meine heimliche Hoffnung real: Ich war wieder schwanger. Sofort rief ich Helmut an, der sich wegen eines Gastspiels in München aufhielt, und versprach, so schnell es ging, nach Hause zu kommen. Auch Helmut konnte unser Glück kaum fassen. Dieses Mal werde es ein Mädchen, jubelte er und lag damit richtig! Neun Monate später, wieder in der Maternité in Genf, kam am 2. Februar 1968 Mélisande zur Welt – ein wunderschönes Baby, ohne Fältchen im Gesicht, mit roten Bäckchen und dunklem Haar. Ich verliebte mich sofort in meine kleine Tochter.

Unser Garten, der an den See grenzte, war für Kinder ein einziger Abenteuerspielplatz, für uns als Eltern eine Herausforderung, weil man ständig ein Auge auf die beiden haben musste. Sie liebten das Wasser so sehr wie wir, und Helmut und ich brachten ihnen so früh wie möglich das Schwimmen bei. Wenn Helmut oder ich zu Dreharbeiten flogen oder wieder zurückkehrten, durften die Kinder mit zum Flughafen kommen, um uns zu verabschieden oder in Empfang zu nehmen. Dann standen sie ganz aufgeregt auf der Aussichtsplattform, beobachteten die Flugzeuge und rätselten, in welchem Mama oder Papa wohl sitzen mochten. Auch wenn wir selbst viel unterwegs waren, in den Sommerferien zog es uns, obwohl wir uns am Genfer See wohlfühlten, in die Ferne, dann packten wir unsere Kinder ins Auto und fuhren drauflos. Anfangs zu dritt, später zu viert. Auch wenn wir Urlaub machten, ging es meist an ein Gewässer. Tell war von klein auf eine Sportskanone, er segelte und surfte, fuhr Wasserski, schwamm wie ein Fisch. Auch beruflich zog es ihn ans Wasser, er schlug eine ganz andere Richtung ein als Helmut und ich und wurde Schiffbauingenieur, wandelte also auf den Pfaden meines Vaters und Bruders. Unsere Kinder wuchsen mehrsprachig auf. Mit Tell spreche ich heute meistens Französisch oder Deutsch, allerdings nie Schweizerdeutsch.

Ein frühes Zeugnis unserer gemeinsamen sportlichen Betätigung: Tell, Mélisande und ich beim morgendlichen Fitnessprogramm. Während Tell enthusiastisch und mit stolz geschwellter Brust seine kleinen Hanteln nach oben stemmt, sitzt die kleine Mélisande nur lachend auf dem Boden und hat ihren Spaß.

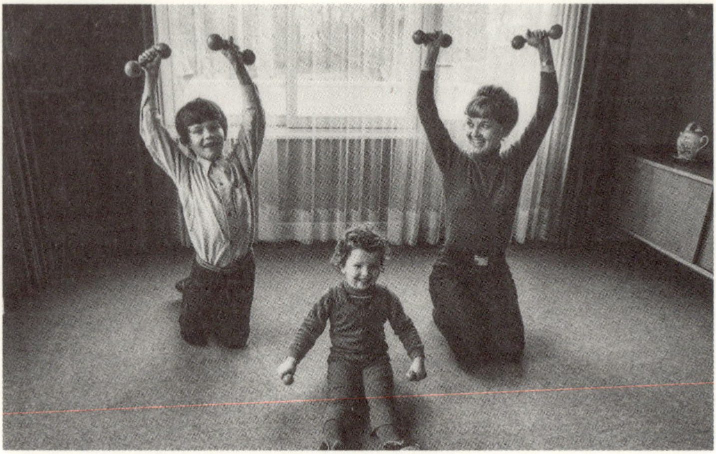

Früh übt sich. Fitnessprogramm, 1970/1971

Und das gefiel den beiden sicher noch besser als die Hantelübungen mit mir: Kakao und Kuchen bei schönem Wetter auf der Terrasse, im Hintergrund der Genfer See.

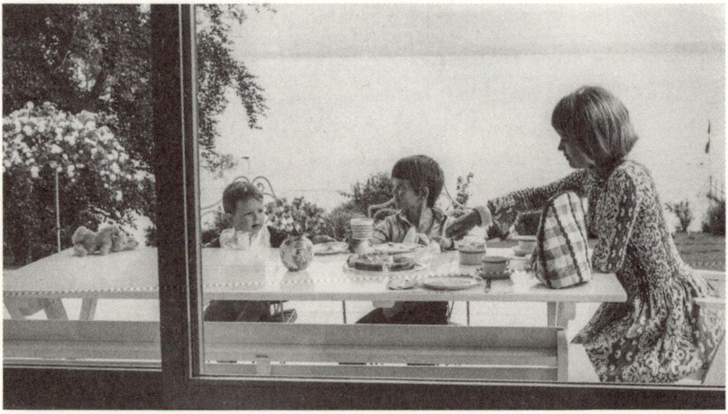

Zeit für Kinder und Kuchen, 1970/1971

Jetzt ein kleiner Zeitsprung in die achtziger Jahre. Bruder und Schwester auf dem Genfer See. Unser Sohn war damals etwa 24, unsere Tochter gerade volljährig. Beide haben großen Spaß, wie man auf dem Foto erkennt. Tell verleiht seiner Schwester ein paar Hasenohren, aber bei ihrer windverwehten Lockenmähne sind seine Finger kaum zu erkennen.

Damals war Tell schon bei der Marine. Es zog ihn früh von zu Hause fort, mit 19, nach dem Schulabschluss, beschloss er, in Deutschland zur Bundesmarine zu gehen. Dort blieb er vier Jahre, war stationiert in Flensburg, Kiel und Wilhelmshaven. Danach fuhr er als Matrose zur See, bei der christlichen Seefahrt, für weitere vier Jahre. In Hamburg machte

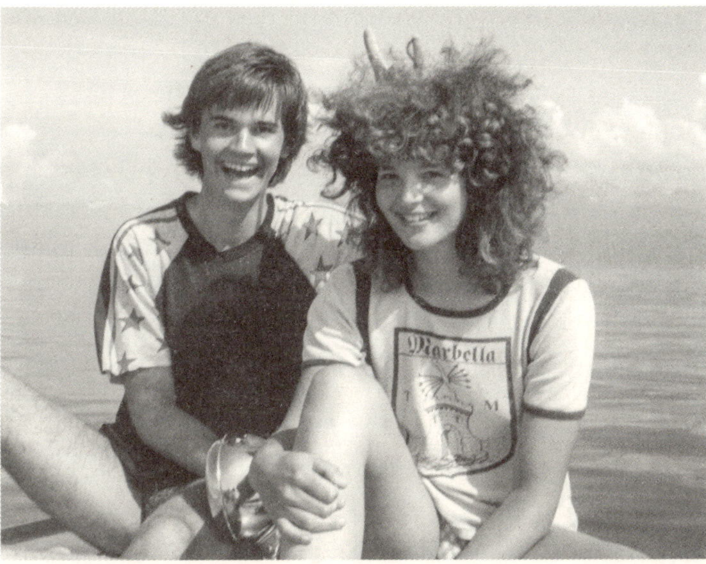

Marc-Tell und Mélisande auf dem Boot, ca. 1986

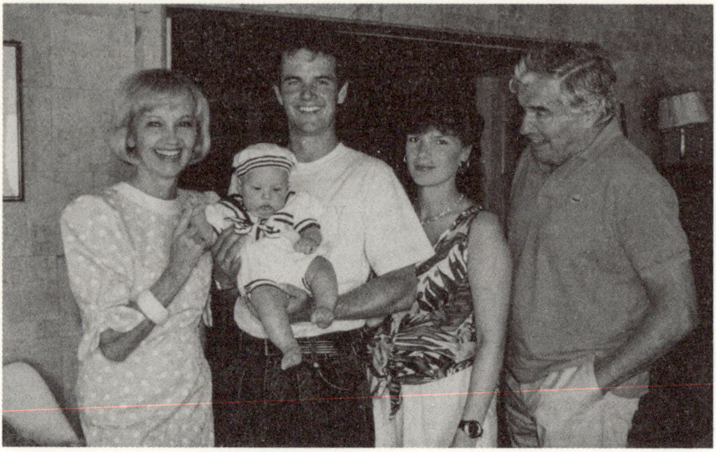

Mit Marc-Tell, Kerstin, Helmut und unserem Enkel Pascal

er den Schiffsmechanikerbrief und lernte Kerstin kennen, eine gebürtige Hannoveranerin. Zu der Zeit drehte ich gerade in Hamburg die *Sesamstraße*, und Tell besuchte mich häufig nach Drehschluss im Hotel Atlantic, meinem zweiten Zuhause in der Hansestadt. Von 1989 bis 1993 studierte Tell in Hamburg Schiffbau und heiratete seine Kerstin. Dann kam ihr Sohn Pascal zur Welt. Helmut und ich waren stolze Großeltern. Das Baby-Matrosen-Ensemble hätte man für das Kind eines ehemaligen Seefahrers passender nicht auswählen können.

Zweisamkeit. Helmut und ich auf dem Steg, der vom Ufer in unserem Garten in den Genfer See führte. Hier haben wir viel Zeit verbracht, gute Gespräche geführt, am Abend den Tag Revue passieren lassen.

Eine Momentaufnahme, die mir sehr gefällt.

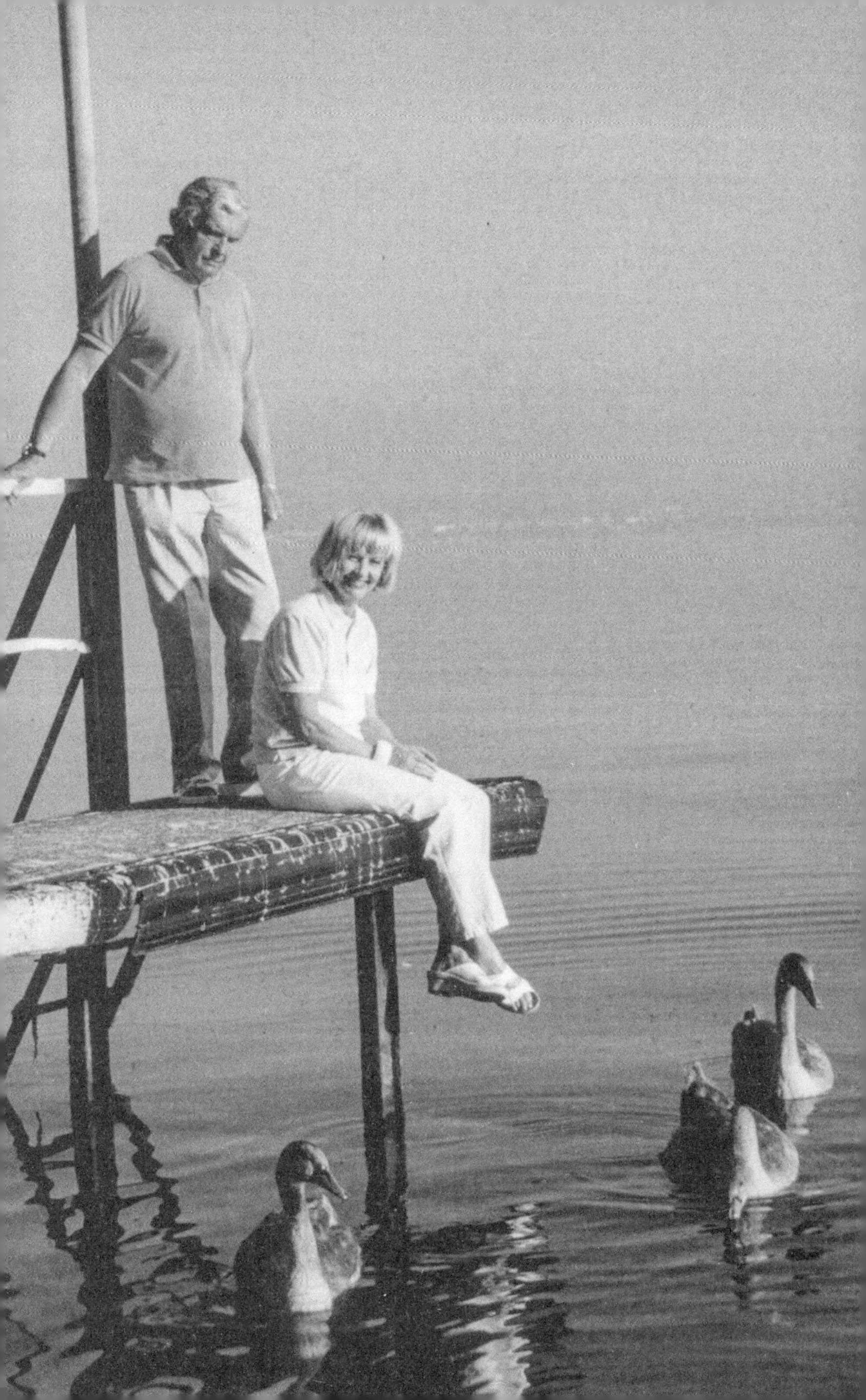

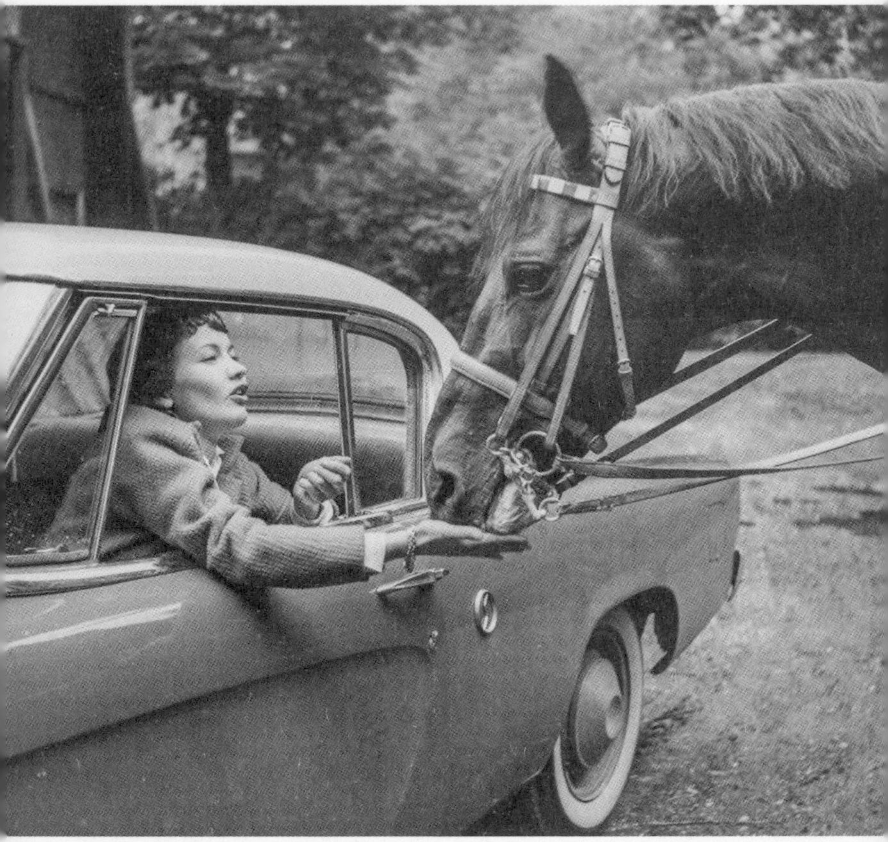

Hier sitze ich in meinem Studebaker
und füttere Saturn

23.
Saturn trifft Studebaker

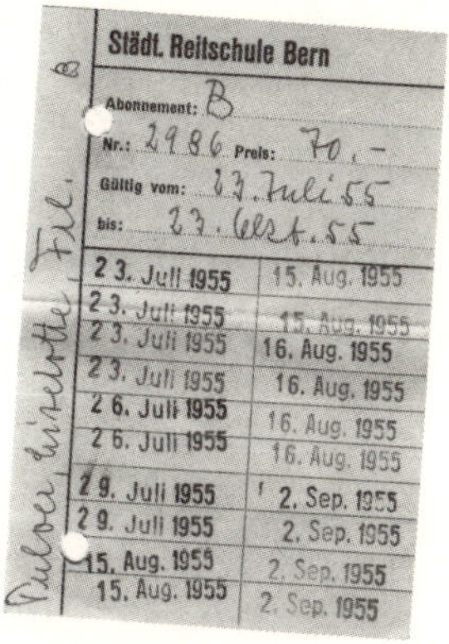
Pulver, Liselotte, Frl.

Städt. Reitschule Bern

Abonnement: B

Nr.: 2986 Preis: 70.–

Gültig vom: 23. Juli 55

bis: 23. Okt. 55

23. Juli 1955	15. Aug. 1955
23. Juli 1955	15. Aug. 1955
23. Juli 1955	16. Aug. 1955
23. Juli 1955	16. Aug. 1955
26. Juli 1955	16. Aug. 1955
26. Juli 1955	16. Aug. 1955
29. Juli 1955	2. Sep. 1955
29. Juli 1955	2. Sep. 1955
15. Aug. 1955	2. Sep. 1955
15. Aug. 1955	2. Sep. 1955

Das wäre die korrekte Beschreibung dieses Fotos aus dem Jahr 1955. Oder auch: meine Liebe zu Pferdestärken. Saturn war der Name meines damaligen Pferdes, ein Hengst. Der Studebaker war mein zweites Auto, Baujahr 1953, ich konnte ihn mir leisten, nachdem ich schon einige Filme gedreht hatte. Er kostete damals 16 000 Schweizer Franken und war ein Traum von einem Auto, ein Neuwagen mit roter Karosserie und weißem Dach, der bis zu 160 km/h schnell war. Auf dem Foto verabschiede ich mich gerade nach einer Reitstunde von Saturn, einem Vollblüter, und füttere ihn noch mit ein paar Leckereien. Saturn hatte einen forschen Charakter, jedes Pferd ist ja anders und besitzt seinen eigenen Kopf. Im Sommer fuhr ich regelmäßig zum Training in die Städtische Reitschule Bern, ich hatte dort ein Abonnement abgeschlossen und trainierte fleißig, wie der Abozettel von »Pulver, Liselotte, Frl.« belegt.

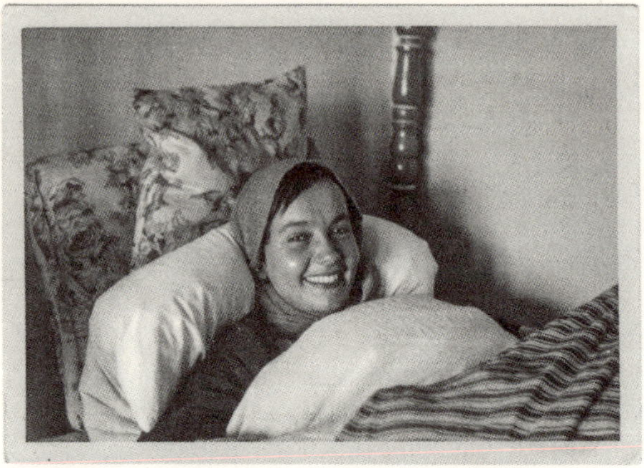

Nass, aber glücklich nach dem Ausreiten, 1950

nach dem Ausreiten pflotschnass im Gewitter während Kammerspiele

Geritten bin ich schon früh, aber die große Liebe zu Pferden entstand erst durch meine Rolle in *Fritz und Friederike*, 1952, für die ich richtig Reiten lernen musste. Ich fühlte mich sofort wohl im Sattel und vor allem sicher. Mit dem Reiten habe ich nie wieder aufgehört. Dieser Sport erfordert gute Kondition und viel Training. Ich habe mir später auch eigene Pferde angeschafft, zeitweise besaß ich drei gleichzeitig. Immer Galopper, die ich selbst reiten konnte. Springunterricht nahm ich ebenfalls. Mensch und Pferd – das ist ja eine ganz besondere Beziehung. Da ist zum Beispiel mein Schimmel Shakespeare, »Shaky«, ein englisches Vollblut, der viele Rennen gewonnen hat. Oder Mariello, ein Hengst, der zwar neun Rennen gewann, aber mehr Unterhalt kostete als die Siegprämien einbrachten.

»Nach dem Ausreiten pflotschnass im Gewitter«, schrieb ich als Anmerkung zu einem Foto, das 1950 entstand, als ich gerade an den Kammerspielen engagiert war. Zum Aufwärmen hatte ich mich erst mal unter die dicke Decke ins Bett verkrochen.

So viel zu meinen Pferden. Ich bin als Reiterin natürlich nicht unfallfrei geblieben und habe den einen oder anderen Sturz hinter mir. Schlimmeres ist allerdings nie passiert. Auch nicht beim Autofahren, meiner zweiten Leidenschaft. Pannen gab es zuhauf, auch kleinere Unfälle, aber das war's dann auch. Um einmal mit einem Gerücht endgültig aufzuräumen: Ich bin zeitlebens eine vernünftige und verantwortungsvolle Autofahrerin gewesen und niemals eine Raserin. Ich habe mich immer an Tempolimits gehalten. Na ja, fast immer.

Mein allererstes Auto kaufte ich mir 1950 von meiner ersten Filmgage. Ein schwarzer Citroën, 11er-Modell, sportlich und schick. Zum Zeitpunkt des Erwerbs besaß ich allerdings noch keinen Führerschein. Den zu machen, war der nächste Schritt. Buebi hatte mich bereits in die Grundkenntnisse des Autofahrens eingewiesen. Er hatte mit mir geübt – ich am Steuer, er auf dem Beifahrersitz. Als ich mich bei der Fahrschule anmeldete, war ich also keine Anfängerin mehr. Es klappte auch alles bestens, bis zum Tag meiner Fahrprüfung. Am Abend musste ich in Zürich sein und Theater spielen, mein Prüfungstermin war aber für 16 Uhr in Bern anberaumt. Ich war schon gestresst, bevor es losging. Im Hinterkopf der Gedanke, dass ich meinen Zug nach Zürich nicht verpassen durfte. Die theoretische Prüfung legte ich mit Bravour ab. Nun folgte der Praxis-Teil. Ich hatte es fast geschafft, da rammte ich einen anderen Wagen. Und rasselte durch die Prüfung. Erst ein paar Wochen später durfte ich sie wiederholen. Beim zweiten Anlauf stand ich unter noch größerem Druck. Ich wollte nicht schon wieder versagen. Doch ich behielt die Nerven und schaffte es. Nun konnte ich mein eigenes Auto auch endlich selbst kutschieren. Nach dem Citroën kam der Studebaker, kein anderes Auto ist mir so ans Herz gewachsen wie dieses. Heute ist er eine kleine Kostbarkeit, mein Neffe hat ihn irgendwann restauriert und fährt ihn immer noch. Ich selbst besitze aktuell ein Mercedes Coupé, das ich nur für längere Fahrten, wie die zu meinem Sohn an den Genfer See, aus der Garage hole.

Manches verklärt sich bekanntlich im Rückblick. Anders gesagt, es ist nicht alles Gold, was glänzt. Mein heiß geliebter Studebaker hatte, nachdem ich ihn als Neuwagen erworben hatte, eine ganze Reihe ärgerlicher »Auto-Krankheiten«, die ins Geld gingen. Dies veranlasste mich im Juli 1955 zu einem Beschwerdebrief an Herrn L., bei dem ich meinen Wagen gekauft hatte: »Heute muss ich Ihnen leider eine etwas unangenehme Mitteilung machen. Es handelt sich um meinen Studebaker […]. Ich machte damals die große Ausgabe, weil ich mir sagte, dass ein Amerikanerwagen die großen Anschaffungskosten lange wieder einbringt, angesichts der Tatsache, dass er keine oder nur sehr geringe Reparaturen hat.« Das Gegenteil war der Fall: »Angefangen hat es mit dem Overdrive, der 2 Mal repariert werden musste […]. Darauf ging mir mitten auf der Autobahn plötzlich das Licht aus. Anschließend ging die Hupe nicht mehr und als sie repariert wurde, hupte sie dafür 20 Minuten lang ohne

Bern, 16. Juli 1955

Lieber Herr Letsch,

Heute muss ich Ihnen leider eine etwas unangenehme Mitteilung machen. Es handelt sich um meinen Studebaker, den ich vor 1 1/2 Jahren bei Ihnen gekauft habe.
Sie hatten mir damals versichert, dass es sich um einen guten, zuverlässigen Wagen handelt. Ich machte die grosse Ausgabe, weil ich mir sagte, dass ein Amerikanerwagen die grossen Anschaffungskosten lange wieder einbringt, angesichts der Tatsache, dass er keine oder nur sehr geringe Reparaturen hat. Ich hingegen kann Ihnen anhand schriftlicher Belege beweisen, dass ich im letzten halben Jahr über Fr. 2000.-- Reparaturen an meinem Wagen hatte.
Angefangen hat es mit dem Overdrive, der 2 Mal repariert werden musste, davon einmal allerdings noch innerhalb der Garantie. Darauf ging mir mitten auf der Autobahn plötzlich das Licht aus. Anschliessend ging die Hupe nicht mehr und als sie repariert war, hupte sie dafür 20 Minuten lang ohne Unterbruch. Vor einigen Monaten war das Thermostat kaputt, so dass der Wagen nach fünfminütiger Fahrzeit anfing zu kochen. Radio wurde zwei mal repariert, Defwoster ebenfalls. Vor drei Wochen liess ich die Bremsen kontrollieren, dabei zeigte sich, dass die Bremsdichtungen defekt waren und das Bremsöl ausrann. Vor einigen Tagen wurde mir eröffnet, dass die Kupplung rutscht und dass auch die repariert werden soll.

Es ist so weit, dass ich mir überlegen muss, ob ich den Wagen nicht verkaufe, da es mir einfach zu unsicher ist, damit grössere Strecken zu fahren.

Ich bin etwas erstaunt über die Tatsache, dass Sie mir zu einem Modell geraten haben, das ich als minderwertig bezeichnen muss.

Ich hatte den Wagen in der ersten Zeit nach vielen Seiten empfohlen im In- und Ausland, und einige meiner Bekannten haben daraufhin einen Studebaker gekauft. Es wird mir leider in Zukunft nicht möglich sein, den Wagen mit gutem Gewissen weiterempfehlen zu können.

Es würde mich interessieren, was Sie mir für diese unerfreulichen Ueberraschungen für eine Erklärung geben können.
Ich hoffe, bald eine Antwort von Ihnen zu erhalten und grüsse Sie inzwischen

mit vorzüglicher Hochachtung

Unterbruch. Vor einigen Monaten war das Thermostat kaputt, so dass der Wagen nach fünfminütiger Fahrzeit anfing zu kochen. Das Radio wurde zweimal repariert, der Defroster ebenfalls. Vor drei Wochen ließ ich die Bremsen kontrollieren, dabei zeigte sich, dass die Bremsdichtungen defekt waren und das Bremsöl ausrann. Vor einigen Tagen wurde mir eröffnet, dass die Kupplung rutscht [...]. Es ist soweit, dass ich mir überlegen muss, ob ich den Wagen nicht verkaufe, da es mir einfach zu unsicher ist, damit größere Strecken zu fahren. [...] Ich hatte den Wagen in der ersten Zeit nach vielen Seiten empfohlen im In- und Ausland, und einige meiner Bekannten haben daraufhin einen Studebaker gekauft. Es wird mir leider in Zukunft nicht möglich sein, den Wagen mit gutem Gewissen weiterempfehlen zu können. Mit vorzüglicher Hochachtung.«

Der Studebaker hat mich damals also einiges an Geld und Nerven gekostet, wie man auch den Rechnungen, die ich aufbewahrt habe, entnehmen kann. Dennoch habe ich ihn am Ende nicht hergegeben. Ich hatte auch ein paar Unfälle mit dem Studebaker, keine schweren, nur Blechschäden.

Einmal, auf einer Fahrt mit Mama durch die Berge, fuhr ich zu schnell in eine Kurve und rammte einen entgegenkommenden Wagen. Ein anderes Mal landete ich in einem Acker, weil ein Radfahrer ungebremst auf die Fahrbahn raste, sodass ich im allerletzten Moment das Lenkrad herumreißen musste. Niemand wurde verletzt, das war das Wichtigste, nur der Studebaker war demoliert, er hatte ein Loch in der Karosserie, wo sich die Spitze einer Sense verewigt hatte.

~~OFFIZIELLE FABRIK-VERTRETUNG DER GENERAL MOTORS SUISSE S.A. BIEL~~

AUSSTELLUNGSRÄUME + VERKAUF | Ecke Effingerstrasse 53/Zieglerstrasse, Telephon 2 55 05 - 2 55 06

REPARATUREN + ERSATZTEILLAGER | Schwarztorstrasse 58, Postcheck III 2169, Telephon 2 33 44 - 2 33 45

Schneiter + Cie
AKTIENGESELLSCHAFT

Frl.
Liselotte Pulver
Malerweg 9

Bern.

RECHNUNG 59170 Kopie

BERN, den 12. Oktober 1954

4000 XI. 49 Blocksfabrik Lichtensteig

Reklamationen werden nur innert 8 Tagen nach Empfang der Ware entgegengenommen · Netto comptant · Grossist No. 218 659

Sept. 20. bis 30.	Studebaker ZH 53716 45474 km 13718			
	Grundtaxe für Benützung der Specialapparatur zum Ausmessen und Einstellen der Lenkungsgeometrie.			15.60
	Räder auf Rundlauf kontrolliert. Spur und Sturz kontrolliert. Lenkrad in gerades-Stellung gebracht. Hornring befestigt.			
	Chassis und Federn unten durch kontrolliert.			24.90
	Zierschiene auf linker Türe befestigt.			22.--
	1 Radkappe			27.--
	1 Zierschiene auf Kotflügel		-.35	2.45
	7 Klammern		-.15	-.45
	3 Schrauben			
	Den Zierstab hinten links demontiert, gerichtet, neu poliert und wieder montiert. Die Türe rechts, das Dach rechts und den Kotflügel vorne rechts ausgebeult und gerichtet. Die Innenverkleidung der Türe rechts und dem Dach rechts los-und zugarniert. Den Zierstab hinten rechts ersetzt. Die Türe rechts, das Dach rechts und den Kotflügel vorne rechts teilweise gespachtelt, geschliffen, neu gespritzt und frisch poliert.			412.90
			Fr.	505.30

~~S.A. BIEL~~

/Zieglerstrasse
5 06

45

...lweg 9 ...er

Bern.

No. 58899 Kopie

BERN, den 12. Oktober 1954

4000 XI. 49 Blocksfabrik Lichtensteig

...men · Netto comptant · Grossist No. 218 659

Sept. 20. bis 30.	Studebaker ZH 53716 km 13718 45474			
	Den Kotflügel hinten rechts ausgebeult und gerichtet. Teilweise gespachtelt, geschliffen, neu gespritzt und frisch aufpoliert.		Fr.	94.95

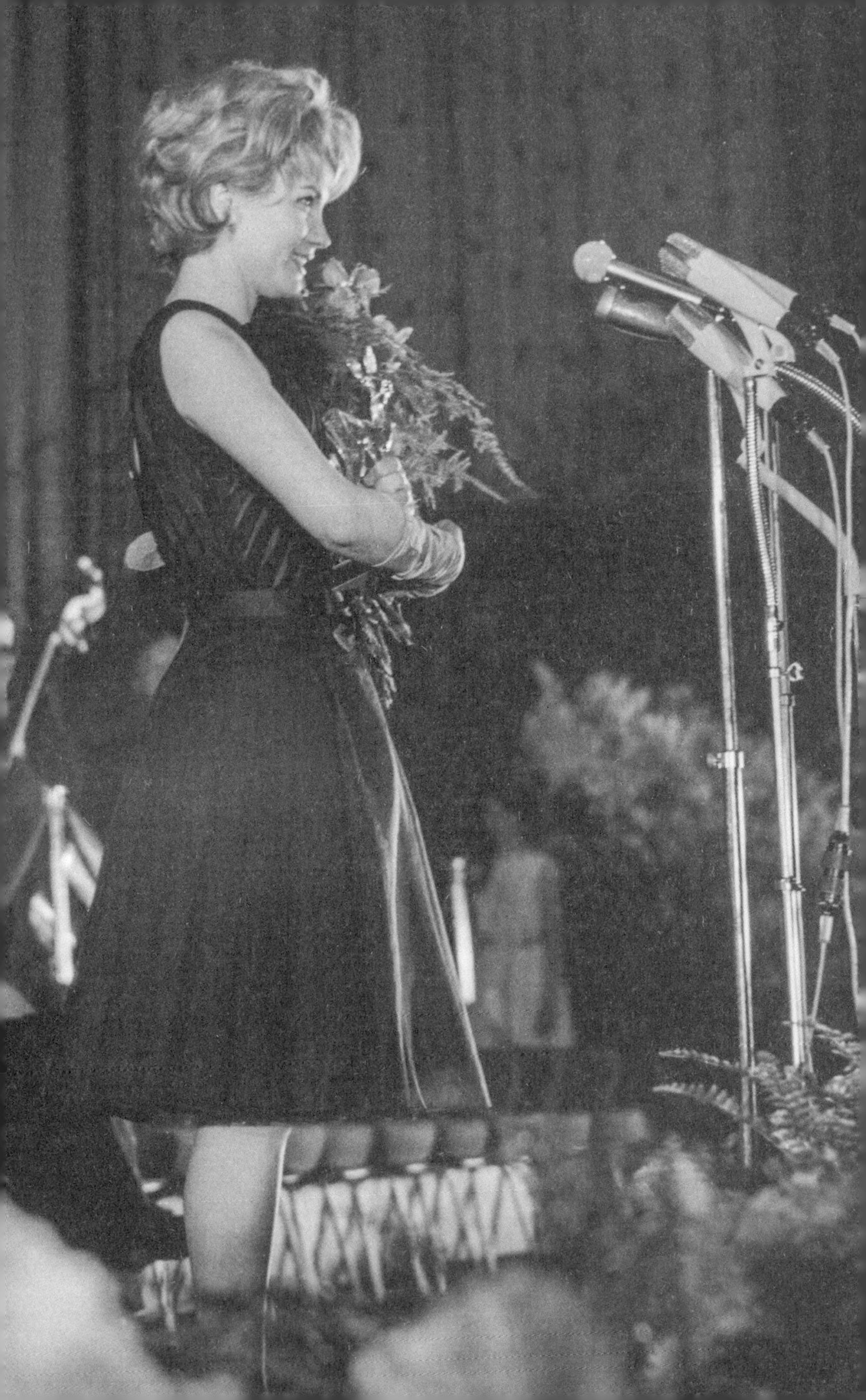

24.
Meine kleinen Rehe

Zwischen meinem ersten Bambi 1963 und meinem letzten im Jahr 2018 fürs Lebenswerk liegen 55 Jahre. Fünf dieser goldenen Rehe bekam ich insgesamt verliehen, zu den bereits genannten Jahren kommen noch 1964, 1965 und 1967. Eine kleine Bambi-Herde – korrekt müsste es heißen ein Sprung – hat sich bei mir angesammelt. Auf jedes einzelne bin ich irrsinnig stolz. Der Bambi war immer schon Gradmesser für die Popularität eines Schauspielers. Zu Beginn meiner Karriere war ich immer nur die Zweite – hinter Maria Schell. Aber 1963 war ich an der Reihe. Ich hatte mir den Kopf darüber zerbrochen, was ich sagen würde, sollte ich tatsächlich den Bambi gewinnen. Und als ich auf der Bühne stand, fiel mir nichts ein, außer zu rufen: »Jetzt hab ich ihn!«

Nach so vielen Preisverleihungen und Dankesreden, wie ich sie erlebt habe, sollte man annehmen, dass mich nichts mehr aus der Ruhe bringen kann. Aber als ich 2018 den Ehren-Bambi erhielt, war ich schon ein bisschen nervös, das

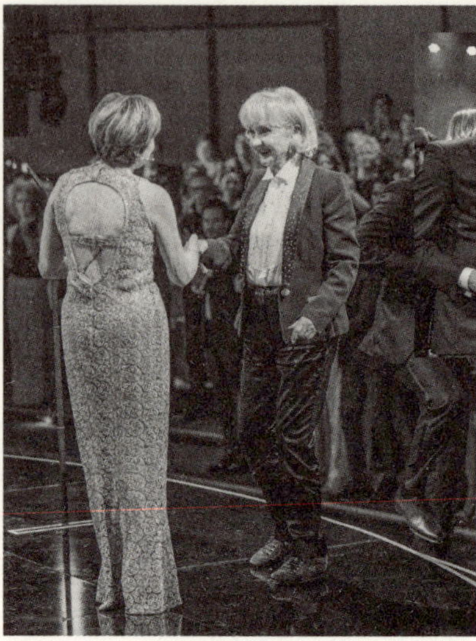

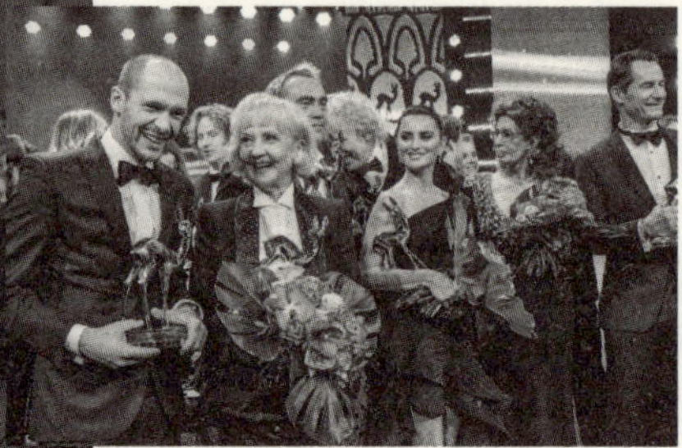

Die Preisträger der Bambi-Verleihung 2018

Paola Felix überreicht mir den Ehren-Bambi, 2018

große Publikum, die Live-Übertragung, vorher über den roten Teppich gehen, überall Fotografen und Kameras.

Draußen herrschte ein Riesenauftrieb, und ich ging schon einmal in den Saal hinein, weil mir der Trubel zu viel wurde. Ich wollte mich in aller Ruhe noch ein wenig sammeln, bevor die Show begann. Und während ich durch die leeren Reihen ging, musste ich daran denken, wie alles anfing, damals 1949, als ich zum ersten Mal vor einem vollen Haus spielte. Als der Vorhang fiel und die Menschen applaudierten, fühlte ich mich wie im siebten Himmel. Wenn ich gefragt werde, wie ich den Menschen in Erinnerung bleiben möchte, die beruflichen Erfolge einmal außer Acht lassend, sage ich: Vielleicht als jemand, der ein gutes Herz hatte.

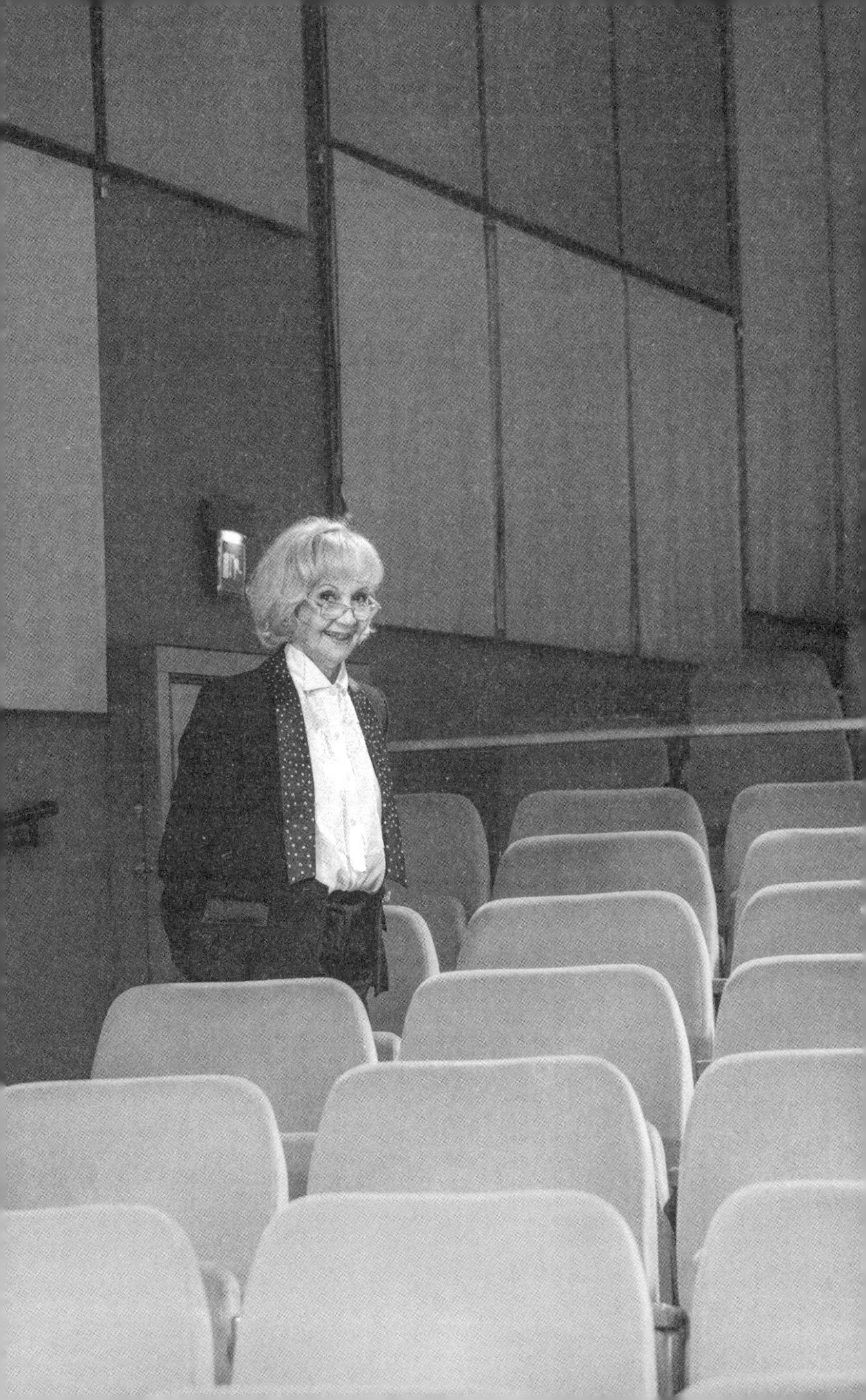

Was man alles findet, wenn man gar nichts sucht …

Schließlich fand ich noch das eine oder andere Dokument in meinem Archiv, das eigentlich der Rede nicht wert wäre, mich aber doch amüsierte, hier drei Beispiele:

Im Mai 1955 trat ich dem Deutschen Verband der Filmdarsteller e.V. bei, eine Art Gewerkschaft für Schauspieler. Ich war die Nummer 329.

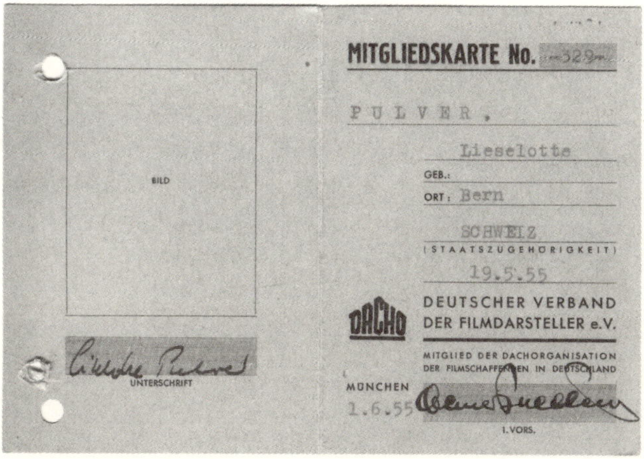
BILD

UNTERSCHRIFT

MITGLIEDSKARTE No. -329-

PULVER,

Lieselotte

GEB.:

ORT: Bern

SCHWEIZ

(STAATSZUGEHÖRIGKEIT)

19.5.55

DACHO

DEUTSCHER VERBAND DER FILMDARSTELLER e.V.

MITGLIED DER DACHORGANISATION DER FILMSCHAFFENDEN IN DEUTSCHLAND

MÜNCHEN 1.6.55

I. VORS.

Trotz dieser Mitgliedschaft benötigte ich als Schweizerin eine offizielle Arbeitserlaubnis, wenn ich in Deutschland drehte. Für meine Rolle in *Das Glas Wasser*, in dem Gustaf Gründgens mitspielte, stellte mir die Bundesanstalt für Arbeitsvermittlung und Arbeitslosenversicherung bzw. das Landesarbeitsamt Hamburg diese Arbeitserlaubnis für den Zeitraum vom 22. Februar bis zum 30. April 1960 aus.

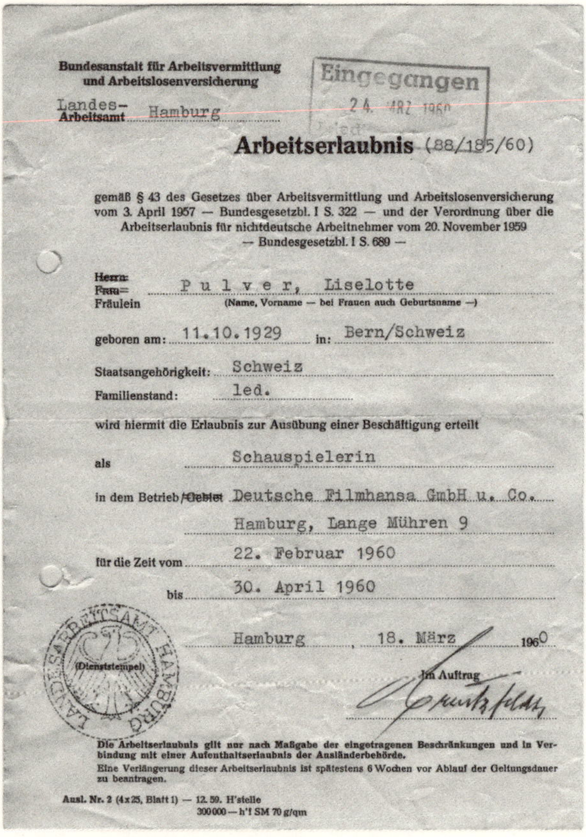

Bundesanstalt für Arbeitsvermittlung
und Arbeitslosenversicherung

Landes-
Arbeitsamt Hamburg

Eingegangen
24. MRZ 1960

Arbeitserlaubnis (88/185/60)

gemäß § 43 des Gesetzes über Arbeitsvermittlung und Arbeitslosenversicherung vom 3. April 1957 — Bundesgesetzbl. I S. 322 — und der Verordnung über die Arbeitserlaubnis für nichtdeutsche Arbeitnehmer vom 20. November 1959 — Bundesgesetzbl. I S. 689 —

~~Herrn~~
~~Frau~~
Fräulein Pulver, Liselotte
(Name, Vorname — bei Frauen auch Geburtsname —)

geboren am: 11.10.1929 in: Bern/Schweiz

Staatsangehörigkeit: Schweiz

Familienstand: led.

wird hiermit die Erlaubnis zur Ausübung einer Beschäftigung erteilt

als Schauspielerin

in dem Betrieb/~~Gebiet~~ Deutsche Filmhansa GmbH u. Co.
Hamburg, Lange Mühren 9

für die Zeit vom 22. Februar 1960

bis 30. April 1960

(Dienststempel) LANDESARBEITSAMT HAMBURG

Hamburg, 18. März 1960

Im Auftrag

Die Arbeitserlaubnis gilt nur nach Maßgabe der eingetragenen Beschränkungen und in Verbindung mit einer Aufenthaltserlaubnis der Ausländerbehörde.
Eine Verlängerung dieser Arbeitserlaubnis ist spätestens 6 Wochen vor Ablauf der Geltungsdauer zu beantragen.

Ausl. Nr. 2 (4x25, Blatt 1) — 12. 59. H'stelle
300000 — h'I SM 70 g/qm

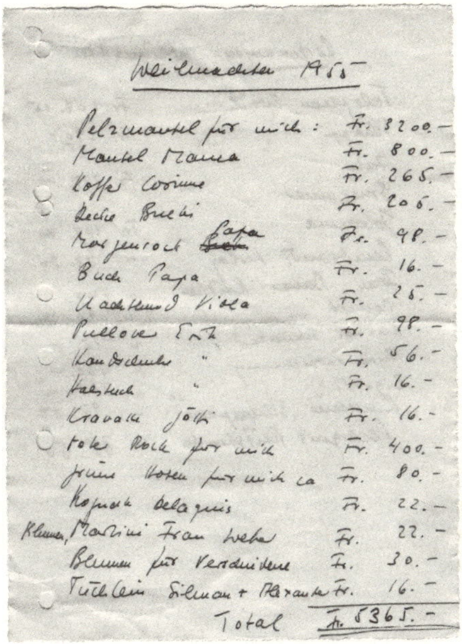
Weihnachten 1955

Pelzmantel für mich:	Fr. 3200.-
Mantel Mama	Fr. 800.-
Koffer Corinne	Fr. 265.-
Decke Buebi	Fr. 206.-
Morgenrock Papa	Fr. 98.-
Buch Papa	Fr. 16.-
Nachthemd Viola	Fr. 25.-
Pullover [illegible]	Fr. 98.-
Handschuhe "	Fr. 56.-
Halstuch "	Fr. 16.-
Kravatte [illegible]	Fr. 16.-
rote Rock für mich	Fr. 400.-
grüne Hosen für mich ca	Fr. 80.-
[illegible]	Fr. 22.-
Blumen, Martini Frau [illegible]	Fr. 22.-
Blumen für Verschiedene	Fr. 30.-
Tüchlein [illegible] + [illegible]	Fr. 16.-
Total	Fr. 5365.-

Zu guter Letzt eine meiner vielen Listen, die ich im Laufe meines Lebens angelegt und aufbewahrt habe. Meine Weihnachtsliste aus dem Jahr 1955. Ich hatte mir genau überlegt und notiert, was ich welchem Familienmitglied und welchem Freund oder Mitarbeiter schenken würde. Ein Mantel für Mama, ein Koffer für Corinne, eine Decke für Buebi, Buch und Morgenrock für Papa und so weiter. Die Ausgaben für die Weihnachtsbescherung beliefen sich auf stattliche 5365 Schweizer Franken. Und jetzt kommt der Witz an der Liste: Der größte Posten war ein Geschenk, das ich mir selbst machte, ein Pelzmantel, in den ich mich verguckt hatte. Mit 3200 Franken schlug er zu Buche, dazu gönnte ich mir noch einen roten Rock und eine grüne Hose.

MEIN DANK GILT …

… Hans-Peter Reichmann und seinem Team vom DFF – Deutsches Filminstitut und Filmmuseum, insbesondere Susanne Mohr, ohne deren Unterstützung dieses Buch nicht möglich gewesen wäre; meiner Verlegerin Birgit Schmitz und dem Team von Hoffmann und Campe, Moritz Müller-Schwefe, Erik Riemenschneider, Julia Strack und allen anderen; Rechtsanwalt Gunter Fette; den Fotografen Norbert Miguletz und Paul Schirnhofer, Kurator Sven Femerling, Bavaria Film, Erstleserin Petra van der Wielen sowie meinen Co-Autoren Olaf Köhne und Peter Käfferlein.

BILDNACHWEISE

Sämtliche Abbildungen entstammen dem Archiv Liselotte Pulver, Abdruck mit freundlicher Genehmigung des Deutschen Filminstituts und Filmmuseums (DFF), Frankfurt am Main, und Norbert Miguletz, außer:

S. 32 / awg Druck und Verlag
S. 67 / Alamy Ltd.
S. 112, 172 / Hipp Foto, Lothar Winkler
S. 114 / Lexip GmbH, Patrick Art
S. 115 / Bavaria
S. 210, 212 u. 213 / Paul Schirnhofer

Trotz intensiver Bemühungen ist es nicht gelungen, die Rechteinhaber sämtlicher Bilder ausfindig zu machen. Nachweisbar berechtigte Ansprüche bitten wir an den Verlag zu richten.

Liselotte Pulver
Dem Leben ins Gesicht gelacht
Gespräche mit Olaf Köhne und Peter Käfferlein
270 Seiten, gebunden
ISBN 978-3-455-50416-3

Ihre Markenzeichen waren und sind bis heute: das unnachahmliche, ansteckende Lilo-Pulver-Lachen, ihr Optimismus und ihre Lebensfreude. Diese hat sie sich, trotz persönlicher Krisen und Rückschläge, immer bewahrt. Im Gespräch mit Olaf Köhne und Peter Käfferlein wagt Liselotte Pulver nach jahrelangem Schweigen den Schritt zurück in die Öffentlichkeit. Mit Beiträgen von langjährigen Weggefährten und Freunden wie Hans-Dietrich Genscher, Gunnar Möller, Veronica Ferres und Horst Janson. Außerdem erzählt Sohn Marc-Tell Schmid vom Leben mit seiner berühmten Mutter.

»Ich kann es nur empfehlen:
Lesen Sie Liselotte Pulver! Ein sehr, sehr schönes Buch.
***Dem Leben ins Gesicht gelacht* – im wahrsten Sinne**
des Wortes!« ***Jörg Pilawa***